国家出版基金项目
NATIONAL PUBLICATION FOUNDATION

国别贸易指南之食品检验检疫

本书编委会 ——— 编著

食品技术性贸易措施及进出口风险管理研究

大连出版社
DALIAN PUBLISHING HOUSE

© 本书编委会 2025

图书在版编目（CIP）数据

食品技术性贸易措施及进出口风险管理研究 / 本书
编委会编著. -- 大连：大连出版社, 2025. 3. -- (国
别贸易指南之食品检验检疫). -- ISBN 978-7-5505
-2398-2

Ⅰ. F746.82

中国国家版本馆CIP数据核字第2025XT1530号

SHIPIN JISHUXING MAOYI CUOSHI JI JINCHUKOU FENGXIAN GUANLI YANJIU

食品技术性贸易措施及进出口风险管理研究

出 品 人：王延生
策划编辑：代剑萍　卢　锋　尚　杰
责任编辑：尚　杰　李玉芝
封面设计：昌　珊　林　洋
版式设计：昌　珊
责任校对：安晓雪
责任印制：刘正兴

出版发行者：大连出版社
　　　地址：大连市西岗区东北路161号
　　　邮编：116016
　　　电话：0411-83620245 / 83620573
　　　传真：0411-83610391
　　　网址：http://www.dlmpm.com
　　　邮箱：dlcbs@dlmpm.com
印　刷　者：大连天骄彩色印刷有限公司

幅面尺寸：170mm×240mm
印　　张：23.75
字　　数：360千字
出版时间：2025年3月第1版
印刷时间：2025年3月第1次印刷
书　　号：ISBN 978-7-5505-2398-2
定　　价：96.00元

前　言

在当前经济全球化的背景下，食品贸易已成为各国经济的重要组成部分。然而，在食品贸易的发展过程中，技术性贸易措施逐渐成为制约食品进出口的主要因素之一。这些措施主要源于各国对食品安全和公众健康的关注，但却给食品贸易带来不小的挑战。

食品贸易在全球贸易中占据重要地位，其涉及的环节复杂多样，包括生产、加工、运输、销售等多个环节。各国在食品安全标准、检验方法、监管体系等方面存在差异，因此食品在跨国贸易中往往会遇到各种技术性贸易措施。这些措施不仅增加了食品的生产成本和贸易成本，还可能导致食品在出口国被退回或销毁，从而给食品贸易带来损失。

为了应对这些挑战，各国纷纷加强了对食品技术性贸易措施的研究和应对。企业需要了解目标市场的食品技术性贸易措施，以便调整生产流程和产品质量，满足进口国的要求。政府需要加强与国际组织和其他国家的合作，推动食品安全标准的国际化和统一化，以降低技术性贸易措施对食品贸易造成的影响。

　　本研究对于促进食品贸易的发展、保障食品安全、提升企业形象及竞争力具有重要意义。本书通过深入研究食品技术性贸易措施及进出口风险管控策略，以期为企业提供有效的应对方案，帮助企业更好地应对国际市场的技术性贸易措施，提升食品贸易的竞争力。同时，本研究还有助于政策制定者更好地理解技术性贸易措施对食品进出口的影响，从而制定出更加科学合理的政策，促进食品贸易的健康发展。

目　　录

Contents

第一章

Chapter 1

食品类货物的分类

目前，中国根据不同的专业领域的需求制定了不同的食品分类体系，在使用过程中要特别注意，同一种食品在不同的食品分类体系中类别可能是不同的。

1.1 中国食品分类体系及适用范围介绍

中国的食品分类体系主要有食品生产许可分类体系、食品安全标准分类体系、食品安全监督抽检实施细则，以及进出口食品领域的食品分类体系等。

1.《食品生产许可分类目录》将食品分为 32 大类，并具体规定了亚类及其所属的品种明细。该目录适用于食品生产许可。"食品生产许可证"中"食品生产许可品种明细表"按照《食品生产许可分类目录》填写。

2.《食品安全国家标准 食品添加剂使用标准》（GB 2760—2024）中的食品分类采用分级系统，将食品分为 16 大类。该标准附录 E"食品分类系统"中的"食品类别 / 名称"仅适用于该标准。在查找一个食品类别中允许使用的食品添加剂时，特别需要注意食品类别的上下级关系。当允许某一食品添加剂应用于某一食品类别时，就说明允许其应用于该类别下的所有类别食品，另有规定的除外。下级食品类别与上级食品类别中对于同一食品添加剂的最大使用量规定不一致的，应遵守下级食品类别的规定。

3.《食品安全国家标准 食品中真菌毒素限量》（GB 2761—2017）的附录 A "食品类别（名称）说明" 中涉及 10 大类食品，每大类下分为若干亚类，亚类下又依次分为次亚类、小类等。该 "食品类别（名称）说明" 用于界定真菌毒素限量的适用范围，仅适用于该标准。当某种真菌毒素限量应用于某一食品类别（名称）时，则该食品类别（名称）内的所有类别食品均适用，有特别规定的除外。

4.《食品安全国家标准 食品中污染物限量》（GB 2762—2022）的附录 A "食品类别（名称）说明" 中涉及 22 大类食品，每大类下分为若干亚类，亚类下又依次分为次亚类、小类等。该 "食品类别（名称）说明" 用于界定污染物限量的适用范围，仅适用于该标准。当某种污染物限量应用于某一食品类别（名称）时，则该食品类别（名称）内的所有类别食品均适用，有特别规定的除外。

5.《食品安全国家标准 食品中农药最大残留限量》（GB 2763—2021）的附录 A（规范性）"食品类别及测定部位"，将食品按照原料来源不同分为 11 大类。该 "食品类别及测定部位" 用于界定农药最大残留限量（MRLs）应用范围，仅适用于该标准。当某种农药的最大残留限量应用于某一食品类别时，则该食品类别下的所有食品均适用，有特别规定的除外。

6.《食品安全国家标准 食品营养强化剂使用标准》（GB 14880—2012）的附录 D "食品类别（名称）说明" 将食品分为 16 大类。该 "食品类别（名称）说明" 用于界定营养强化剂的使用范围，仅适用于该标准。当允许某一营养强化剂应用于某一食品类别（名称）时，则允许其应用于该类别下的所有类别食品，另有规定的除外。

7.《国家食品安全监督抽检实施细则》中食品分类系统，在依据基础标准判定时，食品分类按基础标准的食品分类体系判断。各类食品细则中另有规定的，按其规定执行。

8. 海关 HS（Harmonized System，《协调制度》，《商品名称及编码协调制度》的简称）编码查询，提供进出口商品 HS 编码查询。HS 编码"协调"涵盖了《海关合作理事会税则商品分类目录》（Customs Co-operation Council Nomenclature, CCCN）和联合国《国际贸易标准分类》（Standard International Trade Classification, SITC）两大分类编码体系，是系统的、多用途的国际贸易商品分类体系。2022 年 1 月 1 日起实施的《中华人民共和国进口食品境外生产企业注册管理规定》（海关总署令第 248 号，以下简称"248 号令"），在进口食品境外生产企业注册环节，对进口食品推出了新的分类要求。

1.2 进口领域食品分类要求

248 号令经分析评估明确了 18 类（后调整为 19 类，增加冷冻水果）进口食品境外生产企业，应由其所在国家（地区）主管当局向海关总署推荐注册。18 类及其他类别进口食品 HS 编码范围，可在"进口食品境外生产企业注册管理系统"（CIFER）中通过"产品类型查询"模块查询确认。

1.2.1 推荐注册类食品的基本概念

官方 248 号令释义中指明，海关根据风险分析，对不同类别进口食品境外生产企业，分类采取不同的注册方式。主要基于以下五个方面：

①食品的原料来源（例如动物源性原料、植物源性原料等）；

②生产加工工艺（例如经过加热、脱水、腌渍等）；

③食品安全监测检测的历史记录数据；

④消费人群（例如专为婴幼儿或某种疾病患者等）；

⑤食用方式（例如直接食用、加热后食用）。

此外，还综合考虑了国际上不同国家（地区）食品安全管理状况，参考了不同国家（地区）对进口食品境外生产企业的管理方式。248 号令第七条列明了 18 类食品的具体清单。"下列食品的境外生产企业由所在国家（地区）主管当局向海关总署推荐注册：肉与肉制品、肠衣、水产品、乳品、燕窝与燕窝制品、蜂产品、蛋与蛋制品、食用油脂和油料、包馅面食、食用谷物、谷物制粉工业产品和麦芽、保鲜和脱水蔬菜以及干豆、调味料、坚果与籽类、干果、未烘焙的咖啡豆与可可豆、特殊膳食食品、保健食品。"

1. 肉与肉制品

在海关总署"进口食品境外生产企业注册管理系统"的产品类别中，将肉类产品按照动物的品种进行了划分，具体包括鹿肉产品、马驴骡肉产品、牛肉产品、禽肉产品、羊肉产品、猪肉产品、兔肉产品、骆驼肉产品、熊肉产品、袋鼠肉产品、犬肉产品、其他肉产品。 对于进口肉与肉制品形态来说，主要包括冷却肉（冷鲜肉）、冻肉、食用副产品和其他肉制品。

和肉与肉制品相关的中国食品安全国家标准众多，主要有《食品安全国家标准 鲜(冻)畜、禽产品》(GB 2707—2016)、《食品安全国家标准 熟肉制品》(GB 2726—2016)和《食品安全国家标准 腌腊肉制品》(GB 2730—2015)等。《食品安全国家标准 肉和肉制品经营卫生规范》(GB 20799—2016) 规定了肉和肉制品采购、运输、验收、贮存、销售等经营过程中的食品安全要求，以及对包括鲜肉、冷却肉、冻肉和食用副产品等在内的肉与肉制品的定义。具体如下：

鲜肉：畜禽屠宰后，经过自然冷却，但不经过人工制冷冷却的肉。

冷却肉（冷鲜肉）：畜禽屠宰后经过冷却工艺处理，并在经营过程中环境温度始终保持 0℃ ~4℃的肉。

冻肉：经过冻结工艺过程（处理）的肉，其中心温度不高于 –15℃。

食用副产品：畜禽屠宰、加工后，所得内脏、脂、血液、骨、皮、头、蹄（或爪）、尾等可食用的产品。

肉制品：以畜禽肉或其食用副产品等为主要原料，添加或者不添加辅料，经腌、卤、酱、蒸、煮、熏、烤、烘焙、干燥、油炸、成型、发酵、调制等有关生产工艺加工而成的生或熟的肉类制品。

2. 肠衣

248 号令 18 类食品中的肠衣，实际上特指天然肠衣。在海关总署"进口食品境外生产企业注册管理系统"的产品类别中，将肠衣按照动物的品种进行了划分，具体包括猪肠衣、牛肠衣、羊肠衣、鹿肠衣和其他动物肠衣等。目前现行有效的标准为《天然肠衣》（GB/T 7740—2022）。该标准中规定了肠衣有关的术语和定义：

（1）天然肠衣 natural casings：健康牲畜的小肠、大肠和膀胱等器官，经过刮制、去油等特殊加工，对保留的部分进行盐渍或干制的动物组织，是灌制香肠、香肚等的衣膜。

（2）原肠 intestines/runners：未经刮制的健康牲畜的肠道。

（3）半成品肠衣 semifinished casings：原肠经加工去除脂肪组织、浆膜、肌层和黏膜，所剩下的半透明状的黏膜下层。

（4）盐渍肠衣 salted casings：专用盐腌制的天然肠衣。

（5）干制肠衣 dried casings：腌制清洗后经晾干或烘干的天然肠衣。

《天然肠衣》（GB/T 7740—2022）中也列出了天然肠衣的产品分类和品名。通过该标准可以看到，按照不同加工工艺可将天然肠衣划分为盐渍肠衣和干制肠衣。

（1）按照肠衣来源动物种类及组织不同，将盐渍肠衣划分为具体品名：

①盐渍猪肠衣 salted hog casings（猪肠衣：猪的十二指肠和空肠制备的肠衣）；

②盐渍绵羊肠衣 salted sheep casings（绵羊肠衣：绵羊的十二指肠和空肠制备的肠衣）；

③盐渍山羊肠衣 salted goat casings（山羊肠衣：山羊的十二指肠和空肠制备的肠衣）；

④盐渍马肠衣 salted horse casings（马肠衣：马的小肠部分制备的肠衣）；

⑤盐渍牛肠衣 salted beef casings（牛肠衣：牛的十二指肠和空肠制备的肠衣）；

⑥盐渍猪大肠头 salted hog fat ends（猪大肠头：猪大肠末端部分制备的肠衣，从后端到直肠，圆锥形，带毛圈）；

⑦盐渍猪肥肠 salted hog chitterling（猪肥肠：剔除了直肠、盲肠头和乙状结肠部分的猪大肠制备的肠衣）；

⑧盐渍猪拐头 salted hog caecum（猪拐头：猪大肠末梢部分到直肠，由结肠和大肠头部分制备的肠衣）；

⑨盐渍牛拐头 salted beef caecum（牛拐头：牛大肠末梢部分到直肠，由结肠和大肠头部分制备的肠衣）；

⑩盐渍牛大肠 salted beef large intestines（牛大肠：牛大肠制备的肠衣）；

⑪盐渍猪膀胱 salted hog bladder（猪膀胱：俗称猪小肚、猪肚皮儿，猪的膀胱制备的肠衣，从膀胱颈起始部至顶部）；

⑫盐渍牛膀胱 salted beef bladder（牛膀胱：牛的膀胱制备的肠衣，从膀胱颈起始部至顶部）。

（2）按照肠衣来源动物种类及组织不同，将干制肠衣划分为具体品名：

①干制猪肠衣 dried hog casings（猪肠衣：猪的十二指肠和空肠制备的肠衣）；

②干制羊肠衣 dried sheep/goat casings（羊肠衣：羊的十二指肠和空肠制备的肠衣）；

③干制牛肠衣 dried beef casings（牛肠衣：牛的十二指肠和空肠制备的肠衣）；

④干制猪膀胱 dried hog bladder（猪膀胱：俗称猪小肚、猪肚皮儿，猪的膀胱制备的肠衣，从膀胱颈起始部至顶部）。

3. 水产品

原国家质量监督检验检疫总局令第 135 号《进出口水产品检验检疫监督管理办法》（已废止）中对水产品有明确的定义，即供人类食用的水生动物产品及其制品，包括水母类、软体类、甲壳类、棘皮类、头索类、鱼类、两栖类、爬行类、水生哺乳类动物等其他水生动物产品以及藻类等海洋植物产品及其制品，不包括活水生动物及水生动植物繁殖材料。当前，中国进口水产品主要按照野生和养殖两个类别制定对应的技术性贸易要求。

与水产品最贴切的食品安全国家标准是《食品安全国家标准 鲜、冻动物性水产品》（GB 2733—2015），该标准适用于鲜、冻动物性水产品，包括海水产品和淡水产品。但该标准没有对鲜、冻动物性水产品的定义作进一步的解释。

4. 乳品

进口乳品主要包括初乳、生乳和乳制品三大类。在海关总署"进口食品境外生产企业注册管理系统"的产品类别中，将乳品分为婴幼儿配方乳制品及巴氏杀菌乳和其他乳制品两大类。其中，婴幼儿配方乳制品包括婴幼儿配方乳粉、婴幼儿配方液态乳。巴氏杀菌乳和其他乳制品包括生乳，巴氏杀菌乳，灭菌乳，调制乳，发酵乳，乳粉，稀奶油、奶油和无水奶油，炼乳，干酪和再制干酪，乳清粉和乳清蛋白粉，其他乳与乳制品。与乳品有关的食品安全国家标准有《食品安全国家标准 干酪》（GB 5420—2021）、《食品安全国家标准 乳糖》（GB 25595—2018）、《食品安全国家标准 再制干酪和干酪制品》（GB 25192—2022）、《食品安全国家标准 稀奶油、奶油和无水奶油》（GB 19646—2025）、《食品安全国家标准 乳清粉和乳清蛋白粉》（GB 11674—2010）、《食品安全国家标准 乳粉和调制乳粉》（GB 19644—2024）、《食品安全国家标准 浓缩乳制品》（GB 13102—2022）、《食品安全国家标准 发酵乳》（GB 19302—2025）、《食品安全国家标准 调制乳》（GB 25191—2010）、《食品安全国家标准 灭菌乳》（GB 25190—2010）、《食品安

全国家标准 巴氏杀菌乳》(GB 19645—2010)、《食品安全国家标准 生乳》(GB 19301—2010)。

5. 燕窝与燕窝制品

燕窝与燕窝制品和肉类、水产品、乳品一起被列入四大类进口食品境外生产企业注册实施目录，源自原国家质量监督检验检疫总局《质检总局关于更新〈进口食品境外生产企业注册实施目录〉的公告》(质检总局 2015年第 138 号,已废止)。在公告的附件《进口食品境外生产企业注册实施目录》中列明了实施企业注册的输华燕窝产品的名称与定义,具体见表 1–1。

表 1–1　实施企业注册的输华燕窝产品的名称与定义

名称	定义	备注	
燕窝产品	由白巢金丝燕（*Aerodramus fuciphogus*）、黑巢金丝燕（*Aerodramus maximus*）等燕的唾液分泌物形成，已去除污垢和羽毛、适合人类食用的食用燕窝及其制品	食用燕窝	经分拣、用水浸泡、清洁、去除羽毛、重新塑形、加工烘干、分装等工艺制成的燕窝产品，如燕盏、燕条、燕饼、燕碎等。不包括冰糖燕窝等燕窝制品
		燕窝制品	如冰糖燕窝等罐装、瓶装燕窝制品

现阶段，我国仍未有针对燕窝及其制品的国家标准，这导致在现场查验、抽样送检、结果判定等过程中容易存在产品类别不清晰、检验标准不统一、难以严格把关等一系列问题。2014 年，我国首个燕窝行业标准《燕窝质量等级》(GH/T 1092—2014)正式推出，成为燕窝行业规范发展的里程碑。2019 年，根据《工业和信息化部办公厅关于印发 2019 年第四批行业标准制修订和外文版项目计划的通知》(工信厅科函〔2019〕276 号)，由厦门市燕之屋丝浓食品有限公司牵头，联合中国食品发酵工业研究院有限公司、中国罐头工业协会等单位、企业开展中华人民共和国轻工行业标准《燕窝制品》的研制。根据《中华人民共和国工业和信息化部公告》(2023 年第 38 号)，

《燕窝制品》(QB/T 5916—2023)这一行业标准于2024年7月1日正式实施。

该标准明确了燕窝制品的定义，并根据生产工艺将形态多样的燕窝产品进行了分类，明确了各类产品的工序和质量指标。该标准成为燕窝行业首个针对燕窝制品的行业标准，解决了燕窝制品分类及质量标准缺失的问题，为提高产品质量、规范市场行为、促进燕窝产业健康发展奠定了基础。

6. 蜂产品

蜂产品实际上是蜜蜂产物的总称。海关总署《符合评估审查要求及有传统贸易的国家或地区输华食品目录》中列入进口食品监管范畴的蜂产品包括蜂蜜、蜂王浆、蜂花粉和蜂胶。

2022年4月12日，《蜂产品生产许可审查细则（2022版）》正式公布，该细则对蜂蜜、蜂王浆（含蜂王浆冻干品）、蜂花粉和蜂产品制品的品种明细及定义进行了说明。

表1-2　蜂产品生产许可类别目录及定义

食品类别	类别名称	品种明细	定义	说明
蜂产品	蜂蜜	蜂蜜	蜂蜜：以蜜蜂采集植物的花蜜、分泌物或蜜露，与自身分泌物混合后，充分酿造而成的天然甜物质为原料，经过滤、灌装等工艺加工而成的产品	—
	蜂王浆（含蜂王浆冻干品）	蜂王浆、蜂王浆冻干品	蜂王浆：别名蜂皇浆，以工蜂咽下腺和上颚腺分泌的，主要用于饲喂蜂王和蜂幼虫的浆状物质为原料，经过滤、灌装等工艺加工而成的产品 蜂王浆冻干品：以蜂王浆为原料经冷冻干燥、粉碎、包装等工艺加工而成的产品	—

食品类别	类别名称	品种明细	定义	说明
蜂产品	蜂花粉	蜂花粉	蜂花粉：以工蜂采集花粉，用唾液和花蜜混合后形成的物质为原料，经干燥、消毒灭菌、包装等工艺加工而成的产品	按照《食品安全国家标准 花粉》（GB 31636—2016）要求，油菜花粉、向日葵花粉、紫云英花粉、荞麦花粉、芝麻花粉、高粱花粉、玉米花粉等纳入生产许可管理范围。其他品种依据国务院卫生行政部门后续相关公告执行。松花粉属风媒花粉，该类产品参照蜂花粉相关要求执行
	蜂产品制品	蜂产品制品	以蜂蜜、蜂王浆（含蜂王浆冻干品）、蜂花粉或其混合物为主要原料，且在成品中含量大于50%，添加或不添加其他食品原料经加工制成的产品	以蜂蜜为原料生产蜂产品制品不得添加淀粉糖、糖浆、食糖

与蜂产品有关的食品安全国家标准有《食品安全国家标准 蜂蜜》（GB 14963—2011）、《蜂王浆》（GB 9697—2008）、《食品安全国家标准 花粉》（GB 31636—2016）、《蜂花粉》（GB/T 30359—2021）、《蜂胶》（GB/T 24283—2018）。

7. 蛋与蛋制品

截至目前，还没有国家或地区的蛋与蛋制品取得中国检疫准入资格。《食品安全国家标准 蛋与蛋制品》（GB 2749—2015）是适用于鲜蛋与蛋制品的产品类食品安全国家标准。除鲜蛋外，蛋制品分为液蛋制品、干蛋制品、冰蛋制品和再制蛋。中国是世界上蛋制品品种较为丰富的国家，皮蛋、咸蛋、糟蛋和卤蛋都是中国特色的蛋制品。

8. 食用油脂和油料

近年来，随着人民生活水平的提高，城乡居民对饮食健康的关注度越来越高，饮食结构日益优化，食用油消费结构渐趋多元，豆油、菜籽油和花生油等主要食用油消费增速明显放缓，而茶油、橄榄油等消费日渐增长。在全球油脂供应体系中，棕榈油是第一大油脂品种，同时也是第一大贸易品种。豆油在全球属于第二大油脂品种，但在中国是最大的油脂品种。中国既是全球第二大油脂产出国和最大的油脂需求国，同时也是豆油最大的产出国和需求国，但中国国内大豆严重依赖进口。

在海关总署"进口食品境外生产企业注册管理系统"的产品类别中，食用油脂和油料分为三类：油料、食用植物油和食用动物油脂。目前与食用油脂和油料有关的食品安全国家标准主要有三个：一是《食品安全国家标准 食用植物油料》（GB 19641—2015），适用于制取食用植物油的油料；二是《食品安全国家标准 植物油》（GB 2716—2018），适用于植物原油、食用植物油、食用植物调和油和食品煎炸过程中的各种食用植物油；三是《食品安全国家标准 食用油脂制品》（GB 15196—2015），适用于食用氢化油、人造奶油（人造黄油）、起酥油、代可可脂（类可可脂）、植脂奶油、粉末油脂等食用油脂制品。

9. 包馅面食

通过海关总署"进口食品境外生产企业注册管理系统"查询可知，纳入18类食品的包馅面食商品 HS 编码为1902200000（包馅面食），主要包括其他粮食制品、速冻粮食制品、生面食、含肉（不含肉）包子、含肉（不含肉）饺子、含肉（不含肉）春卷以及其他含肉（不含肉）速冻粮食制品。《食品安全国家标准 速冻面米与调制食品》（GB 19295—2021）适用于速冻面米和速冻调制食品，但不适用于速冻动物性水产制品。

10. 食用谷物

通过海关总署"进口食品境外生产企业注册管理系统"查询可知，纳入18类食品的食用谷物商品 HS 编码为1008909000（其他谷物），具体包括去壳黍子、带壳黍子、食用谷穗、野米、薏米、藜麦以及食用其他粮谷等。

11. 谷物制粉工业产品和麦芽

谷物制粉工业产品的商品 HS 编码为 1104299000（经其他加工的其他谷物），具体包括食用小麦粉，食用荞麦仁、粉，黑麦粉，野米，薏仁米等；麦芽商品 HS 编码为 1107100000(未焙制麦芽)和 1107200000(已焙制麦芽)。

12. 保鲜和脱水蔬菜以及干豆

在海关总署"进口食品境外生产企业注册管理系统"的产品类别中，保鲜和脱水蔬菜以及干豆分为两类：一类是保鲜和脱水蔬菜，另一类是干豆。其中，保鲜和脱水蔬菜主要包括干金针菜（黄花菜）、干制羊肚菌、笋干丝、脱水马铃薯等 50 多个产品。

13. 调味料

调味料，也称佐料，是指被少量加入其他食物中用以改善味道的食品成分。根据《国家卫生和计划生育委员会关于香辛料标准适用有关问题的批复》（卫计生函〔2013〕113 号）要求：

（1）列入《香辛料和调味品名称》（GB/T 12729.1—2008）的物质（罂粟种子除外），可继续作为香辛料和调味品使用。

（2）列入《卫生部关于进一步规范保健食品原料管理的通知》（卫法监发〔2002〕51 号）规定的可用于保健食品的物品名单、尚未列入《香辛料和调味品名称》（GB/T 12729.1—2008）的物品，如需作为香辛料和调味品使用，应当按照《中华人民共和国食品安全法》第三十七条有关规定执行：利用新的食品原料生产食品，或者生产食品添加剂新品种、食品相关产品新品种，应当向国务院卫生行政部门提交相关产品的安全性评估材料。国务院卫生行政部门应当自收到申请之日起六十日内组织审查；对符合食品安全要求的，准予许可并公布；对不符合食品安全要求的，不予许可并书面说明理由。

中国针对香辛料和调味品有一个系列标准，该系列标准共有 13 个子标准。其中，《香辛料和调味品名称》（GB/T 12729.1—2008）规定了 68 种中国常用食品调味、能产生香气和滋味的香辛料植物性产品。

此外，《食品安全国家标准 复合调味料》（GB 31644—2018）适用于复合调味料，包括调味料酒、酸性调味液产品等，但不适用于水产调味品。

14. 坚果与籽类

《食品安全国家标准 坚果与籽类食品》（GB 19300—2014）适用于生干和熟制的坚果与籽类食品。该标准中列出了坚果与籽类食品相关定义。

（1）坚果与籽类食品：以坚果、籽类或其籽仁等为主要原料，经加工制成的食品。

①坚果。具有坚硬外壳的木本类植物的籽粒，包括核桃、板栗、杏核、扁桃核、山核桃、开心果、香榧、夏威夷果、松籽等。

②籽类。瓜、果、蔬菜、油料等植物的籽粒，包括葵花籽、西瓜籽、南瓜籽、花生、蚕豆、豌豆、大豆等。

③籽仁（含果仁）。坚果、籽类去除外壳后的部分。

（2）生干坚果与籽类食品：经过清洗、筛选，或去壳，或干燥等处理，未经熟制工艺加工的坚果与籽类食品。

（3）熟制坚果与籽类食品：以坚果、籽类或其籽仁为主要原料，添加或不添加辅料，经烘炒、油炸、蒸煮或其他等熟制加工工艺制成的食品。

15. 干果

《干果食品卫生标准》（GB 16325—2005）适用于以新鲜水果（如桂圆、荔枝、葡萄、柿子等）为原料，经晾晒、干燥等脱水工艺加工制成的干果食品。

16. 未烘焙的咖啡豆与可可豆

在海关总署"进口食品境外生产企业注册管理系统"的产品类别中，未烘焙的咖啡豆与可可豆分为两类：一类是未烘焙的咖啡豆，另一类是未烘焙的可可豆。按照最新的要求，如需推荐未烘焙的咖啡豆与可可豆的输华境外生产企业办理在华注册、更新和注销事宜，需要请出口国家或地区植物检疫主管部门联系中华人民共和国海关总署动植物检疫司办理。

17. 特殊膳食食品（不包括乳基婴幼儿配方食品）

在海关总署"进口食品境外生产企业注册管理系统"的产品类别中，特殊膳食食品（不包括乳基婴幼儿配方食品）分为四类：婴幼儿配方食品、婴幼儿辅助食品、特殊医学用途配方食品、其他特殊膳食用食品。

特殊膳食食品也是一类食品的统称，《食品安全国家标准 预包装特殊膳食用食品标签》（GB 13432—2013）对特殊膳食用食品的定义是"为满足特殊的身体或生理状况和（或）满足疾病、紊乱等状态下的特殊膳食需求，专门加工或配方的食品。这类食品的营养素和（或）其他营养成分的含量与可类比的普通食品有显著不同"。从类别上分，特殊膳食食品可分为四类。

（1）婴幼儿配方食品：婴儿配方食品、较大婴儿和幼儿配方食品、特殊医学用途婴儿配方食品。

（2）婴幼儿辅助食品：婴幼儿谷类辅助食品、婴幼儿罐装辅助食品。

（3）特殊医学用途配方食品（特殊医学用途婴儿配方食品涉及的品种除外）。

（4）其他特殊膳食用食品：辅食营养补充品、运动营养食品、其他具有相应国家标准的特殊膳食用食品。

目前现行的相关食品安全国家标准有《食品安全国家标准 特殊医学用途配方食品通则》（GB 29922—2013）、《食品安全国家标准 运动营养食品通则》（GB 24154—2015）、《食品安全国家标准 辅食营养补充品》（GB 22570—2014）《食品安全国家标准 婴儿配方食品》（GB 10765—2021）和《食品安全国家标准 幼儿配方食品》（GB 10767—2021）等。

18. 保健食品

《食品安全国家标准 保健食品》（GB 16740—2014）对保健食品的定义为"声称并具有特定保健功能或者以补充维生素、矿物质为目的的食品。即适用于特定人群食用，具有调节机体功能，不以治疗疾病为目的，并且对人体不产生任何急性、亚急性或慢性危害的食品"。

中国对保健食品采取注册备案制度，《保健食品注册与备案管理办法》是为规范保健食品的注册与备案，根据《中华人民共和国食品安全法》而制定的，现行版本为 2016 年 2 月 26 日国家食品药品监督管理总局令第 22 号公布，并根据 2020 年 10 月 23 日国家市场监督管理总局令第 31 号修订。

1.2.2 非推荐注册类食品的分类

未纳入 18 类的食品，进口食品境外生产企业注册由企业自行或者委托代理人向海关总署提出申请，无须其所在国家（地区）主管当局官方推荐。主要包括如下品类：

蔬菜及其制品（保鲜和脱水蔬菜除外），粮食制品以及其他产品，茶叶类，坚果及籽类制品，酒类，饮料及冷冻饮品，饼干、糕点、面包，糖类（包括原糖、食糖、乳糖、糖浆等），糖果、巧克力（包括巧克力、代可可脂巧克力及其制品），调味品（不包括食糖），经烘焙的咖啡豆、可可豆及其制品（不包括巧克力），水果制品，其他杂项食品等。

此外，按照最新的要求，冷冻水果境外食品生产企业注册由企业自行或者委托代理人向海关总署提出申请，无须其所在国家（地区）主管当局官方推荐（已签署议定书或已发布检验检疫要求公告中明确需官方推荐的除外）。

1.3　出口领域食品分类要求

中国对出口食品生产企业实施备案管理。实施出口食品生产企业备案的产品共有 22 大类，分别是：罐头类，肉及肉制品类，水产品类，茶叶类，肠衣类，蜂产品类，速冻果蔬类、脱水果蔬类，蛋制品类，糖类，乳及乳制品类，酒类，饮料类，花生、干果、坚果制品类，果脯类，粮食制品及面、糖制品类，食用油脂类，调味品类，速冻方便食品类，功能食品类，食用明胶类，腌渍菜类，其他等。

1.4 国内食品分类标准修订进展

目前，中国还没有一套适用于食品安全国家标准体系的统一指导性食品分类系统，国家也在积极推动统一的食品分类系统的建立。

2014年，原国家卫生和计划生育委员会立项启动《食品安全名词术语及食品分类》的标准制定工作。2017年，食品安全风险评估中心联合中国食品工业协会起草了包括25大类食品的分类体系。2018年，食品安全国家标准审评委员会在内部征求《用于食品安全国家标准的食品分类体系》意见，该文件虽然以食品安全国家标准项目形式研制，但不以强制性食品安全国家标准发布，而是作为食品安全国家标准制定及修订的程序、制度性文件供各界参照。也就是说，该分类体系不会取代目前食品行业现有分类方式，也不会代替各类食品安全通用标准和食品安全监管工作所采用的分类方式。

1.5 国外食品分类要求简述

食品分类系统是指科学规范食品分类体系的相关文件。每个国家、地区或组织的食品分类系统并不一致，即便在同一国家，可能在不同的文件中也会规定不同的食品分类，以适应不同的应用场景。

1.5.1 国际食品法典委员会

国际食品法典委员会（Codex Alimentarius Commission，CAC）标准（Codex标准）中有两个重要的标准涉及食品分类：《食品添加剂通用法典标准》（CODEX STAN 192—1995）和《食品和动物饲料的法典分类》[CAC/MISC 4—1989（1993）]。其中，《食品添加剂通用法典标准》（CODEX STAN 192—1995）适用于食品添加剂的使用，而《食品和动物饲料的法典分类》[CAC/MISC 4—1989（1993）]适用于判定食品中农药的最大残留限量。

《食品添加剂通用法典标准》（CODEX STAN 192—1995）最新版是2019修订版，该标准共两部分，第1部分为食品分类系统，第2部分为食品分类描述。该标准将食品分为 16 大类，并针对每个大类食品进行了分类描述。

《食品和动物饲料的法典分类》[CAC/MISC 4—1989（1993）] 颁布的主要目的是确保使用统一的命名法和二级分类法，将食品分为组和亚组，以建立具有相似特征的组的农药残留限量。该标准将食品按照植物源性食品、动物源性食品、动物饲料产品、植物源性加工食品和动物源性加工食品 5 个类别进一步细分。

1.5.2 欧盟及其成员国

1. 欧盟

欧盟涉及食品分类的法规有欧洲议会和欧盟理事会（EC）制订的《食品和饲料中农药最大残留限量》[（EC）No 396/2005] 和《食品添加剂法规》[（EC）No 1333/2008]。

《食品和饲料中农药最大残留限量》[（EC）No 396/2005] 的附录 Ⅰ Part A 部分介绍了适用食品中农药残留限量的分类，主要规定了 10 大类农业食品及其下级分类。

《食品添加剂法规》[（EC）No 1333/2008] 的附录 Ⅱ Part D 部分规定了食品分类的基本情况，列举了 18 大类食品及其下属分类的信息。附录 Ⅱ Part E 部分"食品分类的描述指南"适用于对食品添加剂的使用，其中包括每类食品的详细描述及举例说明。该指南有助于成员国的监管机构和食品企业确保食品添加剂立法的正确实施。

2. 欧盟成员国

爱尔兰有关食品分类的法规和相关文件主要有爱尔兰食品安全局发布的《欧盟食品分类的指导性说明》、欧盟委员会发布的《食品添加剂法规》[（EC）No 1333/2008]。《欧盟食品分类的指导性说明》作为官方控制食品实验室进行微生物和（或）化学分析时食品采样的食品分类指南，按欧洲共同体定义的欧盟类别分类，将食品分为 21 个类别。作为欧盟成员国之一，爱尔兰执行欧盟的相关法规要求，并对应参考法规的相关指南文件。其中，《食品添加剂法规》[（EC）No 1333/2008] 附录 Ⅱ Part D 及 Part E 部分"食品分类的描述指南"是针对食品添加剂使用要求法规中的食品类别描述，共计 18 个大类。

1.5.3 澳大利亚和新西兰

澳大利亚和新西兰相关标准中涉及食品分类的主要有《澳新食品标准法典》的附表 15"可作为食品添加剂的物质"和附表 22"食品和食品分类"。

《澳新食品标准法典》的附表 15"可作为食品添加剂的物质"与该标准 1.3.1"食品添加剂"相关内容对应，规定了各类食品中适用的食品添加剂及添加量，其中将食品分为 15 大类，每大类下分为 2 级、3 级和 4 级食品小类。

《澳新食品标准法典》的附表 22"食品和食品分类"与该标准 1.4.2"农兽药产品"相关内容对应，介绍了适用农、兽药残留限量中的食品分类。其中主要涉及初级农产品及其加工品，将食品分为 3 大类：动物产品、农作物产品和动植物源性加工食品，并对每一大类及其下级小类所包括的食品进行了举例说明。

1.5.4 美国

美国联邦法规《食品添加剂》（FDA 21 CFR Part 170）中建立了一般食品分类的清单，其将食品分为 43 个类别，并规定了每类食品包括的具体产品。

1.5.5 加拿大

加拿大在卫生部网站发布了《化学残留作物组》，该文件可在查询食品中农药的残留限量时使用。该文件将作物按照来源分为 24 组，其中食品主要包括蔬菜、水果、坚果、谷物、香料、油籽和食用菌。

1.5.6 俄罗斯

作为欧亚经济联盟（前身为关税同盟）成员国，俄罗斯在食品安全监管领域除需遵守本国相关法规要求外，还应遵循联盟技术法规的各类规定。关税同盟《食品安全性技术法规》（TR CU 021/2011）及其多个附录将食品分为 12 个大类，并分别对各类食品中微生物、污染物及农兽药残留限量要求等作了具体规定。

另外，针对上述几类食品，欧亚经济联盟发布了技术法规，法规中包括了相关食品的生产、标识、销售、流通和处置方面的具体要求。

因此，研究俄罗斯的食品分类除应掌握《食品安全性技术法规》（TR CU 021/2011）的基本分类法外，还应熟悉各具体类别食品的技术法规要求。

1.5.7 印度

印度在《食品安全和标准》（食品标准和食品添加剂）（2011）附录 A 中规定了食品分类系统。食品分类系统参考了印度传统饮食结构和现代加工食品的生产特点，将食品分为 15 大类。该分类系统为食品添加剂的使用、食品标准的制定及监管提供了统一依据，确保食品生产和进口符合安全规范。

1.5.8 新加坡

新加坡《食品条例》Part Ⅳ "食品标准和特殊标签要求" 中将食品分为 21 大类，每大类下设有亚类，规定了每类食品的定义、规格要求、添加剂使用及标签要求等。

此外，新加坡食品局网站关于食品进出口介绍板块给出了相关分类介绍——《食品与食品的一般分类》，结合该部分内容，可以查询新加坡进口食品的适用条件和相关要求。其中将食品分为 7 大类，分别为肉、鱼、新鲜水果和蔬菜、新鲜鸡蛋、加工鸡蛋、加工食品、食品器具，其中加工食品又细分为 24 类。

1.5.9 菲律宾

菲律宾有关食品分类的文件主要涉及 2 个：《食品添加剂列表》（Bureau Circular No 2006—016）和《采用食品添加剂通用标准食品分类体系和描述》（Department Circular No 2019—0319），以下分别介绍其核心内容。

《食品添加剂列表》（Bureau Circular No 2006—016）是菲律宾食品添

使用要求的法规，其附表 1 是食品分类系统，将食品分为 16 个大类，该附表可作为食品添加剂用途分配的工具。

《采用食品添加剂通用标准食品分类体系和描述》（Department Circular No 2019—0319）是菲律宾工业部于 2019 年 8 月初发布的文件，食品和药品监督管理局参照国际食品法典委员会制定的《食品添加剂通用法典标准》（CODEX STAN 192—1995）附录 B 的要求对食品进行识别和分类。原材料、配料和（或）成品食品的制造商（包括重新包装商等），分销商（进口商、批发商）和贸易商必须符合这些标准，以便进行食品识别和分类。

1.5.10 文莱

文莱有关食品分类的法规主要是《公共卫生（食品）条例》，该条例 Part Ⅴ "食品的标准和特殊标签要求" 中规定了 19 大类食品的标准要求。

1.5.11 泰国

泰国涉及食品分类的文件主要为食品药品监督管理局发布的官方文件。根据《食品添加剂通用法典标准》（CODEX STAN 192—1995）和泰国公共卫生部相关公告，发布了《17 种食品分类准则》，以更好地监管食品质量和食品添加剂的使用情况。该准则从食品的基本成分、生产过程和食品特性等方面考虑，将食品分为 17 大类。该准则有 3 个附件，附件 1 是 "17 种食品的大类解释和代码"；附件 2 是 "17 种食品的详细举例说明及对应的公共卫生部公告"；附件 3 是 "针对附件 2 的食品类别分类的依据"。

1.5.12 马来西亚

马来西亚在食品相关法规中未制定具体的食品分类系统，在《食品条例 1985》中制定了不同类别食品的标准，按照这些食品标准可将食品分为 27 大类。

第二章

Chapter 2

食品相关技术性贸易措施

2.1 技术性贸易措施概述

根据世界贸易组织（World Trade Organization，WTO，简称世贸组织）有关协议规定，各成员在制定或修订现行技术法规、强制性标准、合格评定程序及措施时，如缺乏国际标准或与有关国际标准不一致，并且可能对其他成员的贸易有明显影响时，必须在法规批准60天前向世界贸易组织秘书处通报，给予其他成员一定的评议时间并尽可能考虑他们的合理意见。TBT/SPS 紧急措施通报工作可在法规生效的同时进行，不留征求意见期，但必须在通报中说明采取紧急措施的正当理由。这种通报咨询制度除了沟通信息外，还有更进一步的意义，即技术协调。通报是为了技术信息的沟通，咨询是为了技术要求的协调。

2.1.1 卫生与植物卫生措施委员会及《SPS 协定》

卫生与植物卫生措施委员会（以下简称"SPS 委员会"）负责监督世贸组织各成员执行《实施卫生与植物卫生措施协定》（Agreement on the

Application of Sanitary and Phytosanitary Measures，简称《SPS协定》）的情况。该协定对各成员在采取那些可能对国际贸易产生影响的措施来保障食品安全及动物健康（卫生措施）或植物健康（植物卫生措施）时，所应享有的基本权利和应履行的基本义务作出了规定。不论是通过对涉及的风险进行评估，还是通过采用卫生与植物卫生国际标准，成员必须确保其SPS措施建立在科学基础之上。

各成员必须对拟实施的新的卫生与植物卫生措施提前进行通报，并且在其实施之前为其他贸易伙伴提供对这些措施提出反馈意见的机会。SPS委员会已经制定了相应的程序，确保各成员按照有关规定履行透明度义务，并制定了统一的通报表格用于一般措施通报和紧急措施通报。各成员可以在SPS委员会会议上提出与某个具体通报有关的问题以及其他所关心的问题，也可以就和卫生与植物卫生措施有关的问题以及《SPS协定》的执行情况进行讨论。

在世界贸易组织争端解决机制之下，各成员就其他成员实施的SPS措施提出磋商请求的情况很多，包括诸如食品保存期限、检验与管理程序、对加工瓶装水的限制、对鱼类疾病的限制以及肉类产品中的促生长激素类兽药的使用等各种问题。有些问题已经通过双方磋商得到了解决，而有些问题仍然悬而未决，这些未解决的问题可以提交给争端解决机构。

SPS委员会负责制定一个程序，监督各成员执行卫生与植物卫生国际标准的情况，并考虑与此有关的建议。SPS委员会还负责有关指南的制定工作，以期推动成员政府履行与适宜的风险保护水平有关的义务。

除了上述职能之外，SPS委员会还建议各成员赞同其工作计划中更多的项目，包括"对《SPS协定》规定的通报程序取得的效果进行审议；提高在其他领域的透明度，如各成员在与制定SPS措施有关的管理机构和程序方面进行信息交流；推动磋商以解决目前存在的贸易摩擦；调整并提高国际技术援助的质量和效率；增进对卫生与植物卫生等效措施的重视"。

2.1.2《TBT 协定》简介

《TBT 协定》是《技术性贸易措施协定》（Agreement on Technical Barriers to Trade）的简称，是世界贸易组织管辖的一项多边贸易协议，是在关贸总协定东京回合同名协议的基础上修改和补充的。《TBT 协定》由前言、15 条及 3 个附件组成。《TBT 协定》试图确保法规、标准、测试和认证程序不会造成不必要的障碍。然而，该协定认为各成员有权采纳其认为合适的标准。此外，该协定不会阻止各成员采取必要措施确保其标准的有效实施。为避免技术性贸易措施，该协定鼓励各成员采用国际标准，但对于其自有标准并不歧视。该协定还为政府和非政府或行业机构制定、采用和应用自愿性标准制定了良好做法守则。200 多个标准制定机构采用该协定。该协定明确，用于决定产品是否符合相关标准的程序必须是公平和公正的，它不鼓励任何可能给本国产品带来不公平优势的方法。该协定还鼓励各成员承认彼此评估产品符合规定的程序。未经承认，产品可能需要进行两次测试，首先由出口国测试，然后由进口国测试。制造商和出口商需要了解其潜在市场的最新标准。为了确保方便地提供这些信息，所有世界贸易组织成员都必须建立咨询点，并通过世界贸易组织相互通报情况——每年通报约 900 项新的或修改的法规。技术性贸易措施委员会鼓励各成员分享信息，也会举办讨论有关法规及其实施问题的论坛。

2.2 食品相关技术性贸易措施研究分析

在国际贸易中，技术性贸易措施逐渐成为影响食品进出口的关键因素。中国作为一个食品进出口大国，其技术性贸易措施体系不断完善，对食品进出口的技术性要求也在逐步提高。

2.2.1 食品相关技术性贸易措施现状分析

1. 国内现状

近年来，中国政府高度重视技术性贸易措施对国际贸易的影响，不断完善相关技术性贸易措施体系。特别是在食品领域，政府加强了对进口食品的监管，提高了食品安全标准和检测能力。同时，国内食品企业也积极应对技术性贸易措施的挑战，加强技术创新和质量管理，提高产品质量和竞争力。这些努力使得中国食品在国际贸易中取得了良好的声誉，也为食品出口创造了更加有利的条件。

中国还积极参与国际技术性贸易措施的制定和修订，加强与国际组织及其成员的合作与交流，提升在国际技术性贸易措施领域的话语权和影响力。

2. 国外现状

国外技术性贸易措施日益严格，尤其是一些发达国家，对食品进出口的技术性要求非常高。这些要求不仅包括食品质量、安全、卫生等方面，还包括环保、社会责任等方面。这对国内企业的生产、加工、包装、运输等各个环节都提出了很高的要求，增加了企业的生产成本和出口难度。

2.2.2 技术性贸易措施对食品进出口的影响

在全球化背景下，技术性贸易措施在食品进出口中扮演着至关重要的角色。这些措施涉及食品安全、质量标准、环保要求等方面，对食品进出口产生了深远的影响。

1. 正面影响

技术性贸易措施的实施，无疑提高了食品的质量与安全水平。这些措施要求食品企业采用先进的生产工艺和设备，确保食品在生产、加工、储存、运输等各环节都符合国际标准和要求。这不仅保障了消费者的健康权益，也提高了产品的市场竞争力。同时，技术性贸易措施也推动了食品企业的技术创新和升级。为了满足国际市场的需求，食品企业必须不断研发新产品、新技术，提高产品的附加值和竞争力。

2. 负面影响

技术性贸易措施也给食品进出口带来了负面影响。这些措施增加了食品进出口的成本。企业需要投入大量的资金用于技术改造、产品质量检测，以满足进口国的技术要求。这些成本最终会转嫁到消费者身上，导致食品价格上涨。技术性贸易措施可能导致贸易歧视和不公平待遇。一些发达国家凭借其技术优势，设置过高的技术标准，限制其他国家的产品进入其市场，从而保护本国产业。这种做法不仅违反了国际贸易的公平原则，也阻碍了全球贸易的发展。

2.2.3 风险预警机制建立与完善

在食品进出口贸易中，风险预警机制的建立与完善是至关重要的环节。它不仅能够及时发现并应对潜在的风险，还能有效保护消费者的健康和安全，维护市场的稳定和可持续发展。

在风险预警机制的建立方面，首要任务是设立专业的风险监测团队。这个团队应具备丰富的专业知识和经验，能够密切关注国内外食品技术性贸易措施的动态，及时捕捉并分析可能引发的风险。团队成员之间应保持紧密的沟通协作，确保信息的快速传递和共享，从而提高风险预警的准确性和及时性。

风险信息系统是风险预警机制的重要组成部分。该系统应广泛收集与食品进出口相关的风险信息，包括国内外法律法规的变动、市场动态、检验检测结果等。对这些信息进行整理和分析，可以形成全面的风险数据库，为风险预警提供有力的数据支持。同时，风险信息系统还应具备预警功能，能够自动识别潜在的风险并发出预警信号，以便及时采取措施。

制定风险预警的标准和流程是风险预警机制的关键环节。这些标准和流程应根据食品进出口业务的特点和实际情况进行制定，明确风险预警的触发条件、预警级别和应对措施。当风险达到一定的预警级别时，应立即启动相应的应对措施，包括加强检验检疫、限制进口、召回相关产品等，以最大限度地降低风险对市场和消费者的影响。

2.2.4 食品相关技术性贸易措施发展趋势

在未来的国际贸易格局中，食品贸易将继续占据重要地位，伴随而来的挑战与机遇也将不断显现。以下是对食品相关技术性贸易措施未来发展趋势的预测。

1. 技术性贸易措施的强化与优化

随着全球食品安全意识的提高和国际贸易的深入发展，技术性贸易措施将成为各国保护本国市场、提升本国食品国际竞争力的重要手段。食品技术性贸易措施将更加严格和复杂，包括更严格的质量标准、更严格的检验检测、更全面的认证认可等。这些措施旨在确保进口食品的安全性和质量，保护本国消费者的权益。因此，食品企业需要不断提升自身的技术水平和生产管理能力，以适应国际市场的变化和要求。

同时，随着技术的不断进步和创新，新的检测方法和认证手段将不断涌现，为食品进出口贸易提供更加便捷、高效的服务。食品企业可以积极利用这些新技术，提高产品的质量和安全性，增强市场竞争力。

2. 进出口风险管控策略的完善与升级

在国际贸易中，进出口风险是企业必须面对的重要问题。特别是在食品贸易中，由于食品的特殊性质，一旦出现问题往往会对消费者的健康和生命安全造成严重影响，风险防控尤为重要。未来，食品企业将需要不断完善和升级进出口风险管控策略，以降低风险、提高效率。

2.3 食品相关国际组织及要求

2.3.1 国际食品法典委员会及《国际食品法典标准》

国际食品法典委员会是联合国粮食及农业组织和世界卫生组织于1963年联合设立的政府间国际组织，专门负责协调政府间的食品标准。国际食品法典委员会有189个成员，其中包括188个成员国和1个成员组织（欧盟）。

　　《国际食品法典标准》是以统一方式呈现的国际通用食品标准和相关文本的集合。这些标准及相关文本涵盖了加工、半加工食品及某些食品原料，旨在为消费者提供安全、健康、没有掺假的食品，且要保证食品的正确标识及描述。

　　《国际食品法典标准》可分为通用标准、产品标准、操作规范标准及其他标准等4大类。通用标准涉及污染物、添加剂、农药残留、兽药残留、标签、进出口检测与验证、采样和分析方法等内容。产品标准涉及乳和乳制品、肉和肉制品、鱼和鱼制品、谷物和豆类、加工水果和蔬菜、新鲜水果和蔬菜、可可和巧克力制品、油脂、瓶装水、特殊膳食食品和区域特色食品等食品。操作规范标准包括通用规范、食品污染控制规范以及各类食品的操作规范。其他标准包括政府应用的风险分析原则、各区域法典委员会准则等。

　　以下详细介绍与食品进出口合规直接相关的通用标准和产品标准。

　　1. 食品污染物限量标准

　　食品污染物相关的限量标准有《食品和饲料中污染物和毒素通用标准》（CODEX STAN 193—1995），该标准规定了霉菌毒素（总黄曲霉毒素、黄曲霉毒素 M_1、脱氧雪腐镰刀菌烯醇（DON）、伏马菌素、赭曲霉毒素 A、棒曲霉素）、金属（砷、镉、铅、汞、甲基汞、锡）、放射性核素和其他污染物（丙烯腈、氯丙醇、氢氰酸、三聚氰胺、氯乙烯单体）在食品中的限量要求。

　　2. 食品添加剂标准

　　食品添加剂相关的标准及指南包括《食品添加剂通用法典标准》（CODEX STAN 192—1995）、《食品添加剂分类名称和国际编号系统》（CAC/GL 36—1989）、《香料使用指南》（CAC/GL 66—2008）、《用作加工助剂物质指南》（CAC/GL 75—2010）、《食品添加剂规格清单》（CXM 6—2018）和《食品添加剂摄入量的初步评估指南》（CAC/GL 3—1989）。

　　《食品添加剂通用法典标准》（CODEX STAN 192—1995）是食品添加剂使用的基础标准，对食品添加剂的使用范围和使用量进行了规定，并对食品分类系统进行了说明。另外，国际食品法典委员会在其网站上建立了食品添加剂使用数据库，可按照食品类别或食品添加剂名称进行查询。食品添加剂规格则执行食品添加剂联合专家委员会（Joint FAO/WHO Expert Committee on Food Additives，JECFA）的具体规定。

3. 微生物标准

国际食品法典委员会未制定终产品中的微生物限量标准，而是倡导过程控制，制定了控制微生物风险的原则和操作规范。微生物控制相关的指南和规范有《食品微生物标准的制定和应用准则》（CAC/GL 21—1997）、《实施微生物危险性评估的原则及准则》（CAC/GL 30—1999）、《微生物风险管理操作指南和原则》（CAC/GL 63—2007）、《应用食品卫生通用原则控制即食食品中的李斯特菌指南》（CAC/GL 61—2007）等。

4. 农药残留限量标准

食品中农药的最大残留限量是以数据库的形式展现的，可以在线查询某种农药的最大残留限量。

5. 兽药残留限量标准

兽药残留限量也是以数据库的形式展现的，可按照兽药功能类别、物种类别、兽药名称进行查询。同时，也可以通过《食品中兽药残留的最大残留限量和风险管理建议》（CX/MRL 2—2018）查询。

6. 食品标签标准

国际食品法典委员会对预包装食品的标签标示、营养标签、声称的规定比较全面,相关的标准包括《预包装食品标签通用标准》（CODEX STAN 1—1985）、《营养标签指南》（CAC/GL 2—1985）、《声称通用指南》（CAC/GL 1—1979）、《营养和健康声称使用指南》（CAC/GL 23—1997）以及《非零售食品容器标签通用标准》（CODEX STAN 346—2021）等。

7. 产品标准

产品标准规定了食品质量和安全要求，包括标准名称、范围、描述、基本成分和质量指标、食品添加剂、污染物、卫生、度量衡、标签、分析和采样方法。食品安全要求（如食品添加剂、污染物等）可参照相应的通用标准，当通用标准无法满足产品要求时，可以根据需要规定指标要求。产品标准涉及产品种类繁多，可在国际食品法典委员会网站查询。

2.3.2 世界贸易组织

1. 世界贸易组织简介

世界贸易组织成立于 1995 年 1 月 1 日，总部设在瑞士日内瓦，其宗旨是规范世界范围贸易、投资和经济合作。其核心法律文件是世贸组织协定，该协定由世界上大多数贸易国家谈判和签署，并在其议会得到批准。

2. 世贸组织的组织机构

世贸组织由部长会议、总理事会、专门委员会、秘书处与总干事构成。

部长会议（会议机制）：世贸组织的最高决策机构。由所有成员主管外经贸的部长、副部长级官员或其全权代表组成，部长会议至少每两年举行一次。部长会议具有广泛的权力，主要有：立法权；准司法权；豁免某个成员在特定情况下的义务；批准非世贸组织成员所提出的取得世贸组织观察员资格申请的请示。

总理事会（常设机构）：在部长会议休会期间，由全体成员代表组成的总理事会代行部长会议职能。总理事会下设货物贸易理事会、服务贸易理事会、知识产权理事会。这些理事会可视情况自行拟订议事规则，经总理事会批准后执行。所有成员均可参加各理事会各专门委员会。

专门委员会：各专门委员会处理特定的贸易及其他有关事宜。已设立贸易与发展委员会，国际收支限制委员会，预算、财务与行政委员会，贸易与环境委员会等 10 多个专门委员会。

秘书处与总干事：由部长会议任命的总干事领导世界贸易组织秘书处。秘书处工作人员由总干事指派，并按部长会议通过的规则决定他们的职责和服务条件。

3. 世贸组织的运作

世贸组织成员分四类：发达成员、发展中成员、转轨经济体成员和最不发达成员。世贸组织由其成员政府管理。所有重大决定都由全体成员作出，要么是部长（通常至少每两年开一次会），要么是他们的大使或代表（定期在日内瓦开会）。虽然世贸组织是由其成员驱动的，但如果没有其秘书处来协调活动，它就无法运作。秘书处雇用了600多名工作人员，律师、经济学家、统计师和通信专家等每天协助世贸组织成员，确保谈判顺利进行，国际贸易规则得到正确应用和执行。

4. 世贸组织的职责

世贸组织旨在改善人民的生活，谈判贸易规则，监督世贸组织协定，保持开放贸易，解决争端。其职责涉及贸易谈判、争端解决、建设贸易能力和外展服务并扩大服务范围这四个方面。

5. 世贸组织倡导的原则

世贸组织协定涵盖货物、服务和知识产权，该协定不是一成不变的，而是不时地被重新谈判，新的协定可以被添加到一揽子计划中。世贸组织要求各成员政府通过向世贸组织通报现行法律和采取的措施，使其贸易政策透明。

世贸组织协定冗长而复杂，但是，某些简单的基本原则贯穿其中，构成了多边贸易体系的基础。积极努力确保发展中成员，尤其是最不发达成员在国际贸易增长中获得与其经济发展水平相适应的份额和利益；建立一体化的多边贸易体制；通过实质性削减关税等措施，建立一个完整的、更具活力的、持久的多边贸易体制；以开放、平等、互惠的原则，逐步调降各成员关税与非关税贸易障碍，并消除各成员在国际贸易上的歧视待遇；支持欠发达国家，倡导保护环境。世贸组织认识到电子商务日益增长的重要性，部分成员正在就电子商务进行谈判，以期制定全球数字贸易规则。

6. 世贸组织规则的非适用性

世贸组织规则是符合市场经济发展客观需要的国际贸易法律体系。各成员加入了世贸组织，就要按世贸组织规则办事，但是世贸组织规则不能直接适用，而需要转化适用。

世贸组织规则是国际法的有效组成部分，也可称为世贸组织协定、世贸组织法，是国际经贸领域最重要的多边贸易规则，但其又具有不同于一般国际法的特点。

目前，世贸组织成员中的主要贸易方均坚持世贸组织规则在本国不具有直接适用效力。比如，美国对世贸组织规则是以转化为国内法的方式加以实施的，加拿大、英国等国也都是转化为国内法而予以实施的。中国同样不能直接适用世贸组织规则。近年来，中国借鉴世贸组织各成员的成功经验，紧密结合中国国情，按照世贸组织规则，通过对原有法律进行修改，将世贸组织规则融入和转化为国内法，在内容和范围上体现甚至超出了世贸组织规则的要求，从而为行政机关、人民法院在依法行政、审判案件中创造了良好的条件。

2.3.3 世界卫生组织

1. 世界卫生组织简介

世界卫生组织（World Health Organization，WHO），简称世卫组织，是联合国下属的一个专门机构，总部设置在瑞士日内瓦，共有 6 个区域办事处、156 个国家办事处，现有 7000 多名工作人员。世界卫生组织只有主权国家才能参加，是国际上最大的政府间卫生组织。

2. 世界卫生组织机构组成

世界卫生组织通过其最高决策机构世界卫生大会以及执行世界卫生大会决定和政策的执行委员会来进行管理。

世界卫生组织的首长为总干事，由世界卫生大会根据执行委员会提名任命。

世界卫生大会是世界卫生组织的最高权力机构，每年5月在日内瓦召开一次。主要任务是审议总干事的工作报告、规划预算、接纳新成员国和讨论其他重要议题。

执行委员会是世界卫生大会的执行机构，负责执行大会的决议、政策和委托的任务，它由32位有资格的卫生领域的技术专家组成，每位成员均由其所在的成员国选派，由世界卫生大会批准，任期3年，每年改选1/3的成员。

3.世界卫生组织的宗旨和职能

世界卫生组织的宗旨是"使世界人民达到尽可能高的健康水平""承担国际卫生工作的指导与协调责任""协助各国政府加强卫生事业"等。

世界卫生组织的主要职能包括：促进流行病和地方病的防治；提供和改进公共卫生、疾病医疗和有关事项的教学与训练；推动确定生物制品的国际标准。

4.世界卫生组织的重要法律文献

《世界卫生组织法》于1948年4月7日被批准生效，4月7日也被确定为世界卫生日。所有人都应享有最高标准的健康，无论其种族、宗教、政治信仰、经济或社会情境如何。世界卫生组织自作为联合国系统国际卫生领导机构成立以来，一直以这一原则指导工作。

1978年颁布的《阿拉木图宣言》，规定了人人享有卫生保健的理想目标，今天仍然是推动全民健康的前沿和核心问题。

2005年，世界卫生组织发布了新修订的《国际卫生条例》，以帮助国际社会预防和应对可能跨越国界并威胁全球人民的严重公共卫生风险。

2.3.4 联合国粮食及农业组织

1.联合国粮食及农业组织简介

联合国粮食及农业组织（Food and Agriculture Organization of the United Nations，FAO），简称粮农组织，于1945年10月16日正式成立，是联合国

系统内最早的常设专门机构，是各成员间讨论粮食和农业问题的国际组织。其宗旨是提高人民的营养水平和生活标准，改进农产品的生产和分配，改善农村和农民的经济状况，促进世界经济的发展并保证人类免于饥饿。总部设在意大利罗马，现成员共有 194 个成员国、1 个成员组织（欧盟）和 2 个准成员（法罗群岛、托克劳群岛）。粮农组织通过国际农产品市场形势分析和质量预测组织政府间协商，促进农产品的国际贸易。

2. 粮农组织的组织机构

大会：最高权力机构，负责审议世界粮农状况，研究重大国际粮农问题，选举、任命总干事，选举理事会成员和理事会独立主席，批准接纳新成员，批准工作计划和预算，修改章程和规则等；每两年举行一次，全体成员参加。

理事会：隶属于大会，大会休会期间在大会赋予的权利范围内处理和决定有关问题。由大会按地区分配原则选出的 49 个成员组成，任期 3 年，可连任，每年改选 1/3 的成员；在大会两届例会期间至少举行 5 次会议。

秘书处：执行机构，负责执行大会和理事会有关决议，处理日常工作。负责人是总干事，由大会选出，任期 4 年，在大会和理事会的监督下领导秘书处工作。

秘书处下设农业与消费者保护、经济和社会发展、林业渔业及水产养殖、综合服务、人力资源及财政、自然资源管理及环境、技术合作等 8 个部门。

3. 粮农组织的主要职能

收集、整理、分析和传播世界粮农生产和贸易信息；向成员提供技术援助，动员国际社会进行投资，并执行国际开发和金融机构的农业发展项目；向成员提供粮农政策和计划的咨询服务；讨论国际粮农领域的重大问题，制定有关国际行为准则和法规，谈判制定粮农领域的国际标准和协议，加强成员之间的磋商和合作。

4. 粮农组织涉及的四大领域

获得信息：粮农组织发挥了智囊团的作用，利用其工作人员——农艺学家、林业工作者、渔业和畜牧业专家、营养学家、社会科学家、经济学家、统计员和其他专业人员的专业知识，收集和分析有助于发展的资料。

分享知识：粮农组织在设计农业政策和规划、拟订有效法律及制定实现乡村发展和脱贫目标的国家战略方面向各成员提供多年积累的经验。

提供场所：每天都有来自全球的几十位决策者和专家在总部或实地办事处召开会议，就重大的粮食和农业问题达成一致意见。

输送知识：粮农组织工作人员渊博的知识在世界各地数以千计的项目中受到检验。

2.3.5 世界动物卫生组织

世界动物卫生组织（World Organization for Animal Health，WOAH），也称"国际兽疫局"，是 1924 年 1 月 25 日建立的一个国际组织。世界动物卫生组织系政府间国际组织，在全球动物卫生和食品安全领域发挥着重要作用，其制定的动物卫生标准是世界贸易组织《实施动植物卫生检疫措施协议》唯一认可的动物卫生标准，是各国开展动物及其产品贸易需遵循的国际准则。世界动物卫生组织共有 5 个区域委员会，182 个成员，其主要任务是协调促进地区成员开展合作，研究解决区域动物疫病控制政策和技术问题。

世界动物卫生组织的职能主要包括三个方面：一是向各国政府通告全世界范围内发生的动物疫情以及疫情的起因，并通告控制疫情的方法；二是在全球范围内就动物疾病的监测和控制进行国际研究；三是协调各成员在动物和动物产品贸易方面的法规和标准。

2007 年，中国恢复在世界动物卫生组织的合法权益。截至 2023 年，中国驻世界动物卫生组织代表已连续 5 届当选亚太区委员会主席或副主席，4 名中国专家担任技术委员会委员，25 家中国兽医实验室被指定为世界动物卫生组织参考实验室或协作中心。

2.3.6 《区域全面经济伙伴关系协定》

《区域全面经济伙伴关系协定》（Regional Comprehensive Economic

Partnership，RCEP）于 2020 年 11 月 15 日签署，并于 2022 年 1 月 1 日起正式生效。RCEP 的生效实施，标志着全球人口最多、经贸规模最大、最具发展潜力的自由贸易区扬帆起航，将为区域乃至全球贸易投资增长、经济复苏和繁荣发展作出重要贡献。

1. 基本情况

目前，RCEP 已在文莱、柬埔寨、老挝、新加坡、泰国、越南、马来西亚、缅甸、印度尼西亚、菲律宾 10 个东盟成员国和中国、日本、韩国、新西兰、澳大利亚 5 个非东盟成员国实施。

RCEP 对标国际高标准自贸规则，整合区域内经贸规则，旨在推动"区域性关税减免及零关税"，也涵盖技术性贸易措施相关内容。RCEP 的生效为区域合作的深化发展创造了崭新机遇，但也为中国向 RCEP 成员国出口农食产品带来了新的挑战和不确定性。特别是随着 RCEP 关税减让安排逐步落地，各成员国对技术性贸易措施的重视程度加强，RCEP 及其成员国技术性贸易措施对中国农食产品出口影响也将凸显。

2.RCEP 技术性贸易措施

RCEP 共计二十章，其中第五章《卫生与植物卫生措施》和第六章《标准、技术法规和合格评定程序》涉及技术性贸易措施有关内容。

（1）第五章《卫生与植物卫生措施》制定了为保护人类、动物或植物的生命或健康而制定、采取和实施卫生与植物卫生措施的基本框架，同时确保上述措施尽可能不对贸易造成限制，以及在相似条件下缔约方实施的卫生与植物卫生措施不存在不合理的歧视。虽然缔约方已在 WTO《卫生与植物卫生措施协定》中声明了其权利和义务，但是协定加强了在病虫害非疫区和低度流行区、风险分析、审核、认证、进口检查、紧急措施等执行的条款。第五章包含 17 个条款，涵盖了定义、目标、范围、总则、等效性、适应地区条件、风险分析、审核、认证、进口检查、紧急措施、透明度、合作和能力建设、技术磋商、联络点和主管机关、实施、争端解决等条款。

（2）第六章《标准、技术法规和合格评定程序》加强了缔约方对 WTO《TBT 协定》的履行，并认可缔约方就标准、技术法规和合格评定程序达成的谅解。同时，推动缔约方在承认标准、技术法规和合格评定程序中减少不必要的技术性贸易措施，确保标准、技术法规以及合格评定程序符合 WTO《TBT 协定》规定等方面的信息交流与合作。第六章由 14 个条款组成，主要内容包括协定实施目标和范围，国际标准、指南和建议，标准、技术法规和合格评定程序，以及合作、技术讨论、联络点制度等。

（3）为了尽可能地消除技术性贸易措施可能伴随的消极影响，便利 RCEP 成员国之间的货物贸易，RCEP 在贸易便利化措施中对技术性贸易措施作出了约束规制，分别体现在技术性贸易措施和实施卫生与植物卫生措施两个方面。

技术性贸易措施方面，RCEP 对各成员国制定和实施的标准和技术法规以及合格评定程序等技术性贸易措施作出了约束性规定，进一步加强了《TBT 协定》的实施，保证标准、技术法规和合格评定程序不对贸易造成不必要的障碍；加强缔约方信息交流与合作，促进缔约方就技术性贸易措施相互谅解。实施卫生与植物卫生措施方面，RCEP 对各成员国制定和实施动物卫生、植物卫生、食品安全等措施作出了约束性规定，加强了适应病虫害非疫区和低度流行区、风险分析、审核、认证、进口检查、紧急措施等条款的执行。

从结果上来看，RCEP 的实施将推进成员国间技术性贸易措施合作更加紧密、标准差异更加透明、信息交流更加顺畅。在执行层面，各成员国针对进口农食产品的标准将更趋于国际化，实施卫生与植物卫生措施也会更加谨慎、规范。

3. 相关影响

RCEP 生效后，将促进各成员国政府及非政府层面的技术性贸易措施合作，各成员国标准、认证体系、检测结果达成互认的概率增大，预期会通过降低贸易双方重复检测、重复认证、重复符合性评定给企业减轻额外负担。

由于中国向 RCEP 成员国出口农食产品品类、总量等不同，其技术性贸易措施对中国农食产品出口产生的影响也存在差异。日韩两国技术性贸易措施对中国农食产品出口影响较为直接。例如，日本对中国出口到该国的苦瓜、笋瓜、南瓜和茄子产品作出额外要求；韩国将进口卫生评估扩及加工动物产品，对食品中多种最大农药残留限量进行了修订等，均可能波及中国向对应国家的农食产品出口。综合来看，主要体现在以下两个方面：一是面临成本增加，技术性贸易措施给企业出口带来新增合规成本，延长产品出口周期，不仅会阻碍企业出口规模的扩大，还会削弱企业出口开拓和维护国外市场的能力；二是推动技术升级，中国农产品出口行业在应对过程中数次对农产品产业的生产技术进行完善与升级，尤其在农兽药残留和微生物的控制上取得了较好成效，同时，检测机构的技术实力因技术攻关也得以提高。

4. 应对措施

《商务部等 6 部门关于高质量实施〈区域全面经济伙伴关系协定〉（RCEP）的指导意见》指出，加强动植物检疫和食品安全国际合作，加大对 RCEP 成员国技术性贸易措施关注和研究。积极开展 RCEP 技术性贸易措施应对"功在当今，利在千秋"，这需要政府主导，部门引导，协会指导，广大出口企业及外贸从业者共同参与，提出评议意见及应对措施，降低技术性贸易措施影响，减少贸易的不确定性。

2.3.7 《国际植物保护公约》

1.《国际植物保护公约》简介

《国际植物保护公约》（International Plant Protection Convention，IPPC）是联合国粮食及农业组织于 1951 年通过的一个有关植物保护的多边国际协议，1952 年生效，并于 1979 年、1997 年和 1999 年进行了 3 次修改。《国际植物保护公约》由设在粮农组织植物保护处的 IPPC 秘书处负责执行和管理。中国于 2005 年 10 月正式成为 IPPC 成员。

《国际植物保护公约》的目的是确保全球农业安全，并采取有效措施防止有害生物随植物和植物产品传播和扩散，保护环境生物多样性，保护生态系统的稳定。《国际植物保护公约》为区域和国家植物保护组织提供了一个国际合作、协调一致和技术交流的框架和论坛。鉴于 IPPC 在植物卫生方面所起的重要作用，《SPS 协定》规定 IPPC 组织为国际植物检疫措施标准（International Standard for Phytosanitary Measures，ISPMs）的制定机构，并且是在《SPS 协定》下唯一的植物检疫措施标准制定组织，在植物卫生领域起着重要的协调一致的作用。ISPMs 由 IPPC 植物检疫措施委员会（CPM）通过，并分发给其所有成员及区域性植物保护组织执行，是各成员进行植物和植物产品国际贸易的指南和标准。

区域性植物保护组织（The Regional Plant Protection Organization，RPPO）在区域范围内负责协调有关 IPPC 的活动，在新修订的 IPPC 中，区域性植物保护组织的作用扩展到与 IPPC 秘书处一起协调工作。

截至 2024 年 1 月，IPPC 共有 182 个缔约成员。

2. IPPC 标识

IPPC 标识，即国际木质包装检疫措施标准。木质包装要加盖 IPPC 的专用标识（表明该木包装已经过处理）。根据原国家质量监督检验检疫总局 2005 年第 4 号公告，从 2005 年 3 月 1 日起输往欧盟、加拿大、美国、澳大利亚等国家和地区的带木质包装的货物，其木质包装要加盖 IPPC 的专用标识（胶合板、刨花板、纤维板等除外）。

第三章

Chapter 3

中国食品技术性贸易措施

3.1 中国食品法律法规体系

中国食品法律法规以《中华人民共和国食品安全法》为基础，构建起了一个全面、系统、多层次的法律框架，以确保食品的安全和质量。食品法律法规依据其效力及制定部门，大体分为四个层次，分别为法律、法规、规章和规范性文件。其中，法规又分为行政法规和地方性法规，规章分为部门规章和地方政府规章。法律的效力高于行政法规、地方性法规、规章。行政法规的效力高于地方性法规、规章。地方性法规的效力高于地方政府规章。部门规章之间、部门规章与地方政府规章之间具有同等效力，在各自的权限范围内施行。各个层次的法律法规的发布单位、制定流程、内容范围各有不同。各个层次和类型的食品法律法规既相互区别又相互补充，共同构成了完整的食品法律法规体系。

3.1.1 食品相关法律

全国人民代表大会和全国人民代表大会常务委员会根据宪法规定行使

国家立法权。法律由全国人民代表大会和全国人民代表大会常务委员会制定和修改，由国家主席签署主席令予以公布。中国公布的与食品相关的法律主要有《中华人民共和国食品安全法》《中华人民共和国农产品质量安全法》等。以下是各食品相关法律的概况。

1.《中华人民共和国食品安全法》

《中华人民共和国食品安全法》是中国食品安全监管的基础法律，是为了保证食品安全、保障公众身体健康和生命安全制定的一部法律，是一切食品生产经营活动必须遵循的基本法律。该法于2009年2月28日由第十一届全国人民代表大会常务委员会第七次会议通过，2015年4月24日由第十二届全国人民代表大会常务委员会第十四次会议修订，2015年10月1日起实施。根据2018年12月29日第十三届全国人民代表大会常务委员会第七次会议《关于修改〈中华人民共和国产品质量法〉等五部法律的决定》第一次修正，根据2021年4月29日第十三届全国人民代表大会常务委员会第二十八次会议《关于修改〈中华人民共和国道路交通安全法〉等八部法律的决定》第二次修正。

该法共分为十章，分别为总则、食品安全风险监测和评估、食品安全标准、食品生产经营、食品检验、食品进出口、食品安全事故处置、监督管理、法律责任和附则。在中华人民共和国境内从事下列活动，应当遵守该法：食品生产和加工，食品销售和餐饮服务；食品添加剂的生产经营；用于食品的包装材料、容器、洗涤剂、消毒剂和用于食品生产经营的工具、设备的生产经营；食品生产经营者使用食品添加剂、食品相关产品；食品的贮存和运输；对食品、食品添加剂、食品相关产品的安全管理。

该法主要加强了八个方面的制度构建：一是完善统一权威的食品安全监管机构；二是建立最严格的全过程的监管制度，对食品生产、流通、餐饮服务和食用农产品销售等各个环节，食品生产经营过程中涉及的食品添加剂、食品相关产品的监管，网络食品交易等新兴的业态，以及生产经营过程中的一些过程控制的管理制度进行了细化和完善，进一步强调食品生产经营者的主体责任和监管部门的监管责任；三是进一步完善食品安全风险监测和风险评估制度，增设责任约谈、风险分级管理等重点制度，重在防患于未然，消除隐患；四是实行食品安全社会共治，充分发挥包括媒体、广大消费者等各个方面在食品安全治理中的作用；五是突出对特殊食品的严格监管，特殊食品包括保健食品、特殊医学用途配方食品、婴幼儿配方食品；六是强调对农药的使用实行严格的监管，加快淘汰剧毒、高毒、高残留农药，推动替代产品的研发应用，鼓励使用高效低毒低残留的农药；七是加强对食用农产品的管理，对批发市场的抽查检验、食用农产品进货查验记录制度等的完善；八是建立最严格的法律责任制度，进一步加大违法者的违法成本，加大对食品安全违法行为的惩处力度。

2.《中华人民共和国农产品质量安全法》

《中华人民共和国农产品质量安全法》是为了保障农产品质量安全，维护公众健康，促进农业和农村经济发展制定的法律。该法于 2006 年 4 月 29 日由第十届全国人民代表大会常务委员会第二十一次会议通过，根据 2018 年 10 月 26 日第十三届全国人民代表大会常务委员会第六次会议《关于修改〈中华人民共和国野生动物保护法〉等十五部法律的决定》修正，根据 2022 年 9 月 2 日第十三届全国人民代表大会常务委员会第三十六次会议修订。

该法共分为八章，分别为总则、农产品质量安全风险管理和标准制定、农产品产地、农产品生产、农产品销售、监督管理、法律责任和附则。主要从以下几个方面进行了规定：

农产品的定义、农产品质量安全的内涵、法律的实施主体、经费投入、农产品质量安全风险评估及风险管理和风险交流、农产品质量安全信息发布、安全优质农产品生产、公众质量安全教育等方面；

农产品质量安全标准体系的建立，农产品质量安全标准的性质及其制定、发布、实施的程序及要求等方面；

农产品禁止生产区域的确定、农产品标准化生产基地的建设、农业投入品的合理使用等方面;

农产品生产技术规范的制定、农业投入品的生产许可与监督抽查、农产品质量安全技术培训与推广、农产品生产档案记录、农产品生产者自检、农产品行业协会自律等方面;

农产品分类包装、包装标识、包装材质、转基因标识、动植物检疫标识、无公害农产品标志和优质农产品质量标志等方面;

农产品质量安全市场准入条件、监测和监督检查制度、检验机构资质、社会监督、现场检查、事故报告、责任追溯、进口农产品质量安全要求等方面;

各种违法行为的处理、处罚等方面。

3.《中华人民共和国产品质量法》

《中华人民共和国产品质量法》是为了加强对产品质量的监督管理,提高产品质量水平,明确产品质量责任,保护消费者的合法权益,维护社会经济秩序而制定的法律,在中华人民共和国境内从事产品(指经过加工、制作,用于销售的产品)生产、销售活动适用该法。该法于 1993 年 2 月 22 日由第七届全国人民代表大会常务委员会第三十次会议通过,自 1993 年 9 月 1 日起施行。根据 2000 年 7 月 8 日第九届全国人民代表大会常务委员会第十六次会议《关于修改〈中华人民共和国产品质量法〉的决定》第一次修正,根据 2009 年 8 月 27 日第十一届全国人民代表大会常务委员会第十次会议《关于修改部分法律的决定》第二次修正,根据 2018 年 12 月 29 日第十三届全国人民代表大会常务委员会第七次会议《关于修改〈中华人民共和国产品质量法〉等五部法律的决定》第三次修正。

该法共分为六章,分别为:总则,产品质量的监督,生产者、销售者的产品质量责任和义务,损害赔偿,罚则和附则。该法明确企业是产品质量管理的主体,生产者、销售者应当建立健全内部产品质量管理制度,严格实施岗位质量规范、质量责任以及相应的考核办法,依法承担产品质量责任。生产者应当对其生产的产品质量负责。该法规定产品质量应当符合下列要求：

（1）不存在危及人身、财产安全的不合理的危险，有保障人体健康和人身、财产安全的国家标准、行业标准的，应当符合该标准；

（2）具备产品应当具备的使用性能，但是，对产品存在使用性能的瑕疵作出说明的除外；

（3）符合在产品或者其包装上注明采用的产品标准，符合以产品说明、实物样品等方式表明的质量状况。销售者应当采取措施，保持销售产品的质量。

该法明确禁止伪造或者冒用认证标志等质量标志；禁止伪造产品的产地，伪造或者冒用他人的厂名、厂址；禁止在生产、销售的产品中掺杂、掺假，以假充真，以次充好。国家对产品质量实行以抽查为主要方式的监督检查制度，对可能危及人体健康和人身、财产安全的产品，影响国计民生的重要工业产品以及消费者、有关组织反映有质量问题的产品进行抽查。

4.《中华人民共和国反食品浪费法》

《中华人民共和国反食品浪费法》于2021年4月29日由第十三届全国人民代表大会常务委员会第二十八次会议表决通过，自公布之日起施行。

该法共三十二条，分别对食品浪费的定义、反食品浪费的原则和要求、政府及部门职责、各类主体责任、激励和约束措施、法律责任等作出规定。该法的实施为全社会树立浪费可耻、节约为荣的鲜明导向，为公众确立餐饮消费、日常食品消费的基本行为准则，为强化政府监管提供有力支撑，为建立制止餐饮浪费长效机制、以法治方式进行综合治理提供制度保障。

该法规定了食品安全监管部门在反食品浪费方面的监督职责，明确各级人民政府要加强对反食品浪费工作的领导，建立健全反食品浪费工作机制，确定反食品浪费目标任务，加强监督管理，推进反食品浪费工作。该法明确食品生产经营企业在反食品浪费方面应尽的义务，明确企业主体责任。

食品生产经营者应当采取措施，改善食品储存、运输、加工条件，防止食品变质，降低储存、运输中的损耗；提高食品加工利用率，避免过度加工和过量使用原材料。餐饮服务经营者应当建立健全食品采购、储存、加工管理制度，提升餐饮供给质量，主动对消费者进行防止食品浪费提示提醒。设有食堂的单位应当建立健全食堂用餐管理制度，制定、实施防止食品浪费措施，增强反食品浪费意识。加强食品采购、储存、加工动态管理，改进供餐方式，在醒目位置张贴或者摆放反食品浪费标识。加强学校食堂餐饮服务管理，按需供餐。餐饮外卖平台应当以显著方式提示消费者适量点餐。旅游经营者应当引导旅游者文明、健康用餐。超市、商场等食品经营者应当对其经营的食品加强日常检查，对临近保质期的食品分类管理，作特别标示或者集中陈列出售。强化监督机制，违反该法相关规定，相关责任主体将会受到严厉处罚。

5.《中华人民共和国进出境动植物检疫法》

《中华人民共和国进出境动植物检疫法》于 1991 年 10 月 30 日由第七届全国人民代表大会常务委员会第二十二次会议通过，自 1992 年 4 月 1 日起施行。根据 2009 年 8 月 27 日第十一届全国人民代表大会常务委员会第十次会议《关于修改部分法律的决定》修正。为防止动物传染病、寄生虫病和植物危险性病、虫、杂草以及其他有害生物传入、传出国境，保护农、林、牧、渔业生产和人体健康，促进对外经济贸易的发展，制定该法。

该法共分为八章，分别为总则，进境检疫，出境检疫，过境检疫，携带、邮寄物检疫，运输工具检疫，法律责任和附则。法律对进出境的动植物、动植物产品和其他检疫物，动植物、动植物产品和其他检疫物的装载容器、包装物，以及来自动植物疫区的运输工具等方面的检疫作出了详细规定。

6.《中华人民共和国进出口商品检验法》

《中华人民共和国进出口商品检验法》于 1989 年 2 月 21 日由第七届全国人民代表大会常务委员会第六次会议通过，自 1989 年 8 月 1 日起施行。

根据 2002 年 4 月 28 日第九届全国人民代表大会常务委员会第二十七次会议《关于修改〈中华人民共和国进出口商品检验法〉的决定》第一次修正，根据 2013 年 6 月 29 日第十二届全国人民代表大会常务委员会第三次会议《关于修改〈中华人民共和国文物保护法〉等十二部法律的决定》第二次修正，根据 2018 年 4 月 27 日第十三届全国人民代表大会常务委员会第二次会议《关于修改〈中华人民共和国国境卫生检疫法〉等六部法律的决定》第三次修正，根据 2018 年 12 月 29 日第十三届全国人民代表大会常务委员会第七次会议《关于修改〈中华人民共和国产品质量法〉等五部法律的决定》第四次修正，根据 2021 年 4 月 29 日第十三届全国人民代表大会常务委员会第二十八次会议《关于修改〈中华人民共和国道路交通安全法〉等八部法律的决定》第五次修正。

该法包括总则、进口商品的检验、出口商品的检验、监督管理、法律责任及附则六章内容。该法规定商检机构和依法设立的检验机构，依法对进出口商品实施检验。列入目录的进出口商品，按照国家技术规范的强制性要求进行检验；尚未制定国家技术规范的强制性要求的，应当依法及时制定，未制定之前，可以参照国家商检部门指定的国外有关标准进行检验。进口商品未经检验的，不准销售、使用；出口商品未经检验合格的，不准出口。进出口商品检验中的合格评定程序包括：抽样、检验和检查；评估、验证和合格保证；注册、认可和批准以及各项的组合。

7.《中华人民共和国标准化法》

《中华人民共和国标准化法》是中国标准化工作的基本法，于 1988 年 12 月 29 日由第七届全国人民代表大会常务委员会第五次会议审议通过，由第十二届全国人民代表大会常务委员会第三十次会议于 2017 年 11 月 4 日修订，修订后的《中华人民共和国标准化法》自 2018 年 1 月 1 日起施行。

该法共分为六章，分别为总则、标准的制定、标准的实施、监督管理、法律责任和附则。该法明确了国务院和设区的市级以上地方人民政府建立标准化协调推进机制，统筹协调标准化工作重大事项，对重要标准的制定和实施进行协调。在加强强制性标准统一管理的同时严格限制推荐性标准范围，鼓励社会团体制定满足市场和创新需要的团体标准，建立企业标准自我声明公开和监督制度，释放企业创新活力。为实现标准提质增效，在立项、制定等环节加强对标准制定和实施的监督，针对违法行为，规定了不同的监督措施和法律责任。

3.1.2 食品相关法规

法规包括行政法规和地方性法规。国务院根据宪法及相关法律制定行政法规。行政法规由总理签署国务院令公布。行政法规的形式有条例、办法、实施细则、决定等。

省、自治区、直辖市的人民代表大会及其常务委员会根据本行政区域的具体情况和实际需要，在不与宪法、法律、行政法规相抵触的前提下，可以制定地方性法规。地方性法规可以就下列事项作出规定：（1）为执行法律、行政法规的规定，需要根据本行政区域的实际情况作具体规定的事项；（2）属于地方性事务需要制定地方性法规的事项。省、自治区、直辖市的人民代表大会制定的地方性法规由大会主席团发布公告予以公布。省、自治区、直辖市的人民代表大会常务委员会制定的地方性法规由常务委员会发布公告予以公布。

食品相关的地方性法规如《上海市食品安全条例》《广东省食品安全条例》《贵州省食品安全条例》《安徽省食品安全条例》《广西壮族自治区食品安全条例》《福建省食品安全条例》《黑龙江省食品安全条例》《辽宁省食品安全条例》《湖北省食品安全条例》等，分别对各行政区域内食品、食品添加剂、食品相关产品的生产经营，食品生产经营者使用食品添加剂、食品相关产品，食品的贮存和运输，以及对食品、食品添加剂、食品相关产品的安全管理等作出了相关规定。为了规范食品小作坊、小餐饮、小食杂店和食品小摊贩的生产经营行为，部分省、自治区、直辖市制定了食品小作坊、小餐饮、小食杂店和食品小摊贩相关的地方性法规，如《北京市小规模食品生产经营管理规定》《广东省食品生产加工小作坊和食品摊贩管理条例》《广西壮族自治区食品小作坊小餐饮和食品摊贩管理条例》等。

为了尊重少数民族的风俗习惯，保障清真食品供应，加强清真食品管理，促进清真食品行业发展，增进民族团结，部分省、自治区、直辖市制定了清真食品相关的地方性法规，如《上海市清真食品管理条例》《山西省清真食品监督管理条例》《新疆维吾尔自治区清真食品管理条例》等。

以下介绍与食品相关的主要行政法规的概况。

1.《中华人民共和国食品安全法实施条例》

《中华人民共和国食品安全法实施条例》作为行政法规，是对《中华人民共和国食品安全法》条款的细化，为解决中国食品安全问题奠定了良法善治的基石。该条例于2009年7月20日以中华人民共和国国务院令第557号公布，根据2016年2月6日《国务院关于修改部分行政法规的决定》修订，2019年3月26日由国务院第42次常务会议修订通过，2019年10月11日以中华人民共和国国务院令第721号公布，自2019年12月1日起施行。

该条例共分为十章，分别为总则、食品安全风险监测和评估、食品安全标准、食品生产经营、食品检验、食品进出口、食品安全事故处置、监督管理、法律责任和附则。

该条例从五个方面进一步明确职责、强化食品安全监管：一是要求县级以上人民政府建立统一权威的食品安全监管体制，加强监管能力建设。二是强调部门依法履职、加强协调配合，规定有关部门在食品安全风险监测和评估、事故处置、监督管理等方面的会商、协作、配合义务。三是丰富监管手段，规定食品安全监管部门在日常属地管理的基础上，可以采取上级部门随机监督检查、组织异地检查等监督检查方式；对可能掺杂掺假的食品，按照现有食品安全标准等无法检验的，国务院食品安全监管部门可以制定补充检验项目和检验方法。四是完善举报奖励制度，明确奖励资金纳入各级人民政府预算，并加大对违法单位内部举报人的奖励。五是建立黑名单，实施联合惩戒，将食品安全信用状况与准入、融资、信贷、征信等相衔接。

该条例从四个方面对食品安全风险监测、标准制定作了完善性规定：一是强化食品安全风险监测结果的运用，规定风险监测结果表明存在食品安全隐患，监管部门经调查确认有必要的，要及时通知食品生产经营者，由其进行自查、依法实施食品召回。二是规范食品安全地方标准的制定，明确对保健食品等特殊食品不得制定地方标准。三是允许食品生产经营者在食品安全标准规定的实施日期之前实施该标准，以方便企业安排生产经营活动。四是明确企业标准的备案范围，规定食品安全指标严于食品安全国家标准或者地方标准的企业标准应当备案。

该条例从四个方面进一步强调了食品生产经营者的主体责任。一是细化企业主要负责人的责任，规定主要负责人对本企业的食品安全工作全面负责，加强供货者管理、进货查验和出厂检验、生产经营过程控制等工作。二是规范食品的贮存、运输，规定贮存、运输有温度、湿度等特殊要求的食品，应当具备相应的设备设施并保持有效运行，同时规范了委托贮存、运输食品的行为。三是针对实践中存在的虚假宣传和违法发布信息误导消费者等问题，明确禁止利用包括会议、讲座、健康咨询在内的任何方式对食品进行虚假宣传，规定不得发布未经资质认定的检验机构出具的食品检验信息，不得利用上述信息对食品等进行等级评定。四是完善特殊食品管理制度，对特殊食品的出厂检验、销售渠道、广告管理、产品命名等事项作出规范。

2.《中华人民共和国进出境动植物检疫法实施条例》

《中华人民共和国进出境动植物检疫法实施条例》是对《中华人民共和国进出境动植物检疫法》条款的细化，于 1996 年 12 月 2 日以中华人民共和国国务院令第 206 号公布，自 1997 年 1 月 1 日起施行。

该条例共分十章，分别为：总则，检疫审批，进境检疫，出境检疫，过境检疫，携带、邮寄物检疫，运输工具检疫，检疫监督，法律责任和附则。

该条例明确了进出境动植物检疫范围；明确了国务院农业行政主管部门和国家动植物检疫机关管理进出境动植物检疫工作的职能；完善了检疫审批的规定；明确了进出境动植物检疫与口岸其他查验、运递部门和国内检疫部门协作、配合关系；强化了检疫监督制度；对保税区的进出境动植物及其产品的检疫作出了明确规定，要求动植物检疫机关认真履行职责，确保将国外危险性病虫害拒于国境之外；明确规定了动植物检疫机关在采样时必须出具凭单和按规定处理样品；对加强检疫队伍的业务建设和廉政建设提出了进一步的要求。

3.《中华人民共和国进出口商品检验法实施条例》

《中华人民共和国进出口商品检验法实施条例》于 2005 年 8 月 31 日以中华人民共和国国务院令第 447 号公布，自 2005 年 12 月 1 日起施行。根据2013 年 7 月 18 日《国务院关于废止和修改部分行政法规的决定》第一次修订，根据 2016 年 2 月 6 日《国务院关于修改部分行政法规的决定》第二次修订，根据 2017 年 3 月 1 日《国务院关于修改和废止部分行政法规的决定》第三次修订，根据 2019 年 3 月 2 日《国务院关于修改部分行政法规的决定》第四次修订，根据 2022 年 3 月 29 日《国务院关于修改和废止部分行政法规的决定》第五次修订。

该条例共分为六章，分别为总则、进口商品的检验、出口商品的检验、监督管理、法律责任和附则。该条例规定海关总署主管全国进出口商品检验工作，对列入目录的进出口商品以及法律、行政法规规定须经出入境检验检疫机构检验的其他进出口商品实施检验，对法定检验以外的进出口商品，根据国家规定实施抽查检验，进一步明确了检验检疫机构的职能任务。加强了进出口商品检验管理，强化了对进出口商品的收货人、发货人、代理报检企业等的管理规定；加强了对检验检疫机构和工作人员的监督；同时加大了对违法行为的处罚力度，对各违法行为作出了详细具体的处罚规定。

4.《国务院关于加强食品等产品安全监督管理的特别规定》

为了加强食品等产品安全监督管理，进一步明确生产经营者、监督管理部门和地方人民政府的责任，加强各监督管理部门的协调、配合，保障人体健康和生命安全，制定《国务院关于加强食品等产品安全监督管理的特别规定》，该规定于 2007 年 7 月 25 日由国务院第 186 次常务会议通过，于 2007 年 7 月 26 日以中华人民共和国国务院令第 503 号公布，自公布之日起施行。

该规定共计二十条，明确规定生产经营者要对其生产、销售的产品安全负责，所使用的原料、辅料、添加剂、农业投入品应当符合法律、行政法规的规定和国家强制性标准；进出口产品要符合要求，建立产品台账；同时对各种违法行为的处理、处罚、监督管理部门职权及职责作出了规定。

5.《乳品质量安全监督管理条例》

为了加强乳品质量安全监督管理，保证乳品质量安全，保障公众身体健康和生命安全，促进奶业健康发展，制定《乳品质量安全监督管理条例》，该条例于 2008 年 10 月 6 日由国务院第 28 次常务会议通过，于 2008 年 10 月 9 日以中华人民共和国国务院令第 536 号公布，自公布之日起施行。

《乳品质量安全监督管理条例》共分八章，分别为总则、奶畜养殖、生鲜乳收购、乳制品生产、乳制品销售、监督检查、法律责任和附则。该条例明确规定，奶畜养殖者、生鲜乳收购者、乳制品生产企业和销售者对其生产、收购、运输、销售的乳品质量安全负责，是乳品质量安全的第一责任者。从事乳制品生产活动，应依法取得食品生产许可证，建立质量管理制度，对乳制品生产实施全过程质量控制。出厂的乳制品应当符合乳品安全国家标准。该条例强调，加强对婴幼儿奶粉生产环节的监管，生产婴幼儿奶粉的企业应当建立危害分析与关键控制点体系，保证婴幼儿生长发育所需的营养成分，不得非法添加；出厂前应当检测营养成分并详细标明使用方法和注意事项。该条例加大对违法生产经营行为的处罚力度，加重监督管理

部门不依法履行职责的法律责任，对生产经营者不得从事的行为、法律责任作了明确规定。

3.1.3 食品相关规章

食品相关规章包括部门规章和地方政府规章。国务院各部、委员会以及具有行政管理职能的直属机构等，可以根据法律和国务院的行政法规、决定、命令，在本部门的权限范围内制定部门规章。省、自治区、直辖市和设区的市、自治州的人民政府，可以根据法律、行政法规和本省、自治区、直辖市的地方性法规，制定地方政府规章。地方政府规章可以就下列事项作出规定：为执行法律、行政法规、地方性法规的规定需要制定规章的事项；属于本行政区域的具体行政管理事项。地方政府规章由省长、自治区主席、市长或者自治州州长签署命令予以公布。

以下介绍食品监管相关的主要部门规章概况。

1.《食品生产许可管理办法》

为了规范食品、食品添加剂生产许可活动，加强食品生产监督管理，保障食品安全，国家市场监督管理总局审议通过了《食品生产许可管理办法》，该办法自 2020 年 3 月 1 日起施行。

该办法明确规定，在中华人民共和国境内，从事食品生产活动，应当依法取得食品生产许可。食品生产许可实行一企一证原则，即同一个食品生产者从事食品生产活动，应当取得一个食品生产许可证。市场监督管理部门按照食品的风险程度，结合食品原料、生产工艺等因素，对食品生产实施分类许可。国家市场监督管理总局负责监督指导全国食品生产许可管理工作。食品生产许可的申请、受理、审查、决定及其监督检查，适用该办法。

2.《食品经营许可和备案管理办法》

为了规范食品经营许可和备案活动，加强食品经营安全监督管理，落实食品安全主体责任，保障食品安全，国家市场监督管理总局通过了《食品经营许可和备案管理办法》，该办法自 2023 年 12 月 1 日起施行。

该办法明确规定，在中华人民共和国境内从事食品销售和餐饮服务活动，应当依法取得食品经营许可。食品经营许可实行一地一证原则，即食品经营者在一个经营场所从事食品经营活动，应当取得一个食品经营许可证。市场监督管理部门按照食品经营主体业态和经营项目的风险程度对食品经营实施分类许可。申请食品经营许可，应当先行取得营业执照等合法主体资格。企业法人、合伙企业、个人独资企业、个体工商户等，以营业执照载明的主体作为申请人。申请食品经营许可，应当按照食品经营主体业态和经营项目分类提出。食品经营许可的申请、受理、审查、决定及其监督检查，适用该办法。

3.《食品安全抽样检验管理办法》

为规范食品安全抽样检验工作，加强食品安全监督管理，保障公众身体健康和生命安全，国家市场监督管理总局发布了《食品安全抽样检验管理办法》，该办法自 2019 年 10 月 1 日起施行，2022 年 9 月 29 日，国家市场监督管理总局令第 61 号对其进行第一次修正。2025 年 3 月 18 日，国家市场监督管理总局令第 101 号对其进行第二次修正。

该办法规定了国家实施食品安全日常监督抽检及风险监测应遵循的原则、对企业的要求、监管的规范。国家市场监督管理总局负责组织开展全国性食品安全抽样检验工作，监督指导地方市场监督管理部门组织实施食品安全抽样检验工作。县级以上地方市场监督管理部门负责组织开展本级食品安全抽样检验工作，并按照规定实施上级市场监督管理部门组织的食品安全抽样检验工作。

4.《食品召回管理办法》

为加强食品生产经营管理，减少和避免不安全食品的危害，保障公众身体健康和生命安全，原国家食品药品监督管理总局发布了《食品召回管理办法》，该办法自 2015 年 9 月 1 日起施行，根据 2020 年 10 月 23 日国家市场监督管理总局令第 31 号修订。在中华人民共和国境内，不安全食品的停止生产经营、召回和处置及其监督管理，适用该办法。

5.《餐饮业经营管理办法（试行）》

为了规范餐饮服务经营活动，引导和促进餐饮行业健康有序发展，维护消费者和经营者的合法权益，商务部依据国家有关法律法规，于 2014 年 9 月 22 日发布了《餐饮业经营管理办法（试行）》，该办法自 2014 年 11 月 1 日起施行。

该办法明确了餐饮经营的概念；规范了企业的经营行为；明确餐饮企业要做好资源节约和综合利用工作；引导消费者节俭消费、适量点餐；处置好餐厨废弃物；不得销售不合格食品；禁止设置最低消费，对所售食品或提供的服务项目标价；在提供外送服务时，明示服务时间、外送范围和收费标准；建立健全顾客投诉制度及突发事件应急预案和应对机制。加强对餐饮主要从业人员的信用记录管理，将其纳入国家统一的信用信息平台。对行业协会的职责进行了界定，通过制定行业公约等方式引导餐饮经营者节约资源、反对浪费。同时明确了餐饮经营者出现违反本办法的行为时需承担的相关法律责任。

商务部服务贸易和商贸服务业司于 2023 年 10 月 23 日发布《关于〈餐饮业经营管理办法〉（修订稿）公开征求意见的通知》，意见反馈截止日期为 2023 年 11 月 21 日。2024 年 6 月 18 日，商务部公布 2024 年规章立法计划，其中包括修订《餐饮业经营管理办法（试行）》（截至本书截稿尚未正式出台）。

6.《食盐质量安全监督管理办法》

为加强食盐质量安全监督管理，保障公众身心健康和生命安全，国家市场监督管理总局发布了《食盐质量安全监督管理办法》，该办法自 2020 年 3 月 1 日起施行。在中华人民共和国境内从事食盐生产经营活动，开展食盐质量安全监督管理，适用该办法。

该办法明确了食盐生产经营者的责任和义务及监管部门的职责等；明确从事食盐生产活动，应当依法取得食品生产许可，从事食盐批发、零售活动，应当依法取得食品经营许可；规定食盐生产经营者应当保证其生产经营的食盐符合法律、法规、规章和食品安全标准的规定；规定食盐生产经营企业应当建立健全并落实食品安全管理制度，应当建立食盐质量安全追溯体系，落实生产销售全程记录制度，应当建立食品安全自查制度，定期对食盐质量安全状况进行检查评价等。

7.《食品安全标准管理办法》

现行《食品安全标准管理办法》于 2023 年 12 月 1 日起施行。该办法明确食品安全标准包括食品安全国家标准和食品安全地方标准。明确食品安全国家标准具体工作程序按照食品安全国家标准审评委员会章程、工作程序执行，进口无国标食品、临时限量值管理按照相关规定执行。明确国家卫生健康委、省级卫生健康委、食品安全国家标准审评委员会的食品安全标准工作职责。从立项、起草、审查、公布、修订和跟踪评价各环节，突出强调了以风险评估为科学依据、明确标准研制内容、严格项目承担单位技术能力要求、优化委员会审查机制和提升审查效能等相应重点措施。增加标准实施过渡期、标准修改单等方式要求。规定了地方标准职责和备案要求等，明确了地方标准与国家标准衔接要求。

3.2 中国食品标准体系

《中华人民共和国标准化法》规定，标准包括国家标准、行业标准、地方标准、团体标准和企业标准。国家标准分为强制性标准、推荐性标准，行业标准、地方标准是推荐性标准，强制性标准必须执行。国家鼓励采用推荐性标准。这里需要注意的是，法律法规另有规定的从其规定，如《中华人民共和国食品安全法》规定，食品安全地方标准为强制性标准。

标准的制定、实施以及监督管理遵从《中华人民共和国标准化法》，该法是规范标准化工作的一部基本法律，同时为了加强标准管理，有针对性地规范标准的制定、实施和监督，各个类型的标准由配套的法规进行管理，如《国家标准管理办法》《行业标准管理办法》等。

3.2.1 中国食品标准管理

1. 国家标准管理

对需要在全国范围内统一的技术要求，应当制定国家标准（含标准样品的制作）。对保障人身健康和生命财产安全、国家安全、生态环境安全以及满足经济社会管理基本需要的技术要求，应当制定强制性国家标准。食品安全国家标准以保障公众身体健康为宗旨，为强制性标准。对满足基础通用、与强制性国家标准配套、对各有关行业起引领作用等需要的技术要求，可以制定推荐性国家标准。

强制性国家标准由国务院批准发布或者授权批准发布。推荐性国家标准由国务院标准化行政主管部门统一发布。强制性国家标准的代号为"GB"，推荐性国家标准的代号为"GB/T"。国家标准的编号由国家标准的代号、国家标准发布的顺序号和国家标准发布的年代号组成。

2. 行业标准管理

对没有国家标准、需要在全国某个行业范围内统一的技术要求，可以制定行业标准。行业标准由国务院有关行政主管部门制定，报国务院标准化行政主管部门备案。

行业标准代号由国务院标准化行政主管部门规定。食品行业相关的行业标准代号主要有农业标准"NY"、水产标准"SC"、轻工标准"QB"、机械标准"JB"、化工标准"HG"、包装标准"BB"、国内贸易标准"SB"、认证认可标准"RB"、粮食标准"LS"、林业标准"LY"、卫生标准"WS"、供销合作标准"GH"、安全生产标准"AQ"等。行业标准的编号由行业标准代号、标准顺序号及年代号组成。

3. 地方标准管理

为满足地方自然条件、风俗习惯等特殊技术要求，可以制定地方标准。地方标准由省、自治区、直辖市人民政府标准化行政主管部门制定，由省、自治区、直辖市人民政府标准化行政主管部门报国务院标准化行政主管部门备案，由国务院标准化行政主管部门通报国务院有关行政主管部门。

对地方特色食品，没有食品安全国家标准的，省、自治区、直辖市人民政府卫生行政部门制定并公布食品安全地方标准，是强制性标准。

地方标准一般由地方市场监督管理部门统一审批和发布。根据《地方标准管理办法》的规定，地方标准的编号，由地方标准代号、顺序号和年代号三部分组成。省级地方标准代号，由"DB"加上其行政区划代码前两位数字组成。市级地方标准代号，由"DB"加上其行政区划代码前四位数字组成。

食品安全地方标准由省、自治区、直辖市卫生行政部门发布。食品安全地方标准的编号一般由字母"DBS"加上省、自治区、直辖市行政区划代码前两位数加斜线以及标准顺序号与年代号组成。

4. 团体标准管理

国家鼓励学会、协会、商会、联合会、产业技术联盟等社会团体协调相关市场主体共同制定满足市场和创新需要的团体标准，由本团体成员约定采用或者按照本团体的规定供社会自愿采用。

团体标准一般由依法成立的学会、协会、商会、联合会、产业技术联盟等社会团体发布。中国实行团体标准自我声明公开和监督制度。国务院标准化行政主管部门会同国务院有关行政主管部门对团体标准的制定进行规范、引导和监督。《团体标准管理规定》中明确团体标准编号依次由团体标准代号、社会团体代号、团体标准顺序号和年代号组成。

5. 企业标准管理

国家鼓励食品生产企业制定严于食品安全国家标准或者地方标准的企

业标准，在本企业适用。食品生产企业不得制定低于食品安全国家标准或者地方标准要求的企业标准。食品生产企业制定食品安全标准严于食品安全国家标准或者地方标准的企业标准的，应当报省、自治区、直辖市人民政府卫生行政部门备案。食品生产企业制定企业标准的，应当公开，供公众免费查阅。食品生产企业对备案的企业标准负责,是企业标准的第一责任人。

企业标准的编号由企业编制,一般格式为: Q/（企业代号）（四位顺序号）S—（四位年代号）,企业标准备案号格式一般为:(省级行政区划代码前四位)（四位顺序号）S—（四位年代号）。

北京、四川、湖南、湖北等多个省、自治区卫生行政部门相继出台了食品企业标准备案办法,如北京市卫生健康委员会于2020年4月发布了《北京市食品企业标准备案办法》，并于2020年6月实施，该办法详细规定了适用范围、责任人、备案及管理部门、标准内容、标准代号、办理形式、备案处理、标准公开、标准备案登记号、有效期、修订重新备案情况、注销备案情况等内容。

3.2.2 食品安全标准体系

食品安全标准是对食品中各种影响消费者健康的危害因素进行控制的技术法规。《中华人民共和国食品安全法》规定,食品安全标准为强制性标准。

食品安全标准是食品生产经营者必须遵循的最低要求，是食品能够合法生产、进入消费市场的门槛；其他非食品安全方面的食品标准是食品生产经营者自愿遵守的，可以为组织生产、提高产品品质提供指导，以增加产品的市场竞争力。

食品安全标准体系包括食品安全国家标准、食品安全地方标准。其中，食品安全国家标准是中国食品安全标准体系的主体。中国食品安全国家标准包括通用标准、产品标准、生产经营规范标准以及检验方法与规程标准。食品安全地方标准的分类与食品安全国家标准相似。

在食品安全国家标准体系中，食品通用标准也称基础标准，涉及各个食品类别，覆盖各类食品安全健康危害物质，对具有一般性和普遍性的食品安全危害和控制措施进行了规定。因涉及的食品类别多、范围广，标准的通用性强，通用标准构成了标准体系的网底。通用标准是从健康影响因素出发，按照健康影响因素的类别，制定出各种食品、食品相关产品的限量要求或者使用要求或者标示要求。

产品标准是从食品、食品添加剂、食品相关产品出发，按照产品的类别制定出各种健康影响因素的限量要求或者使用要求或者标示要求，规定了各大类食品的定义、感官、理化和微生物等要求。食品生产经营规范标准规定了食品生产经营过程控制和风险防控要求，具体包括了对食品原料、生产过程、运输和贮存、卫生管理等生产经营过程安全的要求。检验方法与规程标准规定了理化检验、微生物学检验和毒理学检验规程的内容，其中理化检验方法和微生物学检验方法主要与通用标准、产品标准的各项指标相配套，服务于食品安全监管和食品生产经营者的管理需要。检验方法与规程标准一般包括各项限量指标检验所使用的方法及其基本原理、仪器和设备以及相应的规格要求、操作步骤、结果判定和报告内容等方面。

以下具体介绍食品安全国家标准中的几个通用标准。

1.《食品安全国家标准 食品中真菌毒素限量》（GB 2761—2017）

真菌毒素是指真菌在生长繁殖过程中产生的次生有毒代谢产物。《食品安全国家标准 食品中真菌毒素限量》（GB 2761—2017）规定了食品中黄曲霉毒素 B_1、黄曲霉毒素 M_1、脱氧雪腐镰刀菌烯醇、展青霉素、赭曲霉毒素 A 及玉米赤霉烯酮的限量指标。该标准还规定了应用原则及真菌毒素的限量指标要求及检测方法，附录为"食品类别（名称）的说明"。

2.《食品安全国家标准 食品中污染物限量》（GB 2762—2022）

污染物是指食品在从生产（包括农作物种植、动物饲养和兽医用药）、加工、包装、贮存、运输、销售，直至食用等过程中产生的或由环境污染带入的、非有意加入的化学性危害物质。《食品安全国家标准 食品中污染物限量》（GB 2762—2022）所规定的污染物是指除农药残留、兽药残留、生物毒素和放射性物质以外的污染物。该标准规定了食品中铅、镉、汞、砷、锡、镍、铬、亚硝酸盐、硝酸盐、苯并 [a] 芘、N- 二甲基亚硝胺、多氯联苯、3- 氯 -1，2- 丙二醇的限量指标。该标准还规定了应用原则及污染物的限量指标要求及检测方法，附录为"食品类别（名称）的说明"。

3.《食品安全国家标准 预包装食品中致病菌限量》（GB 29921—2021）和《食品安全国家标准 散装即食食品中致病菌限量》（GB 31607—2021）

食品中致病菌污染是导致食源性疾病的重要原因，预防和控制食品中致病菌污染是食品安全风险管理的重点内容。根据中国行业发展现况，考虑致病菌或其代谢产物对健康造成实际或潜在危害的可能、食品原料中致病菌污染风险、加工过程对致病菌的影响以及贮藏、销售和食用过程中致病菌的变化等因素，《食品安全国家标准 预包装食品中致病菌限量》（GB 29921—2021）和《食品安全国家标准 散装即食食品中致病菌限量》（GB 31607—2021）两项通用标准构成了中国食品中致病菌的限量标准，有助于保障食品安全和消费者健康，强化食品生产、加工和经营全过程管理，助推行业提升管理水平和健康发展。

《食品安全国家标准 预包装食品中致病菌限量》（GB 29921—2021）适用于乳制品、肉制品、水产制品、即食蛋制品、粮食制品、即食豆制品、巧克力类及可可制品、即食果蔬制品、饮料、冷冻饮品、即食调味品、坚果与籽类食品、特殊膳食用食品等类别的预包装食品，不适用于执行商业无菌要求的食品、包装饮用水、饮用天然矿泉水。标准规定了沙门氏菌、金黄色葡萄球菌、致泻大肠埃希氏菌、副溶血性弧菌、单核细胞增生李斯特氏菌、克罗诺杆菌属等 6 种致病菌指标在对应食品类别中的限量。附录为"食品类别（名称）说明"。

《食品安全国家标准 散装即食食品中致病菌限量》（GB 31607—2021）适用于散装即食食品，不适用于餐饮服务中的食品、执行商业无菌要求的食品、未经加工或处理的初级农产品。标准规定了沙门氏菌、金黄色葡萄球菌、蜡样芽孢杆菌、单核细胞增生李斯特氏菌、副溶血性弧菌的限量。

4.《食品安全国家标准 食品中农药最大残留限量》（GB 2763—2021）和《食品安全国家标准 食品中兽药最大残留限量》（GB 31650—2019）

《食品安全国家标准 食品中农药最大残留限量》（GB 2763—2021）标准规定了 2,4- 滴丁酸（2,4-DT）等农药在对应食品类别中的最大残留限量，标准的技术要求主要包括农药名称、主要用途、每日允许摄入量（ADI）、残留物和最大残留限量、检测方法。附录为"食品类别及测定部位"及"豁免制定食品中最大残留限量标准的农药名单"。

兽药残留是指对食品动物用药后，动物产品的任何可食用部分中所有与药物有关的物质的残留，包括药物原型或 / 和其代谢产物。《食品安全国家标准 食品中兽药最大残留限量》（GB 31650—2019）为通用标准，适用于与最大残留限量相关的动物性食品。标准规定了动物性食品中阿苯达唑等兽药的最大残留限量；规定了醋酸等允许用于食品动物，但不需要制定残留限量的兽药；规定了氯丙嗪等允许作治疗用，但不得在动物性食品中检出的兽药。标准的技术要求主要包括兽药名称、兽药分类、每日允许摄入量、残留标志物、最大残留限量等。

5.《食品安全国家标准 食品添加剂使用标准》（GB 2760—2024）

食品添加剂是指为改善食品品质和色、香、味，以及为防腐、保鲜和加工工艺的需要而加入食品中的人工合成或者天然物质。食品用香料、胶基糖果中基础剂物质、食品工业用加工助剂也包括在内。《食品安全国家标准 食品添加剂使用标准》（GB 2760—2024）规定了食品添加剂的使用原则、允许使用的食品添加剂品种、使用范围及最大用量。该标准包括正文和附录两个部分，正文主要规定了食品添加剂的含义、使用原则、食品分类系统、食品添加剂的使用规定等；附录规定了食品添加剂、食品用香料、食品工业用加工助剂的使用规定，食品添加剂功能类别和食品分类系统等内容。

6.《食品安全国家标准 食品营养强化剂使用标准》(GB 14880—2012)

食品营养强化剂是指为了增加食品的营养成分(价值)而加入食品中的天然或人工合成的营养素和其他营养成分。《食品安全国家标准 食品营养强化剂使用标准》(GB 14880—2012)包括了营养强化的主要目的、使用营养强化剂的要求、可强化食品类别的选择要求、营养强化剂的使用规定、食品类别(名称)说明和营养强化剂质量标准等内容。四个附录从四个不同方面进行了规定:营养强化剂的允许使用品种、使用范围及使用量应符合附录 A 的要求;允许使用的营养强化剂化合物来源应符合附录 B 的规定;特殊膳食用食品中营养素及其他营养成分的含量按相应的食品安全国家标准执行,允许使用的营养强化剂及化合物来源应符合附录 C 和(或)相应产品标准的要求;附录 D "食品类别(名称)说明"用于界定营养强化剂的使用范围,只适用于该标准。如允许某一营养强化剂应用于某一食品类别(名称)时,则允许其应用于该类别下的所有类别食品,另有规定的除外。

7.《食品安全国家标准 食品接触材料及制品用添加剂使用标准》(GB 9685—2016)

食品接触材料及制品用添加剂是指在食品接触材料及制品生产过程中,为满足预期用途,所添加的有助于改善其品质、特性,或辅助改善品质、特性的物质;也包括在食品接触材料及制品生产过程中,所添加的为保证生产过程顺利进行,而不是为了改善终产品品质、特性的加工助剂。《食品安全国家标准 食品接触材料及制品用添加剂使用标准》(GB 9685—2016)包括食品接触材料及制品用添加剂的使用原则、食品接触材料及制品用添加剂的使用规定。该标准附录规定了食品接触材料及制品允许使用的添加剂及使用要求、特定迁移总量限量 [SML(T)]、金属元素特别限制规定。

8.《食品安全国家标准 预包装特殊膳食用食品标签》(GB 13432—2013)

《食品安全国家标准 预包装特殊膳食用食品标签》(GB 13432—2013)

规定了特殊膳食用食品的强制标示内容、可选择标示内容，适用于预包装特殊膳食用食品的标签（含营养标签）。该标准附录为"特殊膳食用食品的类别"。

9.《食品安全国家标准 食品添加剂标识通则》（GB 29924—2013）

《食品安全国家标准 食品添加剂标识通则》（GB 29924—2013）规定了食品添加剂标识基本要求、提供给生产经营者的食品添加剂标识内容及要求、提供给消费者直接使用的食品添加剂标识内容及要求。该标准适用于食品添加剂的标识，食品营养强化剂的标识参照使用，不适用于为食品添加剂在储藏运输过程中提供保护的储运包装标签的标识。

10.《食品安全国家标准 预包装食品标签通则》（GB 7718—2025）

《食品安全国家标准 预包装食品标签通则》（GB 7718—2011）自颁布实施以来，对保障食品安全、规范食品市场、引导科学消费发挥了重要作用。该标准适用于直接提供给消费者的预包装食品标签和非直接提供给消费者的预包装食品标签。标准不适用于为食品在储藏、运输过程中提供保护的食品储运包装标签、散装食品和现制现售食品的标识。

该标准于 2025 年新修订，遵循《中华人民共和国食品安全法》的规定，严格落实《中共中央国务院关于深化改革加强食品安全工作的意见》的要求，以保障食品安全与消费者权益为核心，同时充分满足食品安全监管及食品生产经营者的需求。

11.《食品安全国家标准 预包装食品营养标签通则》（GB 28050—2025）

《食品安全国家标准 预包装食品营养标签通则》（GB 28050—2025）于 2025 年 3 月 16 日发布，将于 2027 年 3 月 16 日起正式实施，该标准规定了预包装食品营养标签上有关食品营养信息和特性的描述与说明。该标准适用于直接提供给消费者的预包装食品营养标签。非直接提供给消费者的预包装食品和食品储运包装，如标示营养标签应按该标准实施。

有效实施营养标签的意义重大：一是满足消费者的知情权，引导个

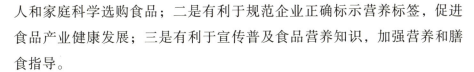

人和家庭科学选购食品；二是有利于规范企业正确标示营养标签，促进食品产业健康发展；三是有利于宣传普及食品营养知识，加强营养和膳食指导。

3.2.3 进出口相关行业标准

中国与进出口食品相关的技术性贸易措施的行业标准，即海关行业标准中的检验检疫行业标准。此类标准主要为了维护国家经济安全、保护人体健康和促进农、林、牧、渔业生产，保障检验检疫工作需要，积极采用国际标准和国外先进标准，适应国际贸易规则，统筹兼顾、积极协调，促进"进出口食品农产品行业标准体系"的建立和完善。

该类标准的制定 / 修订范围主要包括：

1. 有关出入境检验检疫业务的分类、技术术语、符号代号、通用技术要求；

2. 出入境检验检疫的抽样和制样方法；

3. 有关安全、卫生、环境保护、防止欺诈的检验检疫方法和规程；

4. 进出口商品的质量、重量、数量、包装、标志、标签、储藏、装运技术条件、风险评估、货载衡量、残损鉴定、价值鉴定、原产地、单证等要求；

5. 出入境动植物检验检疫方法和规程；

6. 出入境卫生检疫查验、疾病检测、卫生监督、卫生处理方法和规程；

7. 检疫除害处理方法和规程；

8. 出入境检验检疫监督管理的程序和规范；

9. 出入境集装箱、运载工具检验检疫规程和相关标准；

10. 认证认可有关技术规范；

11. 检验检疫工作用标准样品；

12. 样照和疵点样照；

13. 其他与检验检疫有关的规程。

3.3 中国食品官方监管体系

3.3.1 农业农村部

农业农村部作为国务院正部级组成部门，其主要职责包括：负责种植业、畜牧业、渔业、农垦、农业机械化等农业各产业的监督管理；负责农产品质量安全监督管理；负责有关农业生产资料和农业投入品的监督管理等。农业农村部内设机构中涉及食品监管的机构包括农产品质量安全监管司、种植业管理司（农药管理司）、畜牧兽医局、渔业渔政管理局等。

农产品质量安全监管司主要职责包括：组织实施农产品质量安全监督管理有关工作；指导农产品质量安全监管体系、检验检测体系和信用体系建设；承担农产品质量安全标准、监测、追溯、风险评估等相关工作。

种植业管理司（农药管理司）主要职责包括：起草种植业发展政策、规划；指导种植业结构和布局调整及标准化生产工作，发布农情信息；承担发展节水农业和抗灾救灾相关工作；承担肥料有关监督管理以及农药生产、经营和质量监督管理，指导农药科学合理使用；承担国内和出入境植物检疫、农作物重大病虫害防治有关工作。

畜牧兽医局主要职责包括：起草畜牧业、饲料业、畜禽屠宰行业、兽医事业发展政策和规划；监督管理兽医医政、兽药及兽医器械；指导畜禽粪污资源化利用；监督管理畜禽屠宰、饲料及其添加剂、生鲜乳生产收购环节质量安全；组织实施国内动物防疫检疫；承担兽医国际事务、兽用生物制品安全管理和出入境动物检疫有关工作。

渔业渔政管理局主要职责包括：起草渔业发展政策、规划；保护和合理开发利用渔业资源，指导水产健康养殖和水产品加工流通，组织水生动植物病害防控；承担重大涉外渔事纠纷处理工作；按分工维护国家海洋和淡水管辖水域渔业权益；组织渔业水域生态环境及水生野生动植物保护；监督执行国际渔业条约，监督管理远洋渔业和渔政渔港；指导渔业安全生产。

3.3.2 国家市场监督管理总局

国家市场监督管理总局是国务院正部级直属机构，主要职责包括：负责市场综合监督管理；负责市场主体统一登记注册；负责组织和指导市场监管综合执法工作；负责反垄断统一执法；负责监督管理市场秩序；负责宏观质量管理；负责产品质量安全监督管理；负责食品安全监督管理综合协调；负责食品安全监督管理等。

国家市场监督管理总局内设机构于2024年10月进行了重新调整，调整后与食品安全监督管理工作相关的机构包括食品安全协调司、食品生产经营安全监督管理司、餐饮食品安全监督管理司、特殊食品安全监督管理司、食品安全抽检监测司。此外，网络交易监督管理司、广告监督管理司等司局也涉及食品的监管工作。

食品安全协调司的主要工作职责包括：拟订推进食品安全战略的重大政策措施并组织实施；承担统筹协调食品全过程监管中的重大问题，推动健全食品安全跨地区跨部门协调联动机制工作；承办国务院食品安全委员会日常工作。

食品生产经营安全监督管理司的主要工作职责包括：分析掌握生产、流通领域食品安全形势，拟订食品生产、流通监督管理和食品生产经营者落实主体责任的制度措施，组织实施并指导开展监督检查工作；组织食盐生产经营质量安全监督管理工作；组织查处相关重大违法行为；指导企业建立健全食品安全可追溯体系。

餐饮食品安全监督管理司的主要工作职责包括：分析掌握餐饮服务领域食品安全形势，拟订餐饮服务、市场销售食用农产品监督管理和餐饮服务、市场销售食用农产品经营者落实主体责任的制度措施，组织实施并指导开展监督检查工作；组织实施餐饮质量安全提升行动；指导重大活动食品安全保障工作；组织查处相关重大违法行为。

特殊食品安全监督管理司的主要工作职责包括：分析掌握保健食品、

特殊医学用途配方食品和婴幼儿配方乳粉等特殊食品领域安全形势，拟订特殊食品注册、备案和监督管理的制度措施并组织实施；组织查处相关重大违法行为。

食品安全抽检监测司的主要工作职责包括：拟订全国食品安全监督抽检计划并组织实施，定期公布相关信息；督促指导不合格食品核查、处置、召回；组织开展食品安全评价性抽检、风险预警和风险交流；参与制定食品安全标准、食品安全风险监测计划，承担风险监测工作，组织排查风险隐患。

网络交易监督管理司的主要工作职责包括：拟订实施网络商品交易及有关服务监督管理的制度措施；组织指导协调网络市场行政执法工作；组织指导网络交易平台和网络经营主体规范管理工作；组织实施网络市场监测工作；依法组织实施合同、拍卖行为监督管理。

广告监督管理司的主要工作职责包括：拟订广告业发展规划、政策并组织实施；拟订实施广告监督管理的制度措施，组织指导药品、保健食品、医疗器械、特殊医学用途配方食品广告审查工作；组织监测各类媒介广告发布情况；组织查处虚假广告等违法行为；指导广告审查机构和广告行业组织的工作。

3.3.3 国家卫生健康委员会

国家卫生健康委员会（简称卫健委）是国务院组成部门，成立于2018年3月，前身为国家卫生和计划生育委员会。卫健委在食品安全领域的主要职责包括组织开展食品安全风险监测和风险评估、会同制定并公布食品安全国家标准。

食品安全风险监测和风险评估工作是卫健委在食品安全领域的重要职责之一，旨在及时发现和控制食品安全风险，保障公众健康。在食品安全风险监测方面，卫健委通过建立和完善食品安全风险监测体系，对食品生产、加工、流通和消费等各环节进行全面监测，及时发现和评估食品安全风险，为政府决策提供依据。在食品安全风险评估方面，卫健委负责组织专家对监测到的食品安全风险进行评估，分析风险来源、危害程度和影响范围等，提出相应的风险管理措施和建议，为制定食品安全政策和标准提供科学依据。

会同制定并公布食品安全国家标准是确保食品安全的重要措施之一，有助于规范食品生产经营行为，保障公众饮食安全。卫健委根据风险评估结果和实际需求，会同相关部门制定食品安全国家标准，明确食品中各类有害物质的限量指标、食品添加剂的使用范围等关键内容。制定完成的食品安全国家标准会由卫健委和国务院食品安全监督管理部门联合公布，并监督其实施情况。这有助于确保标准的权威性和有效性，为食品生产经营者提供明确的指导。

除了上述职责外，卫健委还积极参与协调食品安全监管工作，与国务院食品安全监督管理部门和其他相关部门密切合作，共同推进食品安全监管体系的完善。在卫健委内设有食品安全标准与监测评估司。此外，国家食品安全风险评估中心也是直属于卫健委的公共卫生事业单位。

食品安全标准与监测评估司的主要职责有：组织拟订食品安全国家标准，开展食品安全风险监测、评估和交流，承担新食品原料、食品添加剂新品种、食品相关产品新品种的安全性审查。

国家食品安全风险评估中心的主要职责有：开展食品安全风险监测、风险评估、标准管理等相关工作，为政府制定相关的法律、法规、部门规章和技术规范等提供技术咨询及政策建议；拟订国家食品安全风险监测计划；开展食品安全风险监测工作，按规定报送监测数据和分析结果；拟订食品安全风险评估技术规范；承担食品安全风险评估相关工作，对食品、食品添加剂、食品相关产品中生物性、化学性和物理性危害因素进行风险评估，向国家卫生健康委报告食品安全风险评估结果等信息；开展食品安全相关科学研究、成果转化、检测服务、信息化建设、技术培训和科普宣教工作；承担食品安全风险监测、评估、标准、营养等信息的风险交流工作；承担食品安全标准的技术管理工作；承担国民营养计划实施的技术支持工作等。

3.3.4 商务部

商务部的主要职责包括：

拟订国内外贸易和国际经济合作的发展战略、方针、政策，起草国内外贸易、国际经济合作和外商投资的法律法规，制定实施细则、规章；研究提出中国经济贸易法规之间及其与国际多边、双边经贸条约、协定之间的衔接意见。

研究制定进出口商品管理办法和进出口商品目录，组织实施进出口配额计划，确定配额、发放许可证；拟订和执行进出口商品配额招标政策。

拟订并执行对外技术贸易、国家进出口管制以及鼓励技术和成套设备出口的政策；推进进出口贸易标准化体系建设；依法监督技术引进、设备进口、国家限制出口的技术和引进技术的出口与再出口工作，依法颁发与防扩散相关的出口许可证。

研究提出并执行多边、双边经贸合作政策；负责多边、双边经贸对外谈判，协调对外谈判意见，签署有关文件并监督执行；建立多边、双边政府间经济和贸易联系机制并组织相关工作；处理国家（地区）经贸关系中的重要事务，管理同未建交国家的经贸活动；根据授权，代表中国政府处理与世界贸易组织的关系，承担中国在世界贸易组织框架下的多边、双边谈判和贸易政策审议、争端解决、通报咨询等工作。

1. 亚洲司、西亚非洲司、欧洲司、美洲大洋洲司

这 4 个地区司的主要职责是：提出与所负责国家（地区）经贸合作发展战略及相关政策，拟订中长期发展规划；承担双边经贸谈判和双边混委会、联委会会务工作；处理国家（地区）经贸关系中的重要事务；监督外国政府履行与中国签订的多边、双边经贸协议情况并开展对外交涉，协助中国企业获得外国市场准入；贯彻实施对所负责国家（地区）市场多元化战略；管理与未建交国家的经贸活动；指导中国驻外经商机构的工作，联系外国驻中国官方商务机构。

2.台港澳司

拟订对中国香港、中国澳门特别行政区以及中国台湾地区的经贸政策、规章；牵头组织与中国香港、中国澳门经贸交流、合作的磋商工作；管理和指导对台贸易，协调台商投资管理工作；拟订对台直接通商方案，组织与中国台湾授权的民间组织进行经贸谈判；处理多边、双边经贸领域的涉台问题；组织协调对台大宗商品出口，核准内地（大陆）企业赴中国香港、中国澳门及中国台湾和台商在大陆举办的经贸交易会、展销会、洽谈会、广告业务以及赴中国香港、中国澳门经贸团组等经贸活动；管理台商在大陆设立常驻机构的核准工作。

3.国际经贸关系司

拟订并执行多边经贸政策，根据分工处理与多边、区域经贸组织的关系；组织多边对外经贸谈判、国际服务贸易对外谈判和国际经贸条约、协定的谈判，协调国内有关方面在谈判过程中的意见；承担签署多边、双边自由贸易协定有关工作；承担联合国等国际组织对中国经济技术合作的中方有关管理事务；管理多边、双边对中国的无偿援助和赠款（不含财政合作项下外国政府对中国赠款）；联系中国驻联合国及有关国际组织的经贸代表机构，联系国际多边经贸组织驻华机构。

4.世界贸易组织司（中国政府世界贸易组织通报咨询局）

负责中国在世界贸易组织框架下的多边、双边谈判；出席世界贸易组织各种会议；承担世界贸易组织争端解决机制工作；协调中国加入世界贸易组织后的应对工作，履行中国在世界贸易组织中承担的关于中国贸易和投资等方面政策、法律、法规的审议、通报、咨询义务。

5.对外贸易司（国家机电产品进出口办公室）

拟订进出口商品管理办法和进出口商品目录，发放进出口商品配额及许可证；编报进出口商品配额、关税配额年度计划并组织实施；拟订各类企业对外经贸经营资格标准和国际货运代理企业的资格标准并组织实施；指导境内和赴境外各种交易会、洽谈会等贸易促进活动，拟订相关管理办法；指导外贸促进体系工作。

6. 进出口公平贸易局

负责反倾销、反补贴、保障措施等涉及进出口公平贸易的相关工作；调查国外对中国出口商品实施的歧视性贸易政策、法律法规及其做法并进行相关磋商、谈判；指导、协调国外对中国出口商品的反倾销、反补贴和保障措施的应诉及相关工作。

7. 产业损害调查局

负责反倾销、反补贴、保障措施等案件的产业损害调查与裁决，建立产业损害预警机制；指导并协调国内有关部门和相关中介组织产业安全方面的工作。

3.3.5 工业和信息化部

工业和信息化部的消费品工业司的主要职责是承担纺织、轻工、食品、医药、家电等的行业管理工作；拟订卷烟、食盐和糖精的生产计划；承担盐业和国家储备盐行政管理、中药材生产扶持项目管理、国家药品储备管理工作。

3.3.6 其他相关社会组织

1. 中国食品工业协会

中国食品工业协会（China National Food Industry Association，CNFIA），简称中国食协，是经国务院批准于 1981 年 10 月 29 日成立的全国食品工业的自律性行业管理组织。多年来，中国食协密切联系食品工业企业，在推动中国食品工业持续、稳定、协调发展等方面做了大量卓有成效的工作。

中国食品工业协会的主要工作包括：（1）履行统筹、规划职能；（2）发布运行信息，引导行业发展，建立全国食品工业经济运行情况定期发布制度；（3）推动食品工业的科技进步和技术创新，推动国内外先进科研成果的转化应用；（4）与地方政府合作共建，推动食品工业特色园区发展；（5）努力抓好产品质量和食品安全;(6)参与食品安全法律法规和标准体系建设,承担了《食品安全国家标准 预包装食品标签通则》(GB 7718—2025)《食品生产通用卫生规范》(GB 14881—2013)等重要标准的制定工作;(7)健全行业规范,加强行业自律,起草了《食品工业企业诚信管理体系评价机构工作规则(试行)》和《食品工业企业诚信管理体系评价工作程序(试行)》,参与了乳制品、肉类、葡萄酒、调味品、罐头、饮料等行业的《食品工业企业诚信管理体系(CMS)建立及实施通用要求实施指南》编写。

2. 中国食品科学技术学会

中国食品科学技术学会(Chinese Institute of Food Science and Technology,CIFST)是中国食品科技工作者的学术性群众团体,是中国科学技术协会的组成部分。中国食品科学技术学会于 1980 年 11 月成立,1984 年 9 月参加国际食品科学技术联盟(International Union of Food Science and Technology,IUFoST),成为正式成员。

中国食品科学技术学会作为中国食品科技界的代表,参与组织影响中国食品工业与科技发展的重要决策咨询工作,是食品科技学术交流的主渠道,科普工作的主力军,民间国际交流的主要代表。

3. 中国饮料工业协会

中国饮料工业协会(China Beverage Industry Association,CBIA)成立于 1993 年,是饮料行业及相关企业、事业单位自愿参加的非营利性、全国性社团组织,是经民政部批准的国家一级社团法人机构。协会的注册地、常设机构在北京。

中国饮料工业协会现有有效会员单位 600 余家,协会会员饮料总产量占全国饮料总产量的 85% 以上;协会设有会员代表大会、常务理事会、理事会、秘书处,现设有 13 个分支机构。

协会依据《中国饮料工业协会章程》开展对外交流合作工作,与有关国际、地区和国家的包装饮用水协会、果汁协会保持着良好的合作关系,是国际饮料协会和国际瓶装水协会的理事会成员，是国际果蔬汁协会的会员。

4. 中国营养学会

中国营养学会（Chinese Nutrition Society，CNS）始创于 1945 年，1950 年并入中国生理学会，1981 年复会成立中国生理科学会营养学会，1985 年由中国科学技术协会和国家经济体制改革委员会正式批准成立中国营养学会（一级学会）。1984 年加入国际营养科学联合会（International Union of Nutritional Sciences, IUNS），1985 年加入亚洲营养学会联合会（Federation of Asian Nutrition Societies, FANS）。2023 年成为亚洲营养学会联合会主席单位。中国营养学会的业务主管单位是中国科学技术协会，社团登记管理单位为中华人民共和国民政部。学会下设 1 个秘书处、9 个工作委员会、1 个基金管理委员会，以及 29 个专业分会。

中国营养学会主要业务范围为：举办营养科学和技术领域的学术交流活动；开展科普工作；开展营养科学领域的继续教育和技术培训；开展营养科学领域的国际学术交流与合作；依法编辑出版营养科学范畴的刊物、书籍和音像制品及网络宣传材料；承担政府委托职能及承办委托任务；维护会员的合法权益，反映营养科技工作者的意见与呼声；促进科学道德和学风建设；积极开展科技咨询服务、技术研发、技术转让，促进科技成果转化、推广营养科学技术成果；依法开展奖励表彰、成果鉴定和专业技术水平认证等工作；组织开展社会公益活动等。

5. 中国营养保健食品协会

中国营养保健食品协会（China Nutrition and Health Food Association，CNHFA）成立于 2015 年 9 月，是经国务院同意，民政部批准，国家市场监督管理总局主管的全国性、行业性、非营利性社会组织，协会由来自国内外领先营养食品、保健食品生产经营企业、科研院所和检验机构等 120 家单位共同发起组成。

中国营养保健食品协会的使命：代表会员的共同利益，维护政府、公众、

行业的健康和谐，让消费者和整个社会受益。

6. 中国保健协会

2003 年 11 月 4 日，经卫生部、民政部审核并报国务院批准，中国保健科技学会正式更名为中国保健协会。

中国保健协会是以健康产业内具代表性的大中型企业为核心组建的行业管理组织，设有多个分支机构与委员会，如法规信息交流委员会、直销工作委员会、健康管理与促进工作委员会等。这些机构负责不同的行业管理事务，像法规政策的信息交流、行业自律与道德建设等，彰显了其在健康产业中的重要意义和影响力。

中国保健协会以服务政府、企业和消费者为宗旨，着力于健康产业发展与科技进步。在法律规范、产品研发、市场管理、行业自律以及标准化构建等多方面，为中国健康产业提供全面服务，成为代表行业公信力的权威组织。该协会通过开展诸多活动，涵盖强化行业自律与诚信监督、组织社会公益活动、宣传健康科普知识，以提升国民健康素养水平。该协会还开展调查研究、编制行业发展报告，为政府制定产业发展战略、规划、政策、法规等重大决策提供意见与建议。

7. 中国出入境检验检疫协会

中国出入境检验检疫协会（China Entry-Exit Inspection and Quarantine Association，CIQA）是经中华人民共和国民政部批准成立，由全国从事出入境检验检疫的企、事业单位和有关社团组织及人士自愿组成，具有独立的社团法人资格，按其章程开展活动的非营利性的全国性社会团体。协会受海关总署和国家市场监督管理总局的业务指导。中国出入境检验检疫协会最高权力机构是会员代表大会，执行机构是理事会。业务范围包括：围绕涉及健康、安全、卫生、环保和国计民生等方面收集国内外卫生检疫、动植物检疫、商品检验信息资料，向业务指导单位提出发展的建议和决策依据；宣传与出入境检验检疫工作有关的法律、法规、方针、政策，普及检验检疫知识；推进出入境检验检疫工作与世界贸易组织及其他国际组织的有关技术性贸易措施协议和检验检疫措施等接轨工作；和国内外生产经营企业、贸易部门及相关组织衔接工作；接受业务指导单位委托，协助指导部门承担检验检疫系统科技成果登记，科技文献的编审；开展国际交流与合作，发展与其他国家和港澳台地区相关行业协会和检验检疫组织之间的民间友好往来；组织会员单位开展科技研究、学术交流、技术与信息交流服务；编辑、翻译有关检验检疫的论著、资料、信息、科普读物，出版、发行协会刊物及组织相关活动；等等。

3.4 中国食品进出口监管体系

3.4.1 进出口食品安全机构设置

2018 年国家机构改革后，海关总署成为进出口食品安全的主要监管机构。海关总署以风险管理为主线，加快建立风险信息集聚、统一分析研判和集中指挥处置的风险管理防控机制，监管范围从口岸通关环节向出入境全链条、宽领域拓展延伸，监管方式从分别作业向整体集约转变，进一步提高监管的智能化和精准度，以保护消费者的健康和利益，促进中国食品进出口贸易的发展。

1. 有关职责分工

（1）与农业农村部的有关职责分工

①农业农村部会同海关总署起草出入境动植物检疫法律法规草案；农业农村部、海关总署负责确定和调整禁止入境动植物名录并联合发布；海关总署会同农业农村部制定并发布动植物及其产品出入境禁令、解禁令。

②在国际合作方面，农业农村部负责签署政府间动植物检疫协议、协定；海关总署负责签署与实施政府间动植物检疫协议、协定有关的协议和议定书，以及动植物检疫部门间的协议等。

③海关总署和农业农村部相互衔接，密切配合，共同做好出入境动植

物检疫工作。

（2）与国家市场监督管理总局的有关职责分工

①海关总署和国家市场监督管理总局通过建立机制，避免对各类进出口商品和进出口食品、化妆品进行重复检验、重复收费、重复处罚，减轻企业负担。

②海关总署负责进口食品安全监督管理。进口的食品及食品相关产品应当符合中国食品安全国家标准。境外发生的食品安全事件可能对中国境内造成影响，或者在进口食品中发现严重食品安全问题的，海关总署应当及时采取风险预警或者控制措施，并向国家市场监督管理总局通报，国家市场监督管理总局应当及时采取相应措施。

③海关总署和国家市场监督管理总局建立进口产品缺陷信息通报和协作机制。海关总署在口岸检验监管中发现不合格或存在安全隐患的进口产品，依法实施技术处理、退运、销毁，并向国家市场监督管理总局通报。国家市场监督管理总局统一管理缺陷产品召回工作，通过消费者报告、事故调查、伤害监测等获知进口产品存在缺陷的，依法实施召回措施；对拒不履行召回义务的，国家市场监督管理总局向海关总署通报，由海关总署依法采取相应措施。

2. 内部机构设置

海关总署设有综合业务司、风险管理司、动植物检疫司、进出口食品安全局、商品检验司、企业管理和稽查司、口岸监管司、统计分析司等内设机构，各司局分工协作，确保进出口食品安全。

动植物检疫司的主要职责：拟订出入境动植物及其产品检验检疫的工作制度，承担出入境动植物及其产品的检验检疫、监督管理工作，按分工组织实施风险分析和紧急预防措施，承担出入境转基因生物及其产品、生物物种资源的检验检疫工作。

进出口食品安全局的主要职责：拟订进出口食品、化妆品安全和检验检疫的工作制度，依法承担进口食品企业备案注册和进口食品、化妆品的检验检疫、监督管理工作，按分工组织实施风险分析和紧急预防措施工作，依据多双边协议承担出口食品相关工作。

口岸监管司的主要职责：拟订进出境运输工具、货物、物品、动植物、食品、化妆品和人员的海关检查、检验、检疫工作制度并组织实施，拟订物流监控、监管作业场所及经营人管理的工作制度并组织实施，拟订进出境邮件快件、暂准进出境货物、进出境展览品等监管制度并组织实施。承担国家禁止或限制进出境货物、物品的监管工作，承担海关管理环节的反恐、维稳、防扩散、出口管制等工作，承担进口固体废物、进出口易制毒化学品等口岸管理工作。

此外，国际检验检疫标准与技术法规研究中心（简称标法中心）是海关总署直属事业单位，在技术性贸易措施方面发挥了重要作用。标法中心主要职责包括：根据国家有关部门授权，承担《TBT 协定》和《SPS 协定》中国国家通报咨询中心的工作；承担《TBT 协定》《SPS 协定》《政府采购协定》（《GPA 协定》）、《贸易便利化协定》、《WTO 争端解决机制的谅解》等 WTO 协定和规则的研究及相关国际组织标准 / 指南的跟踪研究与评议工作；承担各贸易伙伴与国际贸易货物相关的监管政策法规、技术性贸易措施以及国境卫生检疫法规跟踪研究；组织开展国外技术性贸易措施对中国企业的影响调查；组织开展专门产业方向的技术性贸易措施研究评议基地建设；承担有关海关技术规范、规则的报批审核等工作；参与贸易便利化、自贸区以及市场准入等双边和多边谈判。

3.4.2 进出口食品监管体系概述

进出口食品安全监管，是指进出口食品安全主管部门为保证进出口食品安全，保障公众身体健康和生命安全，根据法律法规的规定，对进出口食品生产经营活动、进出口食品生产经营者和输华食品出口国家（地区）食品安全监管体系等实施的行政监督管理，并对其违法行为进行约束的过程。

进出口食品安全监管不是某一个部门某一个环节的责任，需要各个部门全链条通力协作、协调一致，强化准入、准出要求，从源头到口岸监管、到事后对企业的稽查核查，每个环节都需要优化闭环，持续做好监管，实现有效履职，切实保障进出口食品安全。

进出口食品安全监管的宗旨是"保障进出口食品安全，保护人类、动植物生命和健康"，这符合《中华人民共和国食品安全法》等法律、行政法规要求。此外，"保护人类、动植物生命和健康"也与世界贸易组织相关协定等国际规则一致，体现了进出口食品安全监管法规的国际性。

中国进出口食品安全有关法律法规主要包括：《中华人民共和国食品安全法》及其实施条例、《中华人民共和国海关法》、《中华人民共和国进出口商品检验法》及其实施条例、《中华人民共和国进出境动植物检疫法》及其实施条例、《中华人民共和国国境卫生检疫法》及其实施细则、《中华人民共和国农产品质量安全法》和《国务院关于加强食品等产品安全监督管理的特别规定》等，这些法律法规也是海关总署制定进出口食品安全相关部门规章的重要依据。

2022 年 1 月 1 日，海关总署发布的与进出口食品安全息息相关的部门规章《中华人民共和国进出口食品安全管理办法》和《中华人民共和国进口食品境外生产企业注册管理规定》正式施行，突出强调海关从守护国门安全职能出发，不仅保障传统食品安全，还关注非传统食品安全和生物安全，全面体现国家安全观的要求。

《中华人民共和国进出口食品安全管理办法》共六章七十九条，主要规定了食品进出口的流程，对食品进口的国家准入、企业注册、产品查验、标签标示等方面的监管制度，食品出口的企业备案、出口查验等方面的监管制度以及食品进出口相应的法律责任等内容。该办法对中国进出口食品安全监管的一般要求、食品进口和食品出口管理以及相应的监督管理措施和法律责任作出规定。对于进口食品而言，该办法进一步加强和明确了境外食品生产企业以及国内食品进口商对于进口食品安全合规的责任。对于出口食品而言，该办法进一步加强和明确了出口食品企业的主体责任。而对于海关而言，该办法则进一步明确了其作为进出口食品安全监管部门的监管责任。这种变化是进一步落实"简政放权"的要求，有利于国家行政资源的合理配置，最大化提升监管效能，同时，能进一步提高境外食品生产企业以及国内食品进口商的食品安全与合规意识，进一步确保进口食品的安全性。

3.4.3 中国进口食品监管

1. 中国进口食品安全治理理念

建立进口食品安全治理体系，必须遵循食品安全"治理"的基本特征，牢牢把握住"责任配置"核心。但相较国内食品，进口食品供应链更加漫长而复杂，涉及的责任主体多、分布广，受主权管辖、监管成本与信息等多方面制约，进口食品安全治理的责任配置不能完全像国内食品安全治理那样，直接在政府和生产经营者之间做基础责任配置。因此，进口食品安全治理体系的责任配置应遵循以下三项原则：

（1）将总体责任主要配置给境外政府部门

食品生产经营的每一个环节都可能隐藏质量安全风险，食品安全治理链条长、环节复杂、涉及部门众多，需要地方政府发挥组织、协调作用，对本行政区域内的食品安全工作负总责。由于进口食品的生产源头在境外，进口方政府无法进行监管，只能通过国际合作，将食品安全责任配置给出口方政府。国际食品法典委员会也规定，作为食品国际贸易的主要获益方，出口方部门理应承担其出口食品安全的总体责任，即按照进口国的要求，建立一套食品安全监管体系，包括管理机构、法律法规、监管措施、人员配置、技术支撑、资金保障等，并确保体系的有效运行，使其出口食品符合进口方要求。

（2）将主体责任主要配置给国内进口商

食品安全的主体责任主要由生产经营者承担。但由于进口食品的生产

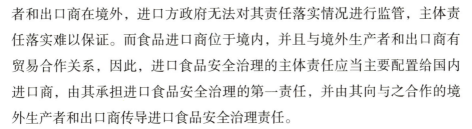

者和出口商在境外，进口方政府无法对其责任落实情况进行监管，主体责任落实难以保证。而食品进口商位于境内，并且与境外生产者和出口商有贸易合作关系，因此，进口食品安全治理的主体责任应当主要配置给国内进口商，由其承担进口食品安全治理的第一责任，并由其向与之合作的境外生产者和出口商传导进口食品安全治理责任。

（3）监管部门"回归"监管责任

长期以来，政府部门一直在扮演进口食品质量安全担保人的角色，通过对产品的逐批检验、出具证明，为每一批产品的质量安全背书，造成了治理责任错位。《中华人民共和国食品安全法》规定"国家出入境检验检疫部门对进出口食品安全实施监督管理"。在进口食品安全治理体系中，海关部门的监管对象不再是具体的产品，而是对其他相关主体责任落实情况的监督管理，并在责任配置机制失灵时及时进行调节。该配置原则使海关部门切实回归到进口食品安全监管的本职工作中。

2. 中国进口食品安全监管要求

中国进口食品安全监管体系分为进口前、进口时、进口后三个环节。

第一个环节是进口前严格准入。按照国际通行做法，将监管延伸到境外源头，向出口方政府和生产企业传导和配置进口食品安全责任，是实现全程监管、从根本上保障进口食品安全的有效途径。据此，中国从设立输华食品国家（地区）食品安全监管体系审查制度、设立输华食品随附官方证书制度、设立输华食品生产企业注册管理制度、设立输华食品出口商备案管理制度和进口商备案管理制度、设立进境动植物源性食品检疫审批制度等方面施行进口前的严格准入管理。

第二个环节是进口时严格检验检疫。中国已设立输华食品口岸检验检疫管理制度，海关总署网站不定期发布未予准入的食品信息。同时设立了输华食品安全风险监测制度，持续系统地收集食品中有害因素的监测数据及相关信息，并进行分析处理，实现进口食品安全风险"早发现"。针对进口食品，中国还施行了严格的风险预警，对口岸检验检疫中发现的问题，及时发布风险警示通报，采取控制措施。设立输华食品进境检疫指定口岸管理制度，依据《中华人民共和国进出境动植物检疫法》，对于肉类、冰鲜水产品等有特殊存储要求的产品，需在具备相关检疫防疫条件的指定口岸进境。此外，还设立了进口商随附合格证明材料、输华食品检验检疫申报等制度。

第三个环节是进口后严格后续监管。通过对各相关方的责任进行合理配置，中国在后续监管方面，已建立完善进口食品追溯体系和质量安全责任追究体系。目前，中国已设立输华食品国家（地区）及生产企业食品安全监管体系回顾性检查制度；设立输华食品进口和销售记录制度，要求进口商建立进口食品的进口与销售记录，完善进口食品追溯体系，对不合格进口食品及时召回；设立输华食品进出口商和生产企业不良记录制度，加大对违规企业的处罚力度。对于发生重大食品安全事故、存在严重违法违规行为、存在重大风险隐患的进口商或代理商的法定代表人或负责人，海关将进行约谈，督促其履行食品安全主体责任；对于不合格的进口食品，要求进口商或代理商根据风险实际情况对其进口全部产品或该批次产品主动召回，及时控制危害，以履行进口商的主体责任。

以下将结合海关总署在进口食品合格评定活动方面的职能介绍进口食品监管的主要内容。进口食品合格评定活动主要包括：向中国境内出口食品的境外国家（地区）食品安全监管体系评估和审查、境外生产企业注册、进出口商备案和合格保证、进境动植物检疫审批、随附合格证明检查、单证审核、现场查验、监督抽检、进口和销售记录检查以及各项的组合。这些合格评定活动也伴随着进口食品安全监管制度的实际执行。

（1）进口前资质管理

为保障中国进口食品安全，海关总署对进口动植物源性食品实施准入制度，未获得检验检疫准入资格，不能向中国出口。进口前的资质管理主

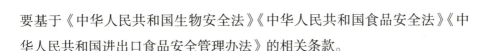

要基于《中华人民共和国生物安全法》《中华人民共和国食品安全法》《中华人民共和国进出口食品安全管理办法》的相关条款。

①体系评估和回顾性审查

体系评估是指某一类（种）食品首次向中国出口前，海关总署对向中国申请出口该类食品的国家（地区）食品安全监管体系开展的评估活动。回顾性审查是指向中国境内出口食品的国家（地区）通过体系评估已获得向中国出口的资格或虽未经过体系评估但与中国已有相关产品的传统贸易，海关总署经风险评估后决定对该国家（地区）食品安全监管体系的持续有效性实施的审查活动。与中国已有贸易和已获准向中国出口的食品均属于回顾性审查的相关食品范围。

海关总署按照风险管理原则对拟向中国境内出口食品的境外国家（地区）食品安全监管体系的完整性和有效性开展评估，以此判定该国家（地区）的食品安全监管体系和食品安全状况能否达到中国所要求的水平，以及在该体系下生产的输华食品能否符合中国法律法规要求和食品安全国家标准要求。

为严格落实《中华人民共和国食品安全法》等有关规定，进一步规范对境外输华国家或地区食品安全体系的评估和审查，便于国内外监管部门、经营主体和广大消费者了解相关信息，更好地服务进出口贸易健康发展，海关总署进出口食品安全局开发了"符合评估审查要求及有传统贸易的国家或地区输华食品目录信息系统"。目前，该系统包括：肉类（鹿产品、马产品、牛产品、禽产品、羊产品、猪产品）（内脏和副产品除外）、乳制品、水产品、燕窝、肠衣、植物源性食品、中药材、蜂产品等产品信息，海关总署将根据评估和审查结果进行动态调整。为便于用户使用，该系统提供了进口食品目录查询、产品名称查询、国家或地区查询等多种查询方式。

此外，企业还应关注相关的准入/禁止名单，如《获得中国检验检疫准入的新鲜水果种类及输出国家地区名录》《禁止从动物疫病流行国家地区输入的动物及其产品一览表》《中华人民共和国进境植物检疫禁止进境物名录》，以及其他一些临时性管制措施，都与进口食品的准入管理相关。

②境外生产企业注册

2022年1月1日以前，中国境外生产企业注册是按照《进口食品境外生产企业注册实施目录》对肉类、水产品、乳品和燕窝产品等实行"目录"式管理。2022年1月1日起《中华人民共和国进口食品境外生产企业注册管理规定》正式实施，实施注册的产品类别扩展至《中华人民共和国食品安全法》规定的全类别食品（但不包括食品添加剂、食品相关产品）的境外生产、加工、贮存企业，充分发挥注册制度在进口食品安全治理中的源头预防作用。

按照新的注册管理规定要求，海关总署会根据对食品的原料来源、生产加工工艺、食品安全历史数据、消费人群、食用方式等因素的分析，并结合国际惯例，确定对18类食品的境外生产企业采用"官方推荐注册"模式，对18类食品以外其他食品的境外生产企业采用程序较简化的"企业自行申请"模式。海关总署可以根据某类食品风险变化情况对相关企业注册方式和申请材料进行调整。

官方推荐注册产品类别包括：肉与肉制品、肠衣、水产品、乳品、燕窝与燕窝制品、蜂产品、蛋与蛋制品、食用油脂和油料、包馅面食、食用谷物、谷物制粉工业产品和麦芽、保鲜和脱水蔬菜以及干豆、调味料、坚果与籽类、干果、未烘焙的咖啡豆与可可豆、特殊膳食食品、保健食品。企业自行或代理注册产品类别为除上述18类食品外的类别。

可通过"中国国际贸易单一窗口"门户网站访问"进口食品境外生产企业注册管理系统"。注册基于进口食品的HS编码分为不同的注册单元，18类及其他类别进口食品HS编码范围，可在注册系统查询。HS编码范围将根据税则编码更新情况同步调整。未在该系统查询到相应产品的HS/CIQ编码，意味着相应产品暂时不需要在该系统申请境外企业注册。

③进出口商备案和合格保证

进出口商备案是指进口食品的进口商、向中国境内出口食品的境外出口商或者代理商应当向海关备案。合格保证是输华食品进口商或其代理商履行食品安全主体责任的重要内容，是指输华食品进口商或其代理商向海关提交表明其进口的食品符合中国法律法规和食品安全国家标准等相关规定的证明材料或者书面承诺。

《中华人民共和国进出口食品安全管理办法》第十九条和第二十条对备案的要求进行了明确规定。

进口食品化妆品进出口商备案系统已与"互联网＋海关"一体化平台集成，可通过"互联网＋海关"一体化平台进行相应备案。

另外，《中华人民共和国进出口食品安全管理办法》第二十二条和第二十三条规定，食品进口商应当建立境外出口商、境外生产企业审核制度，重点审核其制定和执行食品安全风险控制措施情况以及保证食品符合中国法律法规和食品安全国家标准的情况。海关部门会依法对食品进口商实施审核活动的情况进行监督检查。食品进口商应当积极配合，如实提供相关情况和材料。上述审核要求是《中华人民共和国进出口食品安全管理办法》进一步落实进口食品境内进口商主体责任的具体要求。

（2）进口时查验管理

①进境动植物源食品检疫审批

为防止动物传染病、寄生虫病和植物危险性病虫杂草以及其他有害生物的传入，海关对《中华人民共和国进出境动植物检疫法》及其实施条例以及国家有关规定明确需要审批的进口动植物源性食品实施检疫审批。检疫审批制度是依据《中华人民共和国进出境动植物检疫法》及其实施条例设立的一项行政许可。进口商须事先向海关申请"进境动植物检疫许可证"，进口时海关实施许可核销管理。

《中华人民共和国进出口食品安全管理办法》第二十七条规定，海关依法对需要进境动植物检疫审批的进口食品实施检疫审批管理。食品进口商应当在签订贸易合同或者协议前取得进境动植物检疫许可。目前，需要办理检疫审批的进口食品主要有：肉类产品；安全卫生风险较高的两栖类、爬行类、水生哺乳类动物以及其他养殖水产品；动物源性中药材；生乳、生乳制品、巴氏杀菌乳、以巴氏杀菌乳工艺生产的调制乳；燕麦、高粱、绿豆、豌豆、鹰嘴豆等杂粮杂豆以及番茄、茄子、辣椒等蔬菜。申请单位通过"进境动植物检疫审批管理系统"（通过"互联网＋海关"一体化平台登录）向海关提交申请材料。海关受理申请后，根据法定条件和程序进行全面审查，并作出准予许可或不予许可的决定。依法作出许可决定的，签发"进境动植物检疫审批许可证"。

②随附合格证明检查及单证审核

随附合格证明检查及单证审核指针对风险较高或有特殊要求的进口食品，进口商在进口食品申报时，按要求提交该批产品随附的合格证明材料，海关对相关证明材料进行验核检查。合格证明材料是境外生产企业、出口商或国内进口商根据中国法律法规、国际条约、协定和海关总署相关规定提供的证明材料，如出口国家（地区）主管机关出具的官方证书、产品检测报告或者自我合格声明等。

进口商根据海关规定，在进口食品申报时应提交必要的凭证、相关批准文件等材料，海关依法对以上资料的完整性、真实性及有效性进行审核。对于单证审核不符合要求的进口食品，不予受理申报。2018 年 8 月 1 日起实施的《关于检验检疫单证电子化的公告》（海关总署公告 2018 年第 90 号）明确了在向海关申报办理检验检疫手续时无须提交纸质单证的类别，并规定了不同单证类别的不同电子化提交方式。

③现场查验和监督抽检

A. 现场查验

海关对进口食品是否符合食品安全法律法规和食品安全国家标准等要

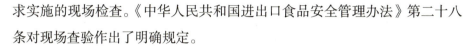

求实施的现场检查。《中华人民共和国进出口食品安全管理办法》第二十八条对现场查验作出了明确规定。

B. 监督抽检

监督抽检指海关按照进口食品安全监督抽检计划和专项进口食品安全监督抽检计划，对进口食品实施抽样、检验、处置等管理行为。《中华人民共和国进出口食品安全管理办法》第三十四条对监督抽检作出了明确规定。

进口食品的监督抽检比例是动态调整的，一般常规监管是全部食品按监管抽检计划实施。中国进口食品监督抽检的管理模式不断优化。以科学随机抽查掌控风险防控覆盖面，以精准布控靶向锁定风险目标，构建随机抽查与精准布控协同分工，优势互补的风险统一防控机制。科学随机抽查，通过统一的布控规则，无差别的随机抽查，具有覆盖全面、评估客观等优势。

（3）进口后监督管理

《中华人民共和国食品安全法》第九十八条规定，进口商应建立食品、食品添加剂进口和销售记录制度，如实记录相关信息，并保存相关凭证。海关部门根据需要对进口商记录和保存的进口和销售记录情况实施检查，是进口食品事后监管的重要手段。在充分评估食品安全风险的基础上，针对不同进口食品采取九种合格评定活动的不同组合，符合《中华人民共和国进出口商品检验法》和《TBT 协定》的规定。

另外，食品进口商一旦发现进口食品不符合法律、行政法规和食品安全国家标准，或者有证据表明可能危害人体健康的，应主动停止进口、销售和使用，实施自主召回，通知相关生产经营者和消费者，记录召回和通知情况，将召回、通知和处理情况向所在地海关报告。

3.4.4 中国出口食品监管

1. 中国出口食品安全治理理念

中国针对出口食品安全治理，秉承坚持多元共治、风险分析、事中事后控制、促进出口等四大原则。以目标市场质量要求为导向，建立以进口国家地区法规、标准为基础的出口食品农产品质量要求标准，建立以法规标准收集、信息咨询服务、管理制度指导等出口食品农产品质量服务保障机制。按照国内需求，加大对国外市场准入公关，技术性贸易措施应对等工作力度，为促进中国食品农产品出口，最大限度地扫清技术障碍。

2. 中国出口食品监管要求

中国出口食品管理制度主要涉及原料种植养殖环节、生产加工环节、出口检验检疫环节。原料种植养殖环节主要涉及出口食品原料种植养殖场备案制度。生产加工环节涉及出口食品生产企业备案制度和出口食品生产企业安全管理责任制度。出口检验检疫环节涉及出口食品检验检疫申报制度和出口食品抽查检验制度。

（1）原料种植养殖场和生产企业备案制度

中国对部分出口食品原料和出口食品生产企业实施备案制度，对于实施备案管理的出口食品原料和出口食品生产企业，应当向所在地海关进行备案。使用备案管理的出口食品原料作为主要加工原料的出口食品，其所使用的原料应该来自备案的种植养殖场。

①原料种植养殖场备案制度

对于需要实施备案管理的出口食品原料，出口食品企业需要建立食品原料种植养殖场备案制度。《中华人民共和国进出口食品安全管理办法》第四十条规定出口食品原料种植、养殖场应当向所在地海关备案。

《关于公布实施备案管理出口食品原料品种目录的公告》规定了需要实施备案管理的出口食品原料品种目录，包括蔬菜（含栽培食用菌）、茶叶、大米、禽肉、禽蛋、猪肉、兔肉、蜂产品、水产品。另外，该公告规定使用目录所列产品作为主要加工原料的出口食品，其原料种植、养殖场应当向所在地海关备案。

出口食品企业申请人可通过网上办理，登录"互联网＋海关"一体化平台，进入"企业管理和稽查"，或者登录"中国国际贸易单一窗口"办理。出口食品企业申请人也可通过窗口办理。

②出口食品生产企业备案制度

出口食品生产企业和出口食品原料种植、养殖场应当向海关备案。出口食品生产企业应当向所在地海关备案，备案程序和要求由海关总署制定。《实施出口食品生产企业备案的产品目录》规定了出口食品生产企业备案的产品目录。

目前，出口食品生产企业备案已由许可审批项目调整为备案管理，企业可按照《关于开展"证照分离"改革全覆盖试点的公告》（海关总署公告2019年第182号）附件2"出口食品生产企业备案核准"进行备案。出口食品生产企业备案核准主管司局为企业管理和稽查司。改革后，企业开展生产出口食品经营活动应持有营业执照并按要求进行备案，并取消了许可证有效期，改为长期有效。

出口食品生产企业的申请人通过中国出口食品生产企业备案管理系统向所在地主管海关提出申请并上传材料；申请人也可通过各主管海关业务现场窗口办理。主管海关对申请人提出的申请进行审核，对材料齐全、符合法定条件的，核发"出口食品生产企业备案证明"。

（2）出口食品生产企业安全管理责任制度

《中华人民共和国进出口食品安全管理办法》第四十四条对出口食品生产企业安全管理制度作出了规定。

（3）出口食品检验检疫申报制度

《中华人民共和国进出口食品安全管理办法》第四十八条、第四十九条和第五十二条规定，出口食品生产企业、出口商作为食品安全责任主体，按照规定向产地或者组货地海关提出出口申报前监管申请，产地或者组货地海关通过对出口企业监督管理、监督抽检、风险监测、综合评定和签发证书等环节实施现场检查和监督检查。

（4）出口食品抽查检验制度

出口食品经海关现场检查和监督抽检符合要求的，由海关出具证书，准予出口。具体要求体现在《中华人民共和国进出口食品安全管理办法》第五十一条、第五十三条、第五十四条和第五十五条。

3. 国外进口食品合规管理

出口食品企业在建立出口食品合规监管体系时，除了考虑中国出口食品管理要求外，还需要考虑目标国家（地区）对进口食品合规管理的要求。目标国家（地区）对进口食品的管理要求包括进口前合规要求、进口时合规要求和进口后合规要求。企业通过准确识别目标国家（地区）对进口食品的管理要求，明确出口合规管理的要点，才能实现出口合规。

（1）目标国家（地区）进口前合规要求

企业要保证符合目标国家（地区）"进口前"相关合规要求，需要对相关要求进行准确的识别，如国家（地区）准入合规要求、资质合规要求、产品合规要求和加工过程合规要求等。

①目标国家（地区）准入合规要求

国家（地区）准入合规，需要考虑中国是否在目标国家（地区）进口准入的国家名单中。以欧盟为例，欧盟发布的《供人类消费的动物源性食品具体卫生规定》[（EC）No 853/2004] 规定，向欧盟出口动物源性食品的第三国需要获得欧盟的批准，中国出口食品企业拟出口鲜鸡肉到欧盟，首先需要明确中国的鲜鸡肉是否在欧盟准入清单中。

《根据欧洲议会和理事会（EU）2017/625，制定允许某些人类食用的动物和物品进入欧盟的第三国或地区清单》[（EU）2021/405] 规定了经过批准的国家清单。该法规 Article 6 规定用于人类消费的家禽、肉鸡和野禽的鲜肉，只有来自根据《允许动物、生殖产品和动物源产品进入欧盟的第三国或地区清单》[（EU）2021/404]附件 XIV 授权加入欧盟并在《批准第三国根据理事会指令 96/23/EC 提交的残留监控计划》（2011/163/EU）中列出的第三国或地区，才可批准进入欧盟。

②企业资质合规要求

企业资质合规，需要考虑中国出口食品企业是否在目标国家（地区）进行了工厂注册。以欧盟为例，某鲜鸡肉生产企业想要向欧盟出口鲜鸡肉，明确国家在准入名单后，还需要明确该企业是否需要进行工厂注册。《供人类消费的动物源性食品具体卫生规定》[（EC）No 853/2004] 规定，向欧盟出口动物源性食品的境外生产企业需要获得欧盟的批准，欧盟批准的境外生产企业名单可以在欧盟网站进行查找。

中国出口企业要在目标国家（地区）进行工厂注册，则需要按照相关要求由中国海关总署进行推荐。针对中国出口食品生产企业申请境外注册，海关总署制定了《出口食品生产企业申请境外注册管理办法》，中国出口食品企业可根据该办法的具体要求进行申请。

③产品合规要求

产品合规，需要考虑企业拟出口产品是否满足目标国家（地区）制定的食品相关法律法规或标准要求，包括配方合规、产品指标合规和标签合规。

以美国为例，某企业拟向美国出口一款奶酪，产品指标合规需要明确产品相关理化指标是否符合美国食品相关的法规或标准。美国联邦法规《奶酪和奶酪制品》（21 CFR Part 133）规定了奶酪和再制奶酪产品标准要求，分别对奶酪和再制奶酪产品的定义、成分要求、水分含量、脂肪含量、标签等要求进行了规定。出口食品企业需要判定向美国出口的奶酪理化指标是否符合该法规的要求。

④过程合规要求

部分国家（地区）对进口企业食品加工过程有相应管理要求。加工过程合规，需要考虑中国出口食品企业的食品加工过程是否符合目标国家（地区）对进口食品加工的法规或标准的要求。

以美国为例，美国《联邦食品、药品和化妆品法》第415条要求向美国食品药品监督管理局注册的国内外食品设施必须符合美国联邦法规《美国食品良好生产规范、危害分析和基于风险的预防控制措施》（21 CFR Part 117）部分中基于风险的预防控制的要求，主要包括生产管理人员的资格、人员、工厂与地面、卫生操作、加工与控制等合规要求。

（2）目标国家（地区）进口时合规要求

进口时合规要求，需要考虑目标国家（地区）对进口食品清关所提交的文件、对进口食品查验的要求等，即进口流程过程合规。

①海关入境文件

以美国为例，在货物到达美国入境口岸之日起的15个日历日内，入境文件必须在港口主管指定的地点备案。其中，依据美国联邦法规《联邦进口牛奶法》（21 CFR Part 1210），进口生乳、奶油、炼乳等乳制品前必须获得许可证。另外，美国动植物检疫局规定低风险和获豁免的动物源成分和产品清单，清单要求动植物检疫局认可地区的乳及乳制品需要附有兽医证明等。

②海关检查

进口食品到达目标国家（地区）入境口岸时，需要接受目标国家（地区）对进口食品的检查，如果产品成分或者标签形式达不到要求，标签声明的内容不真实或有误导性，则产品将会被扣留甚至被拒绝入境。

以美国为例，食品药品监督管理局在收到海关的通知后，会对海关提交的文件进行审阅，如果食品药品监督管理局在审阅相关文件后，认为无须检查，会分别向海关和进口商发出放行通知。如果食品药品监督管理局决定要对货物进行抽检，同样会分别向海关和进口商发出抽样通知。抽样后食品药品监督管理局将样品送往所在地区实验室检验，符合法定要求，食品药品监督管理局会通知海关和进口商，同意放行被抽样货物；如果检验结果表明货物可能违反有关法规，食品药品监督管理局将发出扣留和听证通知。进口商必须在收到通知后在规定期限内提交辩护证据并在听证时进行做证，如果辩护证据不足以说明货物符合法定要求，食品药品监督管理局会发出拒绝放行通知。

（3）目标国家（地区）进口后合规要求

一些企业认为只要产品进入目标国家就大功告成，其实不然。要保证企业出口合规，还需要考虑目标国家（地区）流通市场类似产品的监管，包括目标国家（地区）对不合格产品的通报、产品抽检制度、产品召回制度等，及时对相应出口产品的合规作出调整，为降低出口违规风险提前做好部署，即"进口后"合规。

以欧盟为例，当欧盟成员国在市场上发现具有危害的食品时，会通过食品和饲料快速预警系统（Rapid Alert System for Food and Feed, RASFF），在48小时之内向欧盟委员会发布预警通报，欧盟委员会在24小时之内向各成员国发布预警通报，其他各成员国针对危害的食品及时制定相应的控制措施，防止危害的食品进入欧盟市场。

出口企业可关注欧盟食品和饲料快速预警系统通报情况，及时对通报信息进行研判，对拟出口产品进行提前预判。如，欧盟食品和饲料快速预警系统通报的韩国出口欧盟方便面中检出环氧乙烷事件。在欧盟，环氧乙烷是禁止使用的植物保护产品，欧盟法规《食品和饲料中农药最大残留限量》[（EC）No 396/2005] 制定了环氧乙烷在各类食品（每种食品类别下该物质的残留限量）中的农药残留限量。根据欧盟通报的方便面产品的预警信息，出口企业可识别相关风险（环氧乙烷），并对拟出口的方便面和原料进行相应的检测和控制。

第四章

新加坡食品监管体系与对比分析

4.1 食品安全法律法规标准体系

　　新加坡的法律法规类型主要分为宪法、议会法律、附属法、判例法和习惯法。宪法是新加坡共和国的最高法律。宪法规定了新加坡国家的立法、行政和司法机构及其职责。宪法设定国家机构的基本框架，具有最高的法律效力，是新加坡根本法。议会法律是宪法之下的第二层次的法律，通常规定国家的一些基本原则。附属法为议会法律之下的法律，主要规定了更加详细的管理和操作细节，包括条例、规定、公告、指令、通告、细则、枢密院令。判例法是基于法院的判决而形成的具有法律效力的判例，是新加坡最重要的不成文法。习惯法是独立于国家制定法之外，依据某种社会权威确立的、具有强制性和习惯性的行为规范的总和。了解了新加坡的法规类型，接下来我们来看一下新加坡各部门监管执行的食品安全法律法规体系。

4.1.1 新加坡食品局监管执行的法律法规

　　新加坡食品局（Singapore Food Agency, SFA）负责执行的法律法规有《新

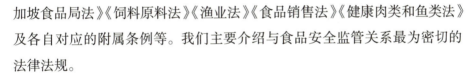

加坡食品局法》《饲料原料法》《渔业法》《食品销售法》《健康肉类和鱼类法》及各自对应的附属条例等。我们主要介绍与食品安全监管关系最为密切的法律法规。

1.《新加坡食品局法》及其附属条例

2019 年，依据《新加坡食品局法》，新加坡政府正式组建成立了食品局，2019 年 4 月 1 日之后，之前由农粮与兽医局（Agri-Food & Veterinary Authority of Singapore，AVA）、国家环境局（National Environment Agency，NEA）、健康科学局（Health Sciences Authority，HSA）分别负责的食品相关工作由该局承担。该法案明确了其机构职能、成员组成等基本信息，并规定了食品局的监管职能调整情况，对应废除或修订相关法案。食品局隶属环境及水源部，负责监管新加坡食品安全和供应保障，确保"从农田到餐桌"的整个流程都获得有效监控。食品局还负责监管本地 6 万多个食品制造商、中央厨房、餐饮供应商和餐馆等，以及食品安全及风险测试。《新加坡食品局（认证标志）条例 2019》是《新加坡食品局法》的重要附属条例，主要规定了相关证书的申请或更新、颁发或拒绝的相关要求，以及取消或暂停、不予转借、持有人变更通知等的相关要求。

2.《食品销售法》和《食品条例》

《食品销售法》是新加坡食品安全方面的基本法。该法旨在保证食品的安全和健康、防止销售或其他过程中使用对健康有害的物质，为生产经营提供依据。该法规定了严格的食品市场主体准入制度和食品市场质量安全准入制度，许可和登记注册工作程序和要求，检验检疫制度，公示制度，退市制度和处罚制度。

《食品条例》是新加坡汇集产品标准、安全限量标准、标签标示要求等的综合性法规，主要对一般食品和特殊食品的标签要求、一般食品的质量要求、辐照食品以及食品接触材料的一般要求等进行了详细规定，另有对应的 15 个附表，包括：营养标签，食品中添加剂、农药、微生物、污染物等的限量要求等。《食品条例》规定了包括乳制品在内的多类食品的产品标准，其中有关乳及乳制品的规定主要是《食品条例》第 93 条至第 125 条，主要涉及所列产品类别的理化指标、可添加物质等，第 93 条规定了原料乳的相关品质要求，第 251 条至第 254 条还对有关婴儿食品、婴儿配方食品、婴儿牛乳基配方食品的相关产品标准进行了规定。

3.《健康肉类和鱼类法》及相关条例

《健康肉类和鱼类法》规范了肉类屠宰及肉制品加工、包装、检验、进口、分销、销售、转运和出口的相关事项。

《健康肉类和鱼类（进口、出口和转运）条例》规定，被授权许可取得执照的商业注册公司或者符合注册法案的公司，获得的执照和许可证不得转让，许可进口或者转运肉制品和鱼制品需要提交文档。另外，对进口肉制品和鱼制品的检查程序、产品标签、出口卫生证书及惩罚行为均进行了规定。

4.《环境公共卫生法》及其相关条例

《环境公共卫生法》主要涉及新加坡对餐饮食品的管理要求，该法在规制餐饮消费环节食品安全的监管过程中，规定了严格的市场主体准入制度、质量监督制度、卫生要求守则等。该法第四部分规定了饮食店、市场、商贩的食品市场主体准入制度及食品市场具体实体性要求和程序性规范。

新加坡《环境公共卫生（食品卫生）条例》主要涉及餐饮食品安全的监管，共分三部分，分别规定了餐饮业相关术语定义，许可证的申请、形式、相关限制、例外说明、变更等，餐饮业食品卫生管理相关要求，附表还列出了相关冷冻食品存储保藏温度等要求。

《环境公共卫生（饮用水）（第 2 号）条例 2019》规定了适合饮用的水的评估、取样、测试和分析及相关质量要求。

4.1.2 卫生部在有关食品营养方面的文件要求

新加坡卫生部在食品安全监管方面没有特别重要的法规文件，主要是其下属的卫生促进局和卫生科学局对新加坡食品营养标签、更健康选择标志（Healthier Choice Symbol，HCS）、健康补充剂的规范管理。新加坡卫生促进局对食品营养标签及更健康选择标志制定了相关指南。

《营养标签指导手册》详细介绍了营养声称的定义、营养声称指南、使用更健康的选择符号等。该指南不适用于婴儿配方奶粉或其他供1岁以下的婴儿使用的任何食品。新加坡更健康选择标志是推荐性标志，只有经过卫生促进局批准，产品标签才能使用该标志。目前，卫生促进局为饮料、谷物和乳品等15类食品制定了标准。

卫生部和卫生促进局还宣布对新加坡销售的预包装饮料采取两项新措施：强制性营养标签和广告禁令。

在新的监管框架要求下，所有预包装的饮料都将带有颜色编码的营养摘要标签，称为"Nutri-Grade"，涵盖的预包装含糖甜饮料（Sugar-Sweetened Beverages，SSB）的范围将包括但不限于汽水、麦芽饮料、果汁饮料和果汁、发酵奶、速溶饮料等。

预包装的饮料将根据其糖分和饱和脂肪酸含量按营养阈值分级。Nutri-Grade标签仅对C级和D级饮料具有强制性。除了标签要求外，还将禁止在所有媒体平台上投放D级饮料的广告。

新加坡卫生科学局对健康补充剂的管理也制定了指南文件，包括推荐的产品标签信息、健康补充剂中声称的一般原则、药品广告控制等。健康补充剂作为日常饮食的一部分或没有定义剂量时由新加坡食品局监管，定义了剂量则由卫生科学局监管。其进口、生产和销售均不需经过卫生科学局的批准和许可，但卫生科学局规定了禁止在产品中添加类固醇等药物成分，设定了有毒重金属等的限制要求。为确保其产品的安全性,应满足有关标签、声称、广告促销及其他安全和质量标准要求。

4.1.3 食品局在有关食品标签方面的要求

新加坡食品标签通用管理法律法规为《食品销售法》及附属条例《食

品条例》。此外，新加坡还制定了一系列指南性文件来管理食品标签，有《食品标签和广告指南》《食品标签和广告上使用含有隐含权利要求标志的指南》《食品配料成分声称指南》《食品进口商和生产商的标签指南》。

（1）食品标签的一般要求。标签的基本原则包括：①标签上的食品信息应醒目、清晰易读、易于消费者理解；②禁止出现虚假或误导性声明；③标签要牢固地贴于包装上。

（2）强制性标示内容。根据新加坡《食品条例》和《食品标签和广告指南》，除个别获豁免的食物类别外，在新加坡出售的所有进口或当地生产的预包装食品都必须附有标签，其标签必须包含如下内容：①食品的通用名称或描述；②配料表（按重量比降序排列）；③含人工色素（102、FD&C Yellow #5）、柠檬黄的产品须特别标示；④净含量；⑤名称和地址：当地生产商、包装商或供应商（用于本地制造的食品），或当地进口商、经销商或代理商以及原产国名称（进口食品）；⑥过敏原：含有麸质的谷物，甲壳类及其制品，蛋类及蛋制品，鱼类及鱼制品，花生、大豆及其制品，树生坚果及坚果制品，奶类及奶制品（包括乳糖），浓度为 10mg/kg 或以上的亚硫酸盐；⑦营养成分表（仅在营养声称的情况下必须标示营养成分表）。

（3）语言要求。标签上的基本信息必须用英语声明。

（4）字体大小要求。印刷字母高度不小于 1.5 毫米。

（5）特定食品的标签要求。除了满足食品标签的一般要求外，新加坡对于部分特定食品亦有额外的强制标示规定。

（6）有效日期标示要求。根据新加坡《食品条例》，乳制品、果汁饮料、冷藏食品、婴儿食品、食用油、面粉等 19 类预包装食品必须标注有效日期。日期标记必须在包装上永久性标记或压印，字迹要清晰，字符高度不小于 3 毫米。日期标记不得以任何方式去除、更改、模糊、叠加或篡改。如果有效日期取决于其储存条件，则该食品的储存条件必须在标签或包装上注明。

（7）含甜味剂食品的标签。如果产品包含某些以最大允许含量添加的甜味剂（如乙酰磺胺酸钾、糖精等），则必须在标签中标示限制某些食品类别消费的建议性声明。

（8）某些食品类别的特殊标签。某些食品类别（如辐照食品、牛奶、果酒、预包装的食用油等）需要满足特定的标签要求。

（9）某些成分的预防或警告声明。包含某些成分（如蜂王浆、阿斯巴甜等）的食品需要贴上相关的预防或警告声明（如"警告：该产品可能不适用于哮喘和过敏的消费者"）。

（10）违反标签标识的相应处罚。销售未加适当标签的预包装食品，或对食品作出虚假或误导性的声明，均属违法行为。

4.1.4 财政部监管执行的法律法规

财政部在食品安全监管方面主要是通过下属海关参与执行，其负责执行的法律法规主要包括《进出口监管法》及其附属条例等。

《进出口监管法》明确执行进出口监管的部门为海关，同时规范了进出口登记、许可证发放、货物检查及违法处罚等流程要求。

4.1.5 文化、社区和青年部监管执行的法律法规

文化、社区和青年部下的伊斯兰教会负责执行的法律法规有《穆斯林管理法》及其附属条例等。

《穆斯林管理法》规定了伊斯兰教会的权利和义务、议会中议员的权利与义务、穆斯林法院、财政规定、清真寺与宗教学校、清真认证及相关事项。

《穆斯林监管法（清真证书）规定》规定了不同建筑面积的食品加工场所或餐饮机构等的周期性审核、使用指定清真认证标志的费用等，并明确规定清真证书不得随意转让他人。清真认证程序主要包括：查询、提交申请、处理申请、认证、检查更新等。

新加坡伊斯兰宗教委员会（Majlis Ugama Islam Singapura, MUIS）制定

了《清真食品预处理指南》，该指南明确了清真食品的原料使用和生产加工过程控制要求，还制定了可用于清真食品的《食品添加剂清单》、MUIS-HC-S001《清真食品处理和加工的一般准则》、MUIS-HC-S002《开发和实施清真质量管理体系的一般准则》。自 2010 年 1 月 1 日起，所有 MUIS-Halal（认证的申请人 / 证书）持有者还必须强制遵守 MUIS 清真食品质量管理系统（HALMQ）的要求。

清真认证在新加坡是自愿进行的，并不是强制性要求。以原样状态出售的进口清真食品需要具备由 MUIS 认可的国外清真认证机构签发的清真证书。MUIS 认可的国外清真认证机构清单是以数据库形式进行管理的，需登录 LicenceOne（新加坡政府在线系统）对应查询。

判断清真食品的依据为食品包装上是否有清真认证的标记。若食品包装上无清真认证的标记，则需要进一步检查其配料清单。如果所有配料均是清真的，则该产品属于清真食品；一种及以上配料不是清真的，产品不是清真食品；一种或以上配料清真身份可疑，则需向生产商咨询有关可疑配料的情况。

在新加坡，清真食品可来源于动物源（陆地动物和水生动物）、植物源、饮料，且清真食品的终产品中的酒精含量不应超过 0.1%。

在一些食品中，像发酵乳在发酵过程中乳糖分解为酒精和二氧化碳，产生的醇量在 0.2%—3% 的范围内，而一些宣称为非酒精饮料的葡萄酒、啤酒、烈酒等，虽大多数已经脱醇却无法完全去除酒精，法特瓦委员会规定这些食品是不允许穆斯林食用的。清真食品中禁止含有任何非清真食品或饮料，包括酒精饮料，该类食物被视为是饮食不洁食物。

Muis eHalal 系统（MeS）中的所有应用程序详细信息应始终保持为最新信息，包括产品名称以及原材料、加工助剂、添加剂、供应商和 / 或国外清真认证机构的详细信息等。

在清真食品认证后，必须始终遵守 MUIS Halal 认证条件，MUIS 和 MUIS

指定的代理人会在证书有效期内进行不通知的定期检查，如果在定期检查中发现不符合项，证书持有者应在规定的期限内采取纠正措施和任何其他必要的措施。如果有公众反馈，无论是通过投诉还是其他方式，清真证书持有人均应在 MUIS 提出书面要求后的 5 个工作日内向 MUIS 提供相关反馈问题的书面解释。

4.1.6 食品局在有关特殊食品方面的要求

新加坡《食品条例》规定：特殊用途食品是一种被命名或描述为特别适合需要特殊饮食的特定人群食用的食品。这类食品应由经过改性、制备或复合的食品成分组成，以便具有营养和吸收特性，使之适合需要特殊饮食的人群食用。特殊用途食品包括：糖尿病食品，添加了植物甾醇、植物甾醇酯、植物甾烷醇或植物甾烷醇酯的食品，低钠食品，无麸质食品，低蛋白食品，碳水化合物改性食品，低热量食品，能量食品，婴儿配方食品以及其他配方食品。另一类特殊食品为健康补充剂，类似于中国的保健食品，是一种功效超出正常营养素范围，可用于补充饮食、支持或维持人体健康功能的产品。该类产品必须以小剂量形式提供（如胶囊、软凝胶、片剂、液体或糖浆形式等），不包括注射剂或无菌制剂（如眼药水）、餐食、提供给动物的产品以及以食品和饮料形式存在的产品（如饼干、咖啡和果汁）。新加坡《食品和健康产品分类指南》中的"产品分类树"规定了产品的分类及其监管机构。食品和健康产品包括部分日常饮食、补充饮食和医疗用途产品，特殊用途食品属于部分日常饮食的产品范畴，由新加坡食品局具体监管。健康补充剂属于补充饮食中的定量食用的产品，即在特定的营养素缺乏时被用于提供正常饮食方式无法获得或不能充分获得的额外营养素，从而维持人体健康。

新加坡对健康补充剂的管理主要采取的是上市后的监管，其进口、生产和销售均不需经过卫生科学局的批准和许可。该类产品的经销商（进口商、制造商、批发商和销售商）有义务确保健康补充剂的安全性，而卫生科学局主要负责健康补充剂上市后的监管和不良反应监测。向新加坡出口的加工食品一般要提交相关监管文件，比如 HACCP（危害分析与关键控制点）证书、GMP（良好生产规范）证书、卫生证明、出口证明以及工厂营业执照。另外，新加坡对部分特定的特殊用途食品的进口有额外的监管要求。比如，婴儿配方食品等被列为高风险食品，该类产品的进口须符合新加坡特定食品的进口要求。婴儿配方奶粉和较大婴儿配方奶粉，需提交有关婴儿配方奶粉是在主管当局监管的场所下生产的文件证明；受口蹄疫影响或没有口蹄疫的国家，每批货物还需提交相应的健康证书。另外，每 6 个月还要提交一次有关化学和微生物测试的健康证明或制造商的质量控制报告。

4.2 食品安全监管体系

新加坡参与食品安全监管的部门主要包括：环境和水资源部、卫生部、财政部、贸易和工业部，以及文化、社区和青年部。

4.2.1 环境和水资源部

环境和水资源部包含 3 个法定机构：国家环境局、公共事业局及新加坡食品局。

新加坡食品局于 2019 年 4 月 1 日正式运营，它整合了之前国家发展部下属的农粮与兽医局、环境和水资源部下属的国家环境局及卫生部下属的卫生科学局有关食品监管的所有职能。整合后，新加坡食品局负责"从农田到餐桌"的食品安全体系的监管。新加坡食品局作为食品相关事宜的主管机构，全面负责新加坡食品安全和食品供应，研究和开发新的业务发展路线，促进产业升级。

4.2.2 卫生部

新加坡卫生部较少参与食品安全的监管，下属机构中与食品安全监管相关的是卫生促进局和卫生科学局。

1. 卫生促进局

按照《卫生促进局法》的规定，该局的工作职责包括：监控、调查和研究新加坡人民的健康和营养状态；鼓励和推动健康食物选择；确定、建立、推荐营养标准和膳食指南以及营养信息指南等。

2. 卫生科学局

卫生科学局主要使命是有效地管理健康产品，为司法部门服务，从而保障公众健康。其中保健品监管服务方面涉及食品安全相关事务，主要是对健康补充剂的广告、促销、健康声称等的监管，规定了健康补充剂的安全和质量标准、污染物等的要求。

4.2.3 财政部

财政部负责规范新加坡的经济结构及管理新加坡的金融机构，其与食品安全监管相关的机构主要是下属的新加坡海关。新加坡海关的主要职责为维护海关和贸易法，建立新加坡对外贸易体系的信任，促进贸易，保护税收，通过与政府机构和企业的合作，健全监管和有效执法来促进新加坡的对外贸易。

4.2.4 贸易和工业部

贸易和工业部与食品安全监管直接相关的机构包括新加坡企业局及转基因咨询委员会。

1. 新加坡企业局

新加坡企业局是稻米储备计划的行政部门，主要为进口商颁发许可证、处理进口许可证，并监管进口商的进口和储存执行义务，负责大米库存计划的管理以及库存和非库存大米进口商的许可。另外，作为国家标准化机构，新加坡企业局通过行业主导的新加坡标准理事会管理新加坡标准化工作。

2. 转基因咨询委员会

转基因咨询委员会负责监督和指导新加坡转基因生物的研究、开发、生产、使用和处理，为农业转基因生物和转基因生物研究制定了指导方针。该委员会为非监管的咨询委员会，所制定的指南没有法律效力，但在执行指南时，该委员会和卫生部等其他监管部门密切合作。

4.2.5 文化、社区和青年部

新加坡文化、社区和青年部负责对穆斯林事务等的管理，其中与食品安全监管密切相关的法定机构是伊斯兰宗教委员会。

新加坡伊斯兰宗教委员会为新加坡负责清真认证的唯一合法机构，负责颁发清真证书，并确保穆斯林法律在企业清真培训、生产、加工、储存、运输、销售和食品展示得到有效执行。

4.3 食品进出口监管体系

新加坡商业进口食品监管主要包括三个环节：进口前的监管、进口时的监管以及进口后的监管。进口前需要关注产品的准入要求，明确产品归类、按照不同产品类别申请注册或许可、确认符合产品标准和标签要求等。在符合进口前的相关要求后，在进口环节，会涉及相关产品的检验和文件审核等内容。按照新加坡食品局的卫生安全要求，进口食品可在新加坡市场正常流通销售，食品局也会进一步对进口食品的安全性进行监管。

4.3.1 进口前的监管

新加坡食品局将食品和食品产品分为不同的类别，每个类别均有适用的特定条件和要求。食品企业和贸易商应参考这些分类明确产品的归类和具体要求。目前，新加坡将进口食品分为：肉、鱼、新鲜水果和蔬菜、新鲜蛋类、加工蛋制品、加工食品等几大类。在向新加坡出口乳品前需了解该食品在新加坡的食品分类。对于乳品，新加坡将乳制品、婴幼儿配方奶粉等归类为加工食品，食品局也给出了乳品相关的产品代码和 HS 代码。需要注意的是，新加坡不允许进口液态生乳。

一般来说，向新加坡出口鱼肉类、新鲜水果和蔬菜、新鲜的食用鸡蛋需要获得新加坡食品局的许可证，而向新加坡出口加工鸡蛋、加工食品和食品器具需进行注册。新加坡食品局针对申请许可证和进行注册的途径、具体步骤和相关费用、更新及注销许可和注册信息等方面进行指导。

向新加坡出口食品时，需确保所有食品均符合新加坡食品相关法律法规要求。拟向新加坡出口的食品需遵守《食品销售法》《食品条例》中的相关要求，除此之外，还应查看其对应的相关附属条例。商业用途的进口预包装食品，也应符合新加坡食品局对有关食品标签、广告等的规定。

另外，转基因食品、辐照食品和乳制品（加工食品）的进口还需要满足其他要求。

对于转基因食品，新加坡尚未制定有关的法规要求，转基因食品或食品配料必须在进口前，向新加坡转基因咨询委员会提请进行安全性评估。之后，新加坡食品局将基于国际食品法典委员会的《DNA 重组植物源性食品安全评估指南》的要求，对转基因食品或食品配料进行进一步的安全评估。目前，新加坡食品局发布了"批准用作食品或食品配料的转基因作物清单"。

对于辐照食品，自 2011 年 4 月 15 日起，在新加坡进口和销售受电离辐照的食品不再需要许可证。但需满足两个条件：（1）电离辐照是按照《食品辐照处理操作规范》和《辐照食品通用标准》的要求进行的；（2）辐照食品符合《辐照食品通用标准》的所有要求。

在新加坡，对于加工食品而言，只要符合以下几点要求，任何国家或地区的加工食品均可出口到新加坡。

首先，拟出口到新加坡的加工食品是在出口国食品安全主管当局有效监督下，或具有新加坡食品局接受的质量保证计划的企业生产的，进口商或贸易商需要持有产品在规定场所、在卫生安全的条件下生产的书面证明，包括 HACCP 证书、GMP 证书、健康证明、出口证明、工厂许可证。

其次，将产品发送到认可的实验室进行分析。这一要求不是强制性的，但新加坡建议进口商将进口的产品送到经认可的实验室进行分析，从而对其进行质量控制检查。同时给出了有关认可实验室的列表，具体需访问新加坡认可委员会—新加坡实验室认可计划（SAC-SINGLAS）网站。

最后，提交高风险产品所需的文件。有些加工食品被列为高风险产品，因此在申请进口许可证时必须提交额外的文件，主要包括健康证明、实验室分析等。当然，对于这些高风险食品也需确保产品符合相关法规、指南中的食品配料、添加剂、标签、广告等的要求。

"特定食品进口要求"中涉及的乳制品主要包括以下几类：

（1）来自受口蹄疫影响国家的乳品，包含巴氏杀菌液态奶、奶油、酸奶、奶粉等，需提交有关乳制品是在主管当局监管的场所下生产的文件证明。每批货物需提交健康证明，证明乳制品原料经过下列程序之一：①超高温瞬时灭菌（Ultra High Temperature treated，UHT）（132℃，1s）；②若牛奶的 pH < 7.0，则灭菌过程应采用高温短时间巴氏杀菌（High Temperature Short Time，HTST）（72℃，15s）；③若牛奶的 pH ≥ 7.0，则使用 HTST 工艺两次。需提交的健康证明还应包括以下信息：①产品说明，包括品牌名称和产品性质；②适当单位的数量；③批号和生产日期；④制造商或加工企业的名称和地址；⑤进口商或收货人的名称和地址；⑥出口商或发货人的名称和地址；⑦派遣国；⑧目的国。

（2）来自无口蹄疫国家的巴氏杀菌液态奶，需提交有关乳制品是在主管当局监管的场所下生产的文件证明。每批货物需提交巴氏杀菌液态奶的健康证书，包括：①使用源自无口蹄疫国家的牛奶成分生产；②在最低温度72℃下加热至少15s或采用同等工艺进行巴氏杀菌。还包括健康证明等的相关信息。

（3）婴儿配方奶粉和较大婴儿配方奶粉，需提交有关婴儿配方奶粉是在主管当局监管的场所下生产的文件证明。没有口蹄疫的国家，每批货物需提交婴儿配方奶粉的健康证书，包括：①使用源自无口蹄疫国家的牛奶成分生产；②在最低温度72℃下加热至少15s或采用同等工艺进行巴氏杀菌。受口蹄疫影响的国家，每批货物提交健康证明，证明原料经过下列程序之一，包括：①超高温瞬时灭菌（UHT）（132℃，1s）；②若牛奶的 pH < 7.0，则灭菌过程应采用高温短时间巴氏杀菌（HTST）（72℃，15s）；③若牛奶的

pH ≥ 7.0，则使用 HTST 工艺两次。另外，每 6 个月还要提交一次有关化学和微生物测试的健康证明或制造商的质量控制报告。

（4）骆驼奶。出口国主管当局需一次性提交下列文件供新加坡食品局审议：①外国主管当局的国家食品检验认证制度情况；②证明该企业已由外国当局检查的文件证明，且每年提交国外主管当局检查报告；③证明产品是在主管当局规定的场所生产的文件证明（例如，制造商许可证的经核证的副本）。注册食品进口商须在进口前向新加坡食品局提交：①进行热处理的工艺流程图（一次性提交）；②每批货物的健康证明，证明骆驼奶已在最低 72℃ 的温度下加热至少 15s 或采用同等方法进行巴氏杀菌。

4.3.2 进口时的监管

在符合所有进口前规定后，可以在网上贸易平台申请进口许可证。新加坡食品局要求，不论何种运输方式，所有进入新加坡的食品和食品产品都要有进口许可证。申请程序主要包括 5 个方面：

（1）准备产品许可或注册编号、产品代码 /HS 代码以及出口国代码。

（2）在新加坡食品局指定的网上贸易平台申请进口许可证，将被分配唯一的参考编号。

（3）通过新加坡食品局指定的网上贸易平台在线提交申请和证明文件。

（4）获得新加坡海关和新加坡食品局的批准后，将获得货物清关许可证。

（5）打印并制作所需数量的货物清关许可证副本，用于边境检查站的货物清关、检查等。

有些进口食品在进入新加坡时还需要接受检验，拟进口的产品是否需要接受检验可参考货物清关许可证上注明批准的代码和信息。如果表明货物需要检查，则应进行预约。在产品检验过程中，需准备货物清关许可证、健康证明和其他进口证明文件的复印件，提交给新加坡食品局。

不符合新加坡食品局要求的寄售品不允许销售或分销，进口商将必须退回或处理这些货物。受放射性物质污染的货物必须由进口商退回或转口，不允许在当地处置。根据不符合规定的性质、来源，出口商可能被暂停向新加坡出口。

在新加坡食品局检验及化验所电子服务网可预约进口食品的检验，检验结果需向新加坡食品局查询获取，可参阅"食品进口检验电子服务指南"。

所有经新加坡进口、出口或转运的货物，均须经由获授权的码头及地点。获批准的许可证申请均有有效期，因此，须确保所出示的货物清关许可证的有效性。对于进口的货柜货物，在申请许可证时，必须提供货柜号码及托运人盖印号码。

4.3.3 进口后的监管

新加坡对于进口食品，同国内生产食品一样，也通过在线反馈的模式对其安全性接受公共反馈和举报。同时，新加坡也会关注其他国家或地区、公司等发布的召回、安全警报等信息，通过新加坡食品局网站发布对应的安全警报信息，确保不安全食品得到有效处理和监管。

在新加坡，除新鲜食用蛋类不需要提交食品召回计划，其他所有食品和食品器具进口商都应制订食品召回计划。食品召回计划详细说明了每种食品和食品器具进口商在食品召回期间应遵循的程序，且新加坡食品局要求首次延续注册/许可时需要提交食品召回计划，随后的延续要求每两年更新一次，并针对尚未制订食品召回计划的企业制定了可参考的"标准召回程序"。

4.4 中新对比分析

4.4.1 法律法规标准体系对比

1.体系构成

中国的食品安全法律法规体系共分为四个层次，分别为法律、法规、规章、规范性文件，另有部分强制性和推荐性标准；而新加坡主要包括两个层次：议会法律及其附属条例，另有部分推荐性标准。

法律层面：在中国，食品安全监管最重要的法律是《中华人民共和国食品安全法》，它是中国食品安全监管最基本的法律依据，是一切食品生产、经营活动必须遵循的基本法律。该法仅确立了保障食品安全各项制度的基本框架，对于法律内容的具体落实需要通过行政法规、规章、规范性文件等的形式体现。在新加坡，食品安全监管最重要的法律是《食品销售法》，它是主要依赖进口食品作为食物来源的新加坡的基本食品法律，该法律也在新加坡全国范围内强制执行。另外，新加坡与食品安全监管相关的法律还包括《健康肉类和鱼类法》《环境公共卫生法》等。

法规层面：中国的法规包括行政法规和地方性法规以及自治条例和单行条例。比如《中华人民共和国食品安全法实施条例》，是对《中华人民共和国食品安全法》条款的细化和补充，对于强化中国食品安全监管，提高食品安全水平起着重要作用。地方性法规以及自治条例和单行条例一般是确定某一地区食品安全监管基本思路和框架的文件，仅在本地区适用，例如《上海市食品安全条例》。而新加坡的法规文件相对比较单一，主要是议会法律授权的附属条例。比如《食品条例》就是新加坡最重要的食品安全法规，集合了有关产品标准、食品安全限量标准、标签标示等方面的所有基本要求。

规章方面：中国的规章包括部委规章和地方政府规章。部委规章由国务院各部委发布，各部委在各自职责范围内发布相关食品安全管理措施并组织实施。而此类文件在新加坡基本是由各监管执行机构负责监管并修订的附属条例。

规范性文件方面：中国的规范性文件主要包括通知、决定、规定、复函等，都是企业生产经营活动中需要遵守的法规文件。而在新加坡，这类文件也属于附属条例的范畴，主要包括：条例、规定、公告、命令、通告、细则、枢密院令和其他文书。

综上，中新两国的食品安全法律法规体系的基本构成整体一致，但具体体现形式和分类各有不同。中国具有层级结构和多种类别，涵盖了生产经营许可、标签标示、安全限量、声称要求等的各个方面。而新加坡相对单一，仅有国家层面的法律和法规。相较其为数不多的食品安全监管法律法规文件，新加坡制定了大量的指南文件并不定期更新，规范有关食品添加剂清单、生产许可、经营许可、标签标示、营养和健康声称等方面的细化要求。

2. 立法管理

中国食品安全法律、法规及标准的制定机构是由政府主导的，行业协会也发挥重要作用，参与国家和行业标准制定、修订工作，还可以制定发布团体标准，从而促进行业健康向上发展。新加坡的食品安全法律法规的制定主要是由政府主导的，部分行业协会参与推动相关立法，或者代表行业向政府发声，一般不直接制定法规或标准文件。

法律层面：在中国，法律主要由全国人民代表大会及其常务委员会制定，以主席令的形式颁布，在全国（港澳台地区除外）范围内强制执行。与中国类似，新加坡的法律文件由议会制定，在新加坡全国范围内强制执行。

法规层面：中国的法规包括行政法规和地方性法规。其中，行政法规由国务院制定，由国务院总理签发，在法规监管覆盖领域在全国（港澳台地区除外）范围内强制执行；地方性法规由各地方人民代表大会及其常务委员会制定，一般仅在本地区适用并强制执行。新加坡的法规主要是附属条例，一般是由政府各部门按其职责范围对应制定，相关文件在所覆盖的领域在新加坡全国范围内强制执行。

规章层面：中国的规章包括部门规章和地方政府规章。其中，部门规章一般由国务院各部委制定，在其覆盖监管的领域具有强制性要求；地方政府规章包括各地方政府发布的规章文件，主要是在国家规定的基础上进一步细化和制定适合本地区的管理制度，一般仅在本区域范围内具有法律效力。此类文件在新加坡主要由对应的政府部门制定。

规范性文件层面：在中国，规范性文件是各级机关、团体、组织制定发布的各类文件中最主要的一类，其内容具有约束和规范的性质，在中国食品安全法律法规体系中扮演重要角色。在新加坡，此类文件属于附属条例范畴，主要由对应的政府部门制定。

标准层面：在中国，在食品安全监管中，食品安全标准是强制执行的。除食品安全标准之外，其他涉及食品质量、规格等要求的行业标准，皆为推荐性标准，根据其类别，由不同的政府部门负责。在新加坡，标准主要由新加坡标准理事会主导，并鼓励利益相关方参与制定。一般涉及检测方法、产品质量、规格等方面的要求，新加坡标准一般自愿实施。

综上，在食品安全法律、法规和标准建设中，中新两国总体都是由政府主导，但中国的行业协会不仅参与立法和行业意见反馈，甚至直接制定和发布团体标准，在推动行业发展中有效整合行业和市场资源。新加坡的行业协会仅代表行业发声并推动立法，不直接主导法规等的制定，更多是在某一领域带动行业创新发展或进一步提供某些进出口贸易服务。

4.4.2 食品安全监管体系对比

2018 年中国国家机构改革，国家市场监督管理总局整合了原国家质量监督检验检疫总局和国家食品药品监督管理总局食品安全监管职能，并将原国家质量监督检验检疫总局检验检疫职责和队伍划归海关总署，食品安全向统一监管的模式又迈出了历史性的步伐，形成目前"分段监管为主，分类监管为辅"的局面。其中，农业农村部负责"三前"食品（在进入批发、零售市场或者生产加工企业之前的食品）的监管，国家市场监督管理总局负责流通领域餐饮、企业、市场的监管，海关总署负责进出口环节的食品安全监管。而有关食品安全的风险评估和风险监测则主要由国家卫生健康委员会主导。

2019 年 4 月 1 日新加坡机构改革完成，其食品安全的主要监管机构是环境与水资源部下属的新加坡食品局。其监管内容涉及种植养殖环节，流通领域的餐饮、企业和市场，以及食品的进出口环节，真正形成了"从农田到餐桌"的全流程监管体系。新加坡的食品安全风险评估包含两个层面：

一个层面是参考国际食品安全风险通行做法由东盟食品安全风险评估中心主导的区域风险评估；另一个层面则是新加坡食品安全局下属国家食品科学中心主导的基于其国内监管检测分析的风险评估。

综上，中新两国目前基本或已经处于"统一监管"的体系模式，监管体制基本趋于一致。但中新两国在实际国情、对食品的供给能力、实际的生产能力和技术能力等方面的差异导致目前"统一监管"体系的集约化程度不一样。中国机构改革和调整旨在加强和完善政府在经济调节、市场监管、社会管理、公共服务、生态环境保护方面的职能，结合新的时代条件和实践要求，着力推进重点领域和关键环节的机构职能优化和调整。而新加坡的机构改革旨在能更紧密地协调对食品相关问题的应对措施，包括产品追踪和召回，以及各种利益相关者和公众的参与，加强政府对食源性疾病暴发的管理，保证公众安全和健康。这样统一的管理机构有利于与食品企业一起协同作用，利用技术提高生产率，开发新的业务领域，促进行业转型。在不断提高新加坡多样化的食品供给来源的同时，努力提高部分本地食品的自我供给能力。

第五章

Chapter 5

美国食品监管体系与对比分析

5.1 食品安全法律法规标准体系

5.1.1 法律及法规

1.《美国法典》

《美国法典》（United States Code，USC）是美国法律的汇编。1926 年首次出版，1934 年更新后再次出版。此后，每 6 年经过更新后由国会众议院法律修订办公室出版。在 6 年更新再版期间，每年还会发布相关法律内容的最新补充信息。《美国法典》所含法律涵盖美国社会的方方面面。最新版本《美国法典》包含 54 篇，其中所收集的法律又分为确定法（positive law，即国会颁布的法律）及非确定法（non-positive law，即根据相关法律条款制定的法律）。

与食品安全相关的法律有《联邦食品、药品和化妆品法》（FFDCA）、《联邦肉类检查法》（FMIA）、《禽产品检查法》（PPIA）、《蛋制品检查法》（EPIA）、《联邦酒类管理法》（FAAA），分别归类于《美国法典》第 21 篇第 9 部分、

第 21 篇第 12 部分、第 21 篇第 10 部分、第 21 篇第 15 部分、第 27 篇第 8 部分。

2. 联邦法规

联邦法规（Code of Federal Regulations，CFR）是有关联邦政府行政部门（机构）法规及规定的年度汇编。联邦法规的目的是帮助读者全面准确了解联邦政府部门实施的法规及规定内容。联邦法规分为 50 篇不同内容，涵盖社会经济生活中各种行政管理规定所涉及的内容。联邦法规每年出版大约 200 卷篇幅（3 万多页文字内容）。每年 1 月 1 日出版联邦法规第 1 至 16 篇；4 月 1 日出版联邦法规第 17 至 27 篇；7 月 1 日出版联邦法规第 28 至 41 篇；10 月 1 日出版联邦法规第 42 至 50 篇内容。

有关食品安全法规规定内容主要位于第 9 篇（9 CFR Part 1~199：动物及动物产品）、第 19 篇（19 CFR Part 0~140：关税）、第 21 篇（21 CFR Part 1~299：食品、药品和化妆品）、第 27 篇（27 CFR Part 1~39：烟草、酒精和火器）。

5.1.2 食品相关法律

1.《联邦食品、药品和化妆品法》

《联邦食品、药品和化妆品法》是食品药品监督管理局（FDA）执法依据。该法于 1906 年颁布，由多达 200 种不同法律组成，是世界上最完整、最有效的公共健康安全法律保护体系之一。在长达 100 多年的发展过程中，经历多次修订和完善。其中，重要的修订分别是 1938 年因儿童用磺胺制剂事件（死亡 107 人）修订，1962 年因沙利度胺镇静剂事件（涉及欧洲多人死亡或致残）修订，以及 1976 年因医疗设备修正案（造成 731 人死亡）修订。

《联邦食品、药品和化妆品法》分 10 章，分别是第 1 章：简称（301 部分），第 2 章：定义（321 至 321d 部分），第 3 章：禁止及处罚条款（331 至 337 部分），第 4 章：食品（341 至 350I–1 部分），第 5 章：药品及医疗设备（351 至 360fff–7 部分），第 6 章：化妆品（361 至 364 部分），第 7 章：授权（371 至 379dd–2 部分），第 8 章：进出口（381 至 384g 部分），第 9 章：烟草产品（387 至 387u 部分），第 10 章：其他（391 至 399i 部分）。

2.《食品安全现代化法》

2011 年 1 月 4 日颁布的《食品安全现代化法》（FSMA）也是对 FDA 食品安全监管工作的一次重大修改。首次将 FDA "事后应对"工作方式转变为"事中处置"及"事前预防"的工作方式，同时，将 FDA 的口岸监管模式由原来的"口岸查验"单一模式转变为"境内外全程监管"模式，并借助其境外食品企业现场监督考核措施，实现了食品安全保障全程监管目标，从根本上扭转了 FDA 食品安全监管工作思路和做法。

《食品安全现代化法》要求 FDA 管辖的所有食品需建立并实施食品安全计划，计划的建立者还应参加 FDA 认可的培训活动。FDA 要求进口商对海外供应商进行一定验证，其对进口商的检查次数和频率取决于产品风险高低，并与国内的检查频次保持一致。FDA 增加了新的监管领域，包括饲料和宠物食品及直接食用的初级农产品（主要为蔬菜和水果）等产品，以及食品运输、第三方认证等环节。通过制订"国外供应商验证计划"，FDA 将进口食品监管重心由口岸向生产环节延伸，由产品检验向过程控制转变。FDA 已授权美国食品预防控制联盟（FSPCA）在全球范围内开展与《食品安全现代化法》相关的培训活动。实施整个《食品安全现代化法》及其配套法规的预算为 4.35 亿美元，其中一半来自美国国会。

《食品安全现代化法》中"国外进口商确认项目"（FSVP）明确指出"进口商承担着保障进口食品安全的首要责任";"进口商资质自愿项目"（VQIP），尽管属于收费项目，但在实施过程中得到 FDA 通关政策优惠，也得到食品进口商的青睐。

3. 与食品相关的其他法律

其他法律如《联邦肉类检查法》《禽产品检查法》《蛋制品检查法》分别制定了对肉类及其制品、禽肉制品和蛋制品的检查、加工和分销的监管要求;《食品质量保护法》主要对农业及食品中的农药残留限量进行规定，并对杀虫剂的注册和残留等要求进行了明确规范。

5.1.3 与食品相关的具体法规要求

1. 产品标准

（1）食品药品监督管理局监管产品

联邦法规第21篇第130至169部分规定了各种标准食品的质量要求，包括配料含量、加工过程、食品添加剂含量、标签等方面。涉及产品包括乳及乳制品、谷物制品、果蔬制品、蛋与蛋制品、鱼类与水生动物制品、可可制品、坚果、调味料等。

（2）农业部（USDA）监管产品

联邦法规第7篇第52部分、58部分及第810部分分别制定了加工水果和蔬菜及其相关产品、部分其他加工食品标准，乳品等级标准分级、谷物标准等要求，红酸樱桃罐头等级标准、枣等级标准和成熟橄榄等级标准，经批准的工厂及乳品等级标准的分级、检验和一般规定，对谷物术语定义、分级要求及等级名称、特殊分级要求和特殊等级名称等也作了规定。

联邦法规第9篇第319部分制定了各类肉制品（如生肉制品、香肠、午餐肉、特殊膳食肉类食品）等的产品标准。

（3）酒精和烟草税收贸易局（TTB）监管产品

联邦法规第27篇第19、24和25部分制定了蒸馏酒、葡萄酒和啤酒生产、加工相关规定。

2. 食品标签标识管理

食品标识管理是FDA管理食品安全工作的一个重要方面，其中食品营养标签、过敏原标注、功能声称、添加剂（包括色素）等是食品标签管理的重要内容。FDA要求"食品产品必须安全、健康并对食品产品进行正确标示"。

此外，按照《营养成分标签和教育法》（NLEA）要求，绝大多数食品必须具有营养成分标签，并要求所张贴的食品标签必须含有营养素含量说明，以及一些按规定展示的健康信息。食品行业必须遵守现行食品标签方

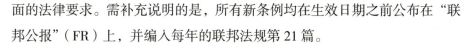

面的法律要求。需补充说明的是，所有新条例均在生效日期之前公布在"联邦公报"（FR）上，并编入每年的联邦法规第21篇。

3. 食品中通用限量

（1）食品添加剂

美国对色素和其他食品添加剂采取不同的管理措施。美国食品添加剂分为直接食品添加剂、次级直接食品添加剂、间接食品添加剂。

FDA负责食品添加剂安全使用管理工作。对于食品添加剂新的使用情况（该食品添加剂为已批准使用的食品添加剂），如用于新的食品或新的使用环境中，企业必须向FDA提出申请，并提供科学数据说明新的使用情况的安全性，获得FDA批准后，方可按照拟使用情况使用该食品添加剂。对于非直接食品添加剂（会间接进入食品中的添加剂），也适用于上述操作程序。

FDA批准食品添加剂使用时考虑以下因素：①添加剂物质的成分和特性；②正常消费产品的数量（所含添加剂量）；③直接的以及长期健康影响；④其他各种安全因素。总的来讲，食品添加剂使用属于严格监管内容，每种添加剂物质按照规定用途使用必须保证其安全性。

（2）一般认为安全的物质（GRAS）

在美国，没有新食品原料的概念，美国对食品原料的管理目前主要通过一般认为安全，即GRAS的途径进行管理。联邦法规第21篇第170.30部分规定，使用的物质可通过科学程序来判定是否属于一般认为安全的物质，而对于1958年之前的物质可根据食品中使用的经验来判定。可作为食品原料使用的各类产品列入美国联邦法规第21篇182、184、186部分。

（3）食品中污染物、农兽药残留等有害物

各种污染物的限量指标纳入联邦法规的仅饮用水中各类指标（21 CFR Part 165.110），以及关于多氯联苯的相关规定（21 CFR Part 109.30），大部分指标均以行动水平（Action Level）的形式在合规政策指南中进行规定。在没有确定的行动水平或容许残留量的情况下，FDA 可能会以污染物的最低可检测水平对产品采取法律行动，美国要求的最低检测水平为 0.01mg/kg。

美国没有制定专门的微生物限量标准，美国对食品中微生物限量水平控制是和良好生产规范、危害分析与关键控制点等结合起来管理的。具体的微生物要求在具体产品法规标准和合规政策指南中。目前 FDA 规定微生物限量的食品不多，主要有瓶装水（大肠杆菌）、乳制品、水产贝类、果蔬汁等。食品安全检验局（FSIS）主要规定肉禽及即食食品中微生物限量，另专门发布肉和禽类危害和控制导则，涉及各类微生物的控制措施。

美国农药残留的标准主要由环境保护署制定，发布在联邦法规第 40 篇第 180 部分。同时，FDA 对食品和饲料中的不可避免的农药残留制定了行动水平，发布在合规政策指南 CPG Sec.575.100。

美国在联邦法规第 21 篇第 530 部分发布了禁用兽药的物质清单，并在联邦法规第 21 篇第 556 部分发布了兽药残留限量的规定。

5.2 食品安全监管体系

美国联邦政府层面有多个联邦机构参与食品安全监管和执法。食品安全主要的监管机构有卫生与人类服务部下属的食品药品监督管理局、农业部下属的食品安全检验局和动植物检疫局、环境保护署、商务部下属的国家海洋和大气管理局、财政部下属的酒精和烟草税收贸易局及国土安全部下属的美国海关与边境保护局。这些部门主要按食品类别进行分工监管，并与各州政府共同监管美国的食品安全。

5.2.1 卫生与人类服务部

美国卫生与人类服务部（DHHS）是维护美国国民健康，提供公共服务的联邦政府行政部门。卫生与人类服务部有 11 个运营部门，包括 8 个美国公共卫生服务机构和 3 个人类服务机构。其中主要负责食品安全监管的机构为食品药品监督管理局。

食品药品监督管理局是卫生与人类服务部下属的负责美国国产和进口食品、化妆品、药品、生物制剂、医疗器械以及放射性产品安全的监管机构，由 9 个中心级组织和 13 个总部办公室组成，主要负责除肉类、禽类和蛋制品之外大部分食品（包括瓶装水和酒精含量低于 7% 的饮料）的安全监管工作。

食品药品监督管理局通过食品安全和应用营养中心（CFSAN）对食品安全开展监管工作。该中心负责：确保美国食品供应的安全卫生性、营养全面性及标签标识正确性；规范色素和食品添加剂，进口食品和使用生物技术制成的成分的安全性；负责制定食品、膳食补充剂、婴儿配方食品及医疗食品营养标签和标准方面的政策与法规；制定良好生产规范和良好农业规范及其他生产操作标准；为某些食品设定微生物限量标准；对食品生产设施和食品存储地点进行检查；收集并评估食品样本及食品企业的管理规范。

食品药品监督管理局的兽药中心（CVM）负责确保兽药和添加药物的饲料在目标用途领域的安全有效性，以及相关动物源产品人类食用的无害性。该中心负责兽药残留的制定、修订工作，并通过规范肉类和乳类产品中的有害物质残留限量来确保此类食品的供应安全。

5.2.2 农业部

美国农业部主要负责农产品及各种作物、畜牧产品的计划、生产、销售、出口等安全管理工作；对农产品贸易进行监督及确保市场的稳定性；适时制定增产或限产措施；预防国外动植物疾病入境等。其下属涉及食品安全监管的部门主要为食品安全检验局和动植物检疫局。

食品安全检验局（FSIS）为美国农业部负责公众健康的机构，根据《联邦肉类检查法》《禽产品检查法》《蛋制品检查法》规定，确保美国国内生产和国外进口的肉类、禽类和蛋类制品的安全、健康，以及正确标示和包装，同时负责管辖产品的进境口岸查验工作。具体产品举例，如含肉类或家禽肉的汤料、比萨饼及冷冻食品；蛋类加工产品（通常为液态、冷冻和经干燥杀菌的蛋类产品）。

动植物检疫局（APHIS）负责监督和处理可能发生在农业方面的生物恐怖活动、外来物种入侵、外来动植物疫病传入，还负责野生动物及家畜疾病监控等。动植物检疫局在美国食品安全网中的主要角色是保护动植物的健康，免受病虫害的侵袭。在进口方面，动植物检疫局的职责是对到港的进口动植物进行抽查，以确保其符合动植物检疫局有关防疫要求。

5.2.3 财政部

美国财政部的使命是维持强劲的经济动力并为经济发展及拓展就业机会创造良好的条件，促进美国本土经济健康稳定发展，对美国财政实施有效管理。

美国财政部下属的酒精和烟草税收贸易局（TTB）主要负责酒类及酒精饮料的监管工作，确保从业人员资格齐全，保护公众健康。

5.2.4 国土安全部

美国国土安全部（DHS）负责整合联邦、州、地方机构资源，从而确保关键基础设施和关键资源免遭蓄意袭击，该部与农业部、食品药品监督管理局以及其他联邦、州和地方机构密切合作，确保国家的食品供应安全。

美国海关与边境保护局（CBP）是国土安全部下属的最庞大复杂的机构之一。根据《2002年公共卫生安全和生物恐怖防范应对法》，该机构官员有权对可疑货物进行全面检查和取样检查工作。

5.2.5 环境保护署

美国环境保护署（EPA）主要职责是防止农药等对环境和公众健康产生不良影响，制定食品中农药的残留限量标准，同时还负责饮用水的安全管理。其主要监督管理手段包括：制定饮用水安全标准；对毒性物质和废物进行环境和食品链监督管理；协助州政府监测饮用水质量并预防饮用水

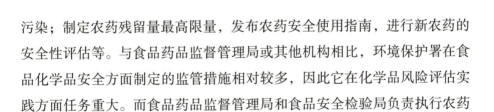

污染；制定农药残留量最高限量，发布农药安全使用指南，进行新农药的安全性评估等。与食品药品监督管理局或其他机构相比，环境保护署在食品化学品安全方面制定的监管措施相对较多，因此它在化学品风险评估实践方面任务重大。而食品药品监督管理局和食品安全检验局负责执行农药残留限量标准。

5.2.6 商务部

美国商务部（DOC）主要负责发展国内商业以及与其他国家开展贸易合作等工作，并负责海洋及航运方面的事务，协助多边贸易谈判及营造美国企业公平竞争环境。

商务部下属的国家海洋和大气管理局（NOAA），主要通过提供一个自愿的海鲜检验计划对渔船、海鲜加工厂和零售设施进行检查和认证，制定海洋类食品的检查程序用以确保美国境内所售的海洋食品的质量与安全，并通过非强制性分级、标准化及检查检验等程序对出口海产品进行质量监督。

5.3 食品进出口监管体系

5.3.1 食品进口监管体系及要求

美国进口食品的监管流程大致分为进口前监管、进口时监管。进口前，主要看进口商和企业的准备。进口商涉及兽医许可证、牛奶和奶油制品进口许可和国外供应商验证计划；企业需要进行企业注册；如果进口的是低酸和酸化食品，该食品也需要进行注册。进口时，需要美国当地的代理商或进口商准备好预先通知的资料，FDA 需要对产品进行进口检查。

1. 进口前的监管

关于企业注册。联邦法规第 21 篇第 1 部分规定：对于生产、加工、包装贮存食品的国外工厂，如果向美国出口食品，则必须进行企业注册。FDA 对所有生产婴儿配方食品的工厂进行年度检查。FDA 也在早期的食品生产过程中检查新的企业设施。作为检查的一部分，FDA 收集并分析婴儿配方食品的样本。FDA 的检查方式分为现场检查和文件检查。

FDA 的现场检查主要包括检查设施布局（查看平面图、布局是否合理）、仓库、生产车间、储存场所和实验室。FDA 的文件检查包括检查质量系统、厂房设施、生产系统和实验室。质量系统检查主要包括检查标准作业程序及其实施情况，如是否按照标准作业程序进行相关的调查，并采取有效的整改和预防措施。厂房设施检查主要关注企业是否有良好的厂房和设备设施维护保养计划，并通过检查相关记录来评估是否按计划进行日常维护。生产系统检查主要是检查生产流程、工艺控制等程序的制定和执行情况，检查生产记录是否合规。实验室检查主要是检查实验室的管理和控制相关活动的书面批准文件及是否严格执行文件要求。

（1）低酸和酸化食品

如果进口食品符合低酸或酸化食品的定义，需要额外进行低酸罐装食品注册和酸化食品注册。其中，低酸的定义是 pH 大于 4.6 且水活度（aw）大于 0.85，酸化食品的定义是 pH 小于 4.6 且水活度大于 0.85，如果符合这两个条件需要分别进行低酸和酸化食品注册。具体可查看美国联邦法规《酸化食品》（21 CFR Part 108.25）、《包装在密封容器中的低酸食品的热处理》（21 CFR Part 108.35）、《密封包装的经加热处理过的低酸食品》（21 CFR Part 113）和《酸化食品》（21 CFR Part 114）。

登记 / 注册时先取得一个 FCE 号（一种用于标识罐头食品生产企业的注册号），这是一个企业专有的号码。每个品种、每个规格、每个罐型都要进行登记，各取得一个 SID 号（低酸罐头和酸化食品 FDA 登记号）。登记信息包括机构名称、营业场所和地址、加工方法、食品清单等。

（2）兽医许可证

在美国当地的进口商，如果食品含有动物源性成分，如奶粉，则需要办理兽医许可证。联邦法规第 9 篇第 122.2 部分规定，"未经许可，任何生物体或载体不得进口到美国"。但是，根据联邦法规第 21 篇第 102 部分的规

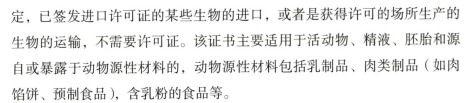

定，已签发进口许可证的某些生物的进口，或者是获得许可的场所生产的生物的运输，不需要许可证。该证书主要适用于活动物、精液、胚胎和源自或暴露于动物源性材料的，动物源性材料包括乳制品、肉类制品（如肉馅饼、预制食品），含乳粉的食品等。

（3）国外供应商验证计划

美国《食品安全现代化法》第 301 部分要求进口商具备国外供应商验证计划（Foreign Supplier Verification Program，FSVP）。进口商必须确保其国外供应商生产食品的方式能够提供和美国同等的健康水平，并确保食品没有掺假，也没有贴错标签。进口商必须确保他们仅从经过批准的国外供应商进口食品，在必要时也可临时从未经批准的供应商处进口食品，但食品在进口前必须经过充分的验证。验证程序涉及现场审核、采样和检测、审核供应商的记录和其他相应的措施。

国外供应商验证计划的目的是确保进口食品的安全，确保要进口的食品生产工艺和流程符合美国的法律法规要求。FDA 可现场检查进口商并查阅与国外供应商验证计划相关的文件，进口商可以以电子方式提交。没有国外供应商验证计划的食品不可以入境。

（4）FDA 要求的第三方认证

美国《食品安全现代化法》授权 FDA 认可第三方认证机构实施食品安全审核和签发证书。企业需要经过第三方认证机构的批准后获得食品安全审核证书，而第三方认证机构需要经过 FDA 的认证，FDA 可以直接来认可第三方认证机构，同时也可以撤销第三方认证机构和直属认证机构。

第三方认证包括食品认证和企业认证。食品认证是指获得认可的第三方认证机构依据《联邦食品、药品和化妆品法》规定，在完成一系列合规性审核的活动，确定有资质实体的食品是否满足相关要求后出具的证明。企业认证是指满足《联邦食品、药品和化妆品法》的规定，在完成一系列合规性审核活动，确定企业是否满足法规规定的相关食品安全要求后给企业出具的证明。第三方认证不能代替 FDA 现场检查。

（5）进口时需要注意的特殊事项

①新婴儿食品配方通知

《联邦食品、药品和化妆品法》要求负责生产婴儿配方食品的人员在销售婴儿配方食品前至少 90 天提交相关信息。上述信息必须包括定量配方和婴儿配方食品满足《联邦食品、药品和化妆品法》规定的质量和要求的证明，否则不一定能上市，此外还要包括加工符合良好生产规范的保证。FDA 建议进口商注册和新婴儿配方食品的注册同时提交，这样有利于 FDA 审核。负责生产新婴儿配方食品的人员需提交一份书面证明，以证实该配方食品符合《联邦食品、药品和化妆品法》的要求。这份书面证明应在首次生产后和新婴儿配方食品进入州际商业市场前提交。

②新膳食成分的申请

《联邦食品、药品和化妆品法》和联邦法规第 21 篇第 190 部分规定，含 NDI（新膳食成分）的膳食补充剂，上市前需要进行膳食补充剂新原料备案。在产品上市前 75 天，生产商或分销商应向美国 FDA 下属机构食品安全和应用营养中心标签和膳食补充剂办公室提交相关信息资料，资料包括为支持结论而引用的文献、生产商或分销商的名称和地址、膳食补充剂新成分含量。资料需要一份原件和两份复印件，在线提交和书面提交方法可在 FDA 官网中找到。

2. 进口时的监管

进口到美国的所有食品，包括以邮寄的方式寄去的食品，都要提交进口食品的预先通报或通知（Prior Notice）。预先通知需要提交的资料包括：个人姓名及其公司地址、电话号码和电子邮件地址，以及提交公司的名称和地址（如适用）、入境类型、美国海关与边境保护局条目识别码等。预先通知审核通过后，FDA 将回复包含有预先通知确认码（Prior Notice Confirmation，PNC）的信息。其中，在提交进口食品的预先通报时，需报告食品货物被其他国家拒绝入境的情况。如果食品到达港口并且没有预先通报则可能会被拒绝入境。

（1）自动扣留

在某些情况下，外国产品一进入美国海关就遭到扣留。这种对进口产品未进行实际检验而实施扣留（DWPE）的管理行为，通常称为自动扣留，其依据是以往的历史记录或者其他表明产品可能违规的信息。"自动扣留"是 FDA 对进口食品实施管理的一项主要措施，简而言之，就是被 FDA 宣布为自动扣留的货物，运抵美国口岸时，必须经美国实验室检验合格后，方允许放行进入美国境内销售。

①自动扣留的原因

A. 至少有一个样品经检验发现对人体健康有明显危害，如有害元素、农药残留量超标、致病微生物、化学污染、含有未经申报批准的成分（如色素）等。

B. 如果有资料或历史记载，或接到其他国家有关部门的通告，表明某一国家或地区的产品有可能对人体健康产生危害，并经 FDA 对上述消息来源进行评估，确认该类产品在美国也可能造成同样的危害，则 FDA 也可宣布对此类产品采取自动扣留措施。

C. 虽然有多个样品经检验不合格，但对人体不存在明显的健康危害，如变质异味、掺假、标签不合格等，可按以下三种情况分别对生产商、出口商或国家（地区）宣布采取自动扣留措施：

a. 如果某生产企业或出口企业的输美产品，在最近 6 个月中至少有 3 批次产品被 FDA 检查时发现不合格，且不合格样品超过被检样品的 25%，则 FDA 将对该生产企业或出口企业输美的此类产品采取自动扣留措施；

b. 如果某个国家或地区的输美产品，在最近 6 个月中至少有 12 批货物被 FDA 检查时发现不合格，且不合格样品超过被检样品的 25%，则 FDA 将对该国或地区输美的此类产品采取自动扣留措施；

c. 如果某一生产企业或出口企业的输美产品超过一种，且在最近 6 个月中有 6 批货物（不论是否为同一产品）被检查发现不合格，且不合格样品超过被检样品的 25%，则 FDA 将对该生产企业或出口企业的输美产品采取自动扣留措施。

②扣留解除

根据 FDA 自动扣留措施的有关规定，在 FDA 宣布自动扣留措施后，如果连续 5 批次产品经美国当地实验室检验合格，并经 FDA 审核同意放行，则该生产企业或出口企业可向 FDA 提出申请，要求解除对其实施的自动扣留措施，同时还需附上每次检验合格的证明及 FDA 的放行单，如获审查通过，则可将该生产企业或出口企业列入解除自动扣留的名单中。

从宣布自动扣留到解除自动扣留，这个过程中所需经历的程序十分复杂，时间长短不定，需要多方面的文件资料进行支持，比较困难。

（2）拒绝入境

拒绝入境是由单次扣货导致的。FDA 对于检验有问题的产品会采取扣留措施，对经过修复仍不能达到有关要求的产品则拒绝其进入美国市场。拒绝进口报告（Import Refusals Report，IRR）反映的就是最终结果是产品被 FDA 拒绝的情况。FDA 收集整理数据，每月公布拒绝进口的产品信息，包括国别、生产厂家及其地址、进口号码、产品编号、日期、产品描述、拒绝原因等。

拒绝入境是针对某个具体的批次不合规货物而言的。货物被拒绝入境后，该记录不可撤销。如果货物被拒绝入境，进口商必须在 90 天内在 FDA 及海关与边境保护局的监督下出口或销毁该货物。

5.3.2 食品出口监管要求

1. 食品出口证书

FDA 负责对出口商颁发食品出口证书，该食品出口证书主要是确保出口的产品符合进口国的法律法规要求。FDA 对不同的食品签发不同类型的

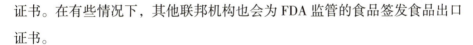

证书。在有些情况下，其他联邦机构也会为 FDA 监管的食品签发食品出口证书。

FDA 颁发的出口证书分为三种：

（1）"国外政府证书"适用于符合美国法律法规的食品、食品添加剂和婴儿配方奶粉。该证书证明一种或多种产品可以在美国销售并合法出口。这种证书的费用为第一个证书 175 美元，第二个证书 155 美元，用于响应同一请求颁发的相同产品的证书，后续证书 100 美元。这种证书接受在线申请。

（2）"可出口性证书"适用于不能在美国合法销售但符合《食品和饮料法》要求可以出口的普通食品和婴儿配方奶粉产品。费用同上。

（3）"免费销售证书"仅适用于膳食补充剂、医疗食品和特殊饮食用途的食品。此证书 FDA 不收取费用。

注意：含有 N- 乙酰 -L- 半胱氨酸（NAC）的产品不符合"膳食补充剂"的定义，因此不应包含在内。然而，标有膳食补充剂的含有 NAC 的产品可能有资格获得不同的证书，以便于出口。要申请标签为含有 NAC 的膳食补充剂的产品的特定出口证书，需提交美国病理家协会（CAP）申请。

2. 食品出口清单

对于某些出口食品，一些外国食品安全机构要求以公开的合格出口企业名单的形式进行认证。为确保食品出口清单保持最新，出口管理办公室每两年通知一次被列入清单的企业更新并重新向出口管理办公室提交申请，以核实其列入清单的信息，并表明希望继续被列入清单。未更新及重新提交的企业将从清单中删除。企业可以在任何时候申请出口企业名单资质处理申请单（ELM）并被列入清单，FDA 会滚动处理 ELM 申请。但是，最终的列入决定由进口国 / 地区的主管当局作出。进口主管机关可以扣留或拒绝在企业正式列入清单之前的产品。

5.4 中美对比分析

5.4.1 法律法规标准体系对比

1. 体系构成

美国食品安全法律体系主要分为以下三个层次：一是联邦法律（Act），通常由美国国会议员单独或联名提出，经国会批准，由总统签发；二是联邦法规，根据已颁布的相关法律，国会授权相关联邦政府机构制定对已颁布法律的执行条例；三是联邦政府相关机构下发的规范性文件，如指令、通知、合规指南等。美国食品安全法律体系属于英美法系，包括各种制定法，也包括判例，而且判例所构成的判例法在整个法律体系中占有非常重要的地位。

中国食品安全法律法规分为四个层次，即法律、法规、规章、规范性文件。中国食品安全法律体系属于大陆法系，为成文法系，其法律以制定法的方式存在，包括立法机关制定的各种规范性法律文件、行政机关颁布的各种行政法规以及本国参加的国际条约，但不包括司法判例。

与美国等大多数国家不同的是，中国对于食品安全的基本要求是以食品安全标准的形式作出规定，而美国则是在联邦法规中以技术法规的形式体现。

2. 立法管理

美国实行三权分立的政治体制。美国国会（包括众议院和参议院）行使美国的最高立法权。美国食品安全法律通常由国会议员单独或联名提出，或者由美国邦联政府相关部门提出，经国会批准，由总统签发，法律生效后，美国联邦政府相关部门就起草制定相关配套法规，对《美国联邦法典》相关章节内容进行增补、修订或删除。

中国食品安全法律由全国人民代表大会常务委员会通过后，由国家主席签发，行政法规由国务院总理以国务院令形式予以公布实施，部委规章由相应部委发布实施，地方性法规和规章由地方人民代表大会或地方政府部门发布实施。

3. 行政管理

美国食品安全相关机构，如美国农业部下属的食品安全检验局、卫生与人类服务部下属的食品药品监督管理局发布的规范性文件、通知等属于行政机关的管理措施。对国内生产的不合格食品的召回和对进口食品的扣留检查等均属于美国联邦政府管理措施。

中国国务院下属部委等部门所制定的规章，如总局令、部令、公告、风险警示通知等都属于行政机关管理措施，如海关总署关于公布《中华人民共和国进口食品境外生产企业注册管理规定》的令。

5.4.2 食品安全监管体系对比

1. 监管模式

美国联邦机构对管辖范围内的事务实行从上到下的"一揽子"垂直管理，其中食品药品监督管理局及食品安全检验局对各种食品实行的是"从农田到餐桌"的全程监管。这种管理方式避免了各环节间的脱漏或重复，防止了由于管理缺位导致一个环节出现问题就影响到整个食品行业情况的发生。

与美国相比，中国食品安全施行分段管理的模式，进出口食品环节由海关总署下辖的出入境检验检疫部门负责监管。近年来，出入境检验检疫部门基本建立了基于风险分析且符合国际惯例的进口食品安全监管体系，对进口食品从入境前准入、入境时查验和入境后监管三个环节进行管理。同时，按照"预防为主，全过程监控"原则建立了"从田间食品原料生产，到工厂加工生产过程监管，再到出口前抽样检验"全过程的出口食品质量监管体系。

2. 追溯管理

美国食品的可追溯制度分为生产环节的可追溯制度、包装加工环节的可追溯制度和运输销售过程的可追溯制度。食品的可追溯制度形成了一个完整的链条，在任何一个环节出现问题，都可以追溯到上一个环节，直至找到发生问题的环节。

中国食品安全法也对食品企业的追溯管理做了要求，制定了相关的推荐性标准。

3. 召回管理

美国食品召回制度的法律依据主要有《联邦食品、药品和化妆品法》《联邦肉类检查法》《禽产品检查法》《蛋制品检查法》《消费者产品安全法》等法律法规。以健全和层级分明的法律制度规定了召回的管理机构、召回类型、召回程序，具有较强的权威性和约束力，另外还有配套的指南手册，对于食品召回的程序严格、可操作性强，有效地保障了食品安全。美国食品召回根据食品类型不同，由专门政府机构负责。

中国食品召回的主要依据是《食品召回管理办法》，内容包括以下几方面：一是强化食品安全风险防控；二是强化企业主体责任落实；三是强化依法严格监管。

5.4.3 食品进出口监管体系对比

1. 食品进口

（1）准入制度

中、美两国依照国际惯例，均对肉类、蔬菜、水果等高检疫风险的进口食品实行基于风险分析的检验检疫市场准入措施，即根据出口国申请和本国适当的保护水平，进行官方监管体系考核，开展风险评估，确定允许进口的条件，直至与出口国政府主管部门签署相关产品的检验检疫议定书。

（2）备案制度

美国要求所有向其出口食品的国外企业必须向其官方进行注册，注册制度囊括了近乎所有的食品种类。2011年美国颁布的《食品安全现代化法》要求，境外食品经营企业必须每两年重新注册一次，而且要求的注册信息更为全面。美国还对国外食品生产企业实施强制性检查制度，并且在输美食品比较集中的国家设立 FDA 驻外机构进行定期检查，输美食品生产企业如果不接受检查，其食品将不被允许进入美国。

中国对境外食品生产企业实施注册管理。对境外食品出口商或代理人和境内食品进口商或代理人实施备案制度，开展进口食品贸易前，境外食品出口商或代理人和境内食品进口商或代理人应向海关部门备案。依据《中华人民共和国进口食品境外生产企业注册管理规定》《中华人民共和国进出口食品安全管理办法》的要求，在境外生产企业注册方面，中国对进口食品境外生产加工企业实施注册管理，依据产品品类不同分为推荐注册和自行注册两种情况。国外对华出口的食品生产企业须获得注册后，方可对华出口。

（3）预申报制度

美国对进口食品实施预申报制度，要求每批输美食品必须在抵达美国口岸前提前 8 小时至 5 日内通过网络系统向 FDA 通报。预申报信息不符合要求的将被拒收，相应食品将被扣留在口岸进行检验。与美国相比，中国并没有设定进口食品预申报制度，仅要求在食品到达口岸后持相应单证进行申报。

（4）进口查验制度

根据美国《联邦食品、药品和化妆品法》及相关法律规定，食品进口时接受 FDA 的检查。FDA 以风险分析为基础建立进口食品查验模式，力求以最少的资源投入达到最有效的管理，通过风险分析使得管理工作更有侧重点，做到有的放矢，把更多的人力物力投入高风险的产品中去。具体来说，就是根据各种食品安全风险因素，确定进口食品是否需要实施口岸查验，以及查验的频次和项目。其查验模式分为直接放行、抽查、自动扣留三种。通过实施这种查验模式达到"让更多良好的货物快速通关，让更多问题产品进入监管视线"的目的。

《中华人民共和国食品安全法》规定，"国家出入境检验检疫部门对进出口食品安全实施监督管理"。《中华人民共和国进出口商品检验法》规定，"商检机构和经国家商检部门许可的检验机构，依法对进出口商品实施检验"。据此，中国海关依法在口岸对进口食品逐批实施检验检疫，检验检疫内容涵盖验证、查验、抽样检验等，只有经检验检疫合格后方允许进口。对于进口食品发现的问题，除及时进行处理外，还及时发布警示通报，采取快速反应措施，并及时通报有关国家和地区。除日常检验检疫工作外，海关还对进口食品实施监控制度，对检测标准规定以外的项目，制订监控计划，通过监控及时发现存在的风险并采取措施。

2. 食品出口

除非输入国家有特殊要求，美国对出口食品和国内销售食品采取同样的监管模式，其特点是，监管机构聘用专家，食品安全检查官进驻检查，强制执行可追溯制度，重视食品安全标准的研究制定，实行产品召回制度，消除产品在生产和销售中的不安全风险。一是建立覆盖全国的立体监管网络；二是确立易发生食品安全问题的环节与关键控制点；三是对食品生产全过程进行层层把关，全程监管；四是强制企业必须建立产品可追溯制度；五是实行产品召回制度；六是高度重视食品安全标准的研究与制定工作。

中国出口食品的检验检疫监管建立在国内食品安全监管的基础之上，概括起来讲包括"一个模式，十项制度"。"一个模式"就是出口食品的"公司＋基地＋标准化"生产管理模式；"十项制度"包括：对种植养殖基地实施检验检疫备案管理制度、疫情疫病监测制度、农兽药残留监控制度、卫生注册制度、企业分类管理制度、高风险食品大型出口生产企业驻厂检验检疫官制度、对出口食品的法定检验检疫制度、质量追溯与不合格品召回制度、风险预警与快速反应制度和对出口食品企业实施红黑名单制度。

5.4.4 《食品安全现代化法》的实施对中国的影响

1. 对中国输美食品贸易的影响

《食品安全现代化法》及其配套法规提出了更高的安全卫生标准和更严

的监管措施要求，要求企业必须制订并实施食品安全计划，这与我国输美企业所执行的 HACCP 等食品安全监管体系相比在风险预防控制措施、运输卫生要求、防止蓄意掺杂等方面存在差异。另外，由于调整和适应新法规要求有一个过程，而《食品安全现代化法》仅对销售额小于 100 万美元的极小型企业和全职员工少于 500 人的小型企业设置可过渡期，因此，短期内对我国输美贸易便利性造成影响。

2. 对中国输美食品企业的影响

一是导致运营成本增加。据 FDA 估计，每个输美食品企业为符合《食品安全现代化法》要求而进行的软硬件改造、人员培训等费用将增加 20% 左右的运营成本；而《国外供应商验证法规》《认可第三方认证法规》及与其配套的《自愿合格进口商计划》等的实施，都将间接导致输美食品企业成本上升。此外，一些无法满足《食品安全现代化法》要求的企业将逐步被美国市场所淘汰。

二是促进管理水平提升。从过往经验来看，出口食品企业特别是经历过欧盟、日本、韩国等官方检查的出口食品企业，较早接触并接受国外先进管理理念，多数已成长为行业龙头企业，对地方经济快速发展和企业管理整体水平的拉动、提升作用突出。《食品安全现代化法》的许多新规定、新要求体现了现代食品安全管理的先进理念，通过落实这些要求，也将倒逼我国出口食品质量安全管理水平的整体提升，推动我国进一步健全食品安全管理制度，全面落实主体责任。

3. 对中国出口食品监管工作的影响

在《食品安全现代化法》框架下，所有食品输美企业必须自行在网上完成信息登记，FDA 通过现场检查、进口商验证、第三方审核等方式对这些企业进行评估，据此在口岸采取分类管理措施，形成完整监管闭环。我国食品输美企业将面临美国 FDA 和进口商的双重检查，且检查频次和检查标准显著提升，FDA 的这种监管模式未充分考虑并发挥出口国（地区）的官方监管作用，对食品输美企业形成了事实上的双重监管，增加了企业运营成本，造成大量资源浪费，不利于各国在监管领域的合作和提升监管效能，也不利于促进国际贸易健康发展。

4. 对中国认证认可服务市场的影响

《食品安全现代化法》建立了完全独立的第三方认可规则。FDA 明确表示，HACCP、ISO22000、GAP 等现行国际上普遍认可的食品农产品认证模式不能直接等同《食品安全现代化法》要求的"食品安全认证模式"，这对全球食品认证认可服务行业形成了强有力的挑战和冲击。若输美食品贸易相关的认证认可工作均按照《食品安全现代化法》的第三方认可规则执行，主导权将完全取决于美方安排，这将对我国食品出口企业的认证认可工作带来冲击和影响，将挤占我国在认证认可国际舞台的话语权。

5. 对中国食品安全顶层设计的启示

《食品安全现代化法》所提倡的现代化食品安全治理理念对我国实施"食品安全战略"，加快完善食品安全监管制度，健全严密高效、社会共治的食品安全治理体系具有重要的借鉴意义，也将在以安全的食品促贸易方面给予我们更多启示。

《食品安全现代化法》综合了预防为主、过程控制、多元共治等先进的监管理念，与《中华人民共和国食品安全法》预防为主、风险管理、全程控制、社会共治的四项原则不谋而合。《食品安全现代化法》及其配套法规文件的许多具体做法和标准要求值得我们借鉴应用并推广，这也将加速我国食品安全监管体制的改革进度和力度。此外，在进口食品安全监管方面，《食品安全现代化法》启示可通过完善各项规章制度，将总体责任配置给出口国政府，将主体责任配置给国内进口商和境外生产企业，充分体现事先预防、事中控制、事后反应的全供应链治理理念。

第六章

欧盟食品监管体系与对比分析

6.1 食品安全法律法规标准体系

6.1.1 法规类型

欧盟法规包括法规（Regulation）、指令（Directive）、决议（Decision）、建议（Recommendation）和意见（Opinion）。

法规亦称共同体法律，由欧盟理事会和欧洲议会联合批准，具有普遍约束力，直接适用于欧盟各成员国，即一旦在欧盟层面制定，则成为各成员国法的一部分，不需要也不允许各成员国立法机构转化为国内法规。

指令由欧盟理事会和欧洲议会联合批准，规定了所有欧盟成员国必须实现的目标，要求欧盟成员国必须制定本国的法规来实现这些目标，至于采取何种形式及方法将其转化为自己国内的法律，则由各成员国自行决定。

决议是由欧盟理事会和欧洲议会共同批准或由欧盟理事会单独批准的对特定对象具有直接全面约束力的一类法律文件，其发出的对象可以是成员国，也可以是自然人或法人。

建议和意见仅仅是欧盟委员会或欧盟理事会就某个问题提出的看法，作为欧盟立法趋势和政策导向，供成员国参考，不具有强制效力。

6.1.2 法律法规

欧盟食品安全法律法规以《食品安全绿皮书》和《食品安全白皮书》为框架，以《通用食品法》[（EC）No 178/2002] 为基础，以食品卫生系列措施和食品安全技术法规具体规定为补充，构成了欧盟"从农田到餐桌"整个食品链的食品安全法规体系。

1. 食品安全框架及基本法

《食品安全绿皮书》对欧洲共同体过去的食品法规的变化趋势给予了客观评价，提出了欧洲共同体层面的食品法规基本原则和职责要求不明确，法规内容零散、缺乏核心，因此，欧洲议会要求对立法框架作出改进。《食品安全绿皮书》对欧洲共同体食品立法的前景给出建议，为欧盟食品安全法规体系确立基本框架奠定了基础。

2000 年 1 月 12 日，《食品安全白皮书》对欧盟的食品安全法规体系进行了完整的规划，并提议建立欧洲食品安全局，在食品立法当中始终贯彻"从农田到餐桌"的理念，积极倡导以预防为主要原则，坚持风险分析和产品可追溯性，确立了食品和饲料经营者对食品安全负有主要责任。《食品安全白皮书》为欧盟食品和动物饲料生产、食品安全控制提供了全新的法律基础。

2002 年 1 月 28 日，欧洲议会和欧盟理事会发布了《通用食品法》[（EC）No 178/2002]，规定了大的原则性内容，例如建立了食品和食品安全的通用定义，明确了欧盟食品安全总的指导原则、方针和目标，规定经营者要对食品安全负责，保证食品符合法规要求，成员国要按照统一要求制定相关管理和处罚措施，建立食品追溯和召回制度等。《通用食品法》[（EC）No 178/2002] 的制定为之后制定欧盟食品安全相关法规提供了法规基础。

2. 食品卫生系列措施

为了进一步完善欧盟立法，为《通用食品法》[（EC）No 178/2002] 制定相关细则，欧盟发布了《食品卫生法规》[（EC）No 852/2004]、《供人类消费的动物源性食品具体卫生规定》[（EC）No 853/2004]，并于 2006 年 1 月 1 日生效。为有效控制欧盟成员国及第三国食品卫生安全，欧盟发布了《为确保饲料和食品法、动物健康和动物福利规则、植物卫生和植物保护产品规则的应用而进行的官方控制和其他官方活动》[（EU）2017/625]，该法规废止了先前的《人类消费用动物源性食品官方控制组织的特殊规定》[（EC）No 854/2004] 和《确保对食品饲料法以及动物卫生与动物福利法规遵循情况进行验证的官方控制》[（EC）No 882/2004]。

《食品卫生法规》[（EC）No 852/2004] 规定了食品卫生的最低要求，食品企业必须遵守法规附录要求的卫生规范的各项内容，主要包括：①企业经营者承担食品安全的主要责任；②从食品的初级生产开始确保食品生产、加工和分销的整体安全；③全面推行危害分析与关键控制点；④建立微生物准则和温度控制要求；⑤确保进口食品符合欧洲标准或与之等效的标准。

《供人类消费的动物源性食品具体卫生规定》[（EC）No 853/2004] 规定了动物源性食品的卫生准则，制定了包括乳制品、蛋及蛋制品、水产品、肉类及其产品等 16 种食品卫生方面的标准，是《食品卫生法规》[（EC）No 852/2004] 的补充，适用于加工前或加工后的动物源性食品，不适用于含有植物性成分及经加工的动物性成分的食品。该法规规定：①动物源性食品的工厂和设施必须在欧盟获得主管机关的批准和注册；②必须是欧盟许可清单中的产品类别；③加贴符合法规的食品识别标识。

《为确保饲料和食品法、动物健康和动物福利规则、植物卫生和植物保护产品规则的应用而进行的官方控制和其他官方活动》[（EU）2017/625] 涵盖了由国家执法部门进行的官方控制，以确认在一些领域遵守农业食品链规则，建立了一个基于风险的控制系统，使国家执法机构能够在最需要的地方进行控制，并且包括了对从初级生产者到零售商和餐饮业者以及动植物育种者、种植者和贸易商的所有食品和饲料业务进行官方管制的规定，并对动物源性食品、复合食品的控制及进口流程等方面的要求进行了相关规定。

《人类消费用动物源性食品官方控制组织的特殊规定》[（EC）854/2004]规定了对动物源性食品实施官方控制的规则，其主要内容包括：①欧盟成员国官方机构实施食品控制的一般原则；②食品企业注册的批准；对违法行为的惩罚，如限制或禁止投放市场、限制或禁止进口等；③在附录中分别规定对肉、双壳软体动物、水产品、原乳和乳制品的专用控制措施；④进口程序，如允许进口的第三国或企业清单。

《确保对食品饲料法以及动物卫生与动物福利法规遵循情况进行验证的官方控制》[（EC）882/2004]是一部侧重对食品与饲料，动物健康与福利等法律实施情况监管的条例。它提出了官方监控的两项基本任务，即预防、消除或减少通过直接方式或环境渠道等间接方式对人类与动物造成的安全风险；严格食品和饲料标识管理，保证食品与饲料贸易的公正，保护消费者利益。官方监管的核心工作是检查成员国或第三国是否正确履行了欧盟食品与饲料法、动物卫生与动物福利法规所要求的职责，确保对食品饲料法以及动物卫生与动物福利法规遵循情况进行核实。

《关于供人类消费的动物源性产品的生产、加工、销售及引进的动物卫生法规》（2002/99/EC）要求各成员国2005年前转换成本国法律。该法规提出了动物源性食品在生产、加工、销售等环节中的动物健康条件的官方要求。法规中还包括了相关的兽医证书要求、兽药使用的官方控制要求、自第三国进口动物源性食品的卫生要求等。

《欧盟饲养动物保护公约》（78/923/EEC）规定了与动物福利有关的人员应当遵守的"最低标准"。具体规定按照三个阶段划分：饲养阶段的管理、运输阶段的管理和屠宰阶段的管理。饲养阶段的动物福利主要体现在动物福利的基本原则即"五大自由"原则中。"五大自由"是指动物要享有：不受饥渴的自由、生活舒适的自由、不受痛苦伤害的自由、免受精神上的恐惧压力的自由和表达天性的自由。生产阶段的饲养动物福利法规内容分为《家畜在内的饲养动物类保护一般规定》（98/58/EC）、《蛋鸡保护的最低标准规定》（1999/74/EC）、《猪保护的最低标准规定》（91/630/EEC）和《育肥牛保护的最低标准规定》（91/629/EEC）。运输阶段中的动物福利主要有：运输工具要安装必要的温度、湿度和通风调节设备；运输动物的车辆须保持清洁，对运输工具要及时进行消毒，并要按时给动物喂食和供水；运输中要按时休息，运输时间超过 8 小时就要休息 24 小时等。屠宰阶段中的动物福利内容在《屠宰和销毁处理时的动物保护规定》（93/119/EC）中有规定，包括：屠宰动物时要有兽医在场进行监督，屠宰工人必须具备熟练的技术和专业知识；屠宰动物时必须先使动物昏迷，在很短时间内放血；屠宰时要采用危害分析与关键控制点来衡量和检测屠宰过程等。

《饲料卫生要求》[（EC）No 183/2005] 对动物饲料的生产、运输、存储和处理作了规定。饲料商应确保投放市场的产品安全、可靠，而且对其负主要责任，如果违反欧盟法规，饲料商应支付损失。

除上述基础性的框架、法规等规定外，欧盟分别在涉及一般性的卫生、食品添加剂、食品接触材料等方面制定了具体的要求。这些具体规定分别以横向、纵向的方式不断完善欧盟食品安全管理的主要内容，从而形成了纵横交错的"从农田到餐桌"整个食品链的食品安全法律法规体系。

3. 食品安全技术法规具体规定

（1）生物污染因素

食品中生物污染因素包括细菌、病毒以及由于天然毒素导致的污染。欧盟对食品中生物污染因素的管理充分体现了"从农田到餐桌"的思想，对食品链的所有环节进行整体管理。欧盟法规规定了食品卫生的最低要求，并在此基础上有相应的官方管理措施检验企业是否符合法规；企业应在建立 HACCP 的基础上执行食品安全项目，对整个生产过程进行控制，减少潜在的生物危害。如《食品微生物标准》[（EC）No 2073/2005] 规定了食品中微生物限量，适用于整个货架期的产品，对某些重要的食源性细菌及其毒素和代谢物规定了食品安全限量标准；（EC）No 2160/2003 规定了沙门氏菌和其他动物源性致病菌的控制。

（2）化学因素

欧盟对食品中化学污染物的管理主要包括农兽药残留和食品中的污染物。（EC）No 37/2010 对兽药残留限量进行了规范。

法规《食品和饲料中农药最大残留限量》[（EC）No 396/2005] 通过制定多个附录来实现农药残留的管理，并且表明如果一种农药未在任何附录中进行规定，则使用 0.01mg/kg 的默认最大残留限量。

（EC）No 1881/2006 涉及重金属、真菌毒素、二噁英和多氯联苯等 17 类污染物的残留限量的规定。

欧盟对于食品添加剂则通过多个法规进行综合管理：（EC）No 1331/2008 规定了食品添加剂、酶制剂和香料的一般审批程序，（EC）No 1332/2008 规定了食品用酶制剂的管理，（EC）No 1333/2008 规定了酶制剂和香料以外的食品添加剂的管理，（EC）No 1334/2008 规定了香料及相关配料的管理，（EC）No 2065/2003 规定了食品中使用的烟熏香料的要求，（EC）No 1925/2006 规定了食品中添加维生素、矿物质及其他特定成分的要求，2009/32/EC 规定了食品和食品配料生产使用提取溶剂的要求。

（3）食品接触材料

（EC）No 1935/2004 为欧盟食品接触材料的框架法规，该法规共列举了 17 类材料和制品，要求对这 17 类材料、制品以及复合物、生产中使用的回收材料和制品制定专门的管理要求。但目前仅制定了以下几种材质的法规要求：（EU）No 10/2011（塑料及其制品）、（EC）No 450/2009（接触性活性和智能材料及物品）、（EC）No 282/2008（再生塑料）、2007/42/EC（再生纤维素膜）、84/500/EEC（陶瓷）。对特定物质还制定了具体的管理要求，如 93/11/EEC（亚硝胺类）、1895/2005/EC（环氧衍生物）。

（4）食品营养和标签

欧盟食品标签的要求包括了通用食品标签的要求及特定食品类别标签的要求。

通用食品标签的要求在《向消费者提供食品信息的规定》[（EU）No 1169/2011]进行了规定，规定了食品标签的一般要求、强制标示的食品信息等，强制要求非预包装食品提供过敏原信息，对多数预包装食品要求提供一定的营养信息。

特定食品类别标签的要求在具体产品法规中进行了说明，如《有机生产及有机产品标签》[（EC）No 834/2007]、《关于咖啡提取物和菊苣提取物的欧洲议会和欧盟理事会指令》（1999/4/EC）等。

对于所有的营养和健康的声称需注册后方能使用。《食品营养和健康声称》[（EC）No 1924/2006]规定营养声称如低脂肪、高纤维，健康声称如维生素D是儿童正常发育所需的营养物质，都是在注册清单中才可以进行声称，声称只要保证所表达的意思和法规中的相似即可，并在（EC）No 1924/2006中给出营养声称清单，在（EC）No 432/2012中给出健康声称清单。

（5）相关产品

相关产品包括乳品、果蔬、肉品、婴幼儿配方食品、特殊医疗用途食品、控制体重代餐食品、新资源食品、转基因食品、辐照食品等。

①乳品、果蔬、肉品

在《建立农产品共同市场组织》[（EU）No 1308/2013]的规定要求下，2001/114/EC对供人类食用的某些部分或完全脱水保存乳品的定义及具体产品要求进行了规定；（EU）No 543/2011对水果和蔬菜的一般市场标准、新鲜水果和蔬菜的市场标准及检查符合市场标准的要求进行了规定；（EC）No 543/2008对禽肉产品的市场标准进行了规定。

②婴幼儿配方食品、特殊医疗用途食品、控制体重代餐食品

（EU）No 609/2013 对婴幼儿配方食品及较大婴儿配方食品、加工谷物基食品及婴儿食品、特殊医疗用途食品和控制体重代餐食品的具体成分和信息要求进行了规定；（EU）2016/127、（EU）2016/128、（EU）2017/1798 分别对（EU）No 609/2013 中的婴幼儿配方食品的具体成分和信息要求及关于婴幼儿喂养的信息要求、特殊医疗用途食品的具体成分和信息要求、控制体重代餐食品的特定成分和信息要求进行了补充，其中（EU）2016/128 规定了特殊医疗用途食品分为全营养配方食品、特定全营养配方食品、非全营养配方食品三类，并对特殊医疗用途食品的维生素和矿物质含量、活性物质的残留限量等进行了规定。2006/125/EC 规定了谷物加工食品和婴幼儿食品的具体成分和信息要求，2002/46/EC 规定了可用于膳食补充剂的维生素和矿物质。

③新资源食品、转基因食品、辐照食品

对于新资源食品，（EC）No 2015/2283 规定了在欧盟市场投放新资源食品的规则及新资源食品的授权程序等，（EU）2017/2470 中给出了新资源食品清单，包括新资源食品的规格要求、使用条件、最大使用量等；对于转基因食品，（EC）No 1829/2003 规定了转基因食品及饲料管理的法规框架，（EC）No 1830/2003 规定了转基因食品及饲料的可追溯性及准确标示；对于辐照食品，1999/2/EC 制定了各成员国对辐照处理食品及配料的规定，1999/3/EC 建立了可通过离子辐照处理的食品及食品配料清单。

6.2 食品安全监管体系

目前欧盟总部设在比利时首都布鲁塞尔，由欧洲共同体发展而来。该联盟现拥有 27 个成员国，正式官方语言有 24 种。欧盟各成员国实施欧盟关于食品安全的统一规定，并结合各国实际建立相应的食品安全监管体制。在欧盟内部，并存着两个法律体系，一个是具有主权的各个成员国的法律，

另一个是欧盟自己的法律体系。最终形成了欧盟立法、国家执法的欧盟主导下的多层食品安全监管体系。

　　欧盟食品安全监管机构的框架分为决策、立法和执行三个层面。其中欧洲理事会为欧盟最高决策机构，欧盟理事会和欧洲议会是欧盟立法机构，欧盟委员会是常设执行机构，欧洲食品安全局独立于其他部门为欧盟委员会提供食品安全方面的科学意见和建议。

6.2.1 欧洲理事会

　　欧洲理事会主要由欧盟各成员国的首脑组成，又称首脑会议，负责确定大政方针，是欧盟的最高决策机构，但是没有通过法律的权限。每次理事会举行后，轮值主席公布会议决定，这些决定随后必须向欧盟委员会以提议的形式提出，然后由欧洲议会表决。只有在欧洲议会表决通过之后，这些决定才会具有法律意义。

6.2.2 欧盟理事会

　　与欧洲理事会不同的是，欧盟理事会由欧盟各成员国部长组成，因此又称部长会议，是欧盟最高的权力机构。它是欧盟主要决策机构之一，同时也是立法机构之一，拥有欧盟立法权，修订和通过欧盟法律，协调政策，在许多领域与欧洲议会共同立法。

6.2.3 欧洲议会

　　欧洲议会是欧盟执行监督、咨询的机构，在某些领域有立法职能。欧盟理事会在对欧盟委员会提出的议案作出最后决定之前，还必须征求欧洲议会的意见。涉及食品安全的框架法规一般由欧盟理事会和欧洲议会联合制定，如《通用食品法》[（EC）No 178/2002] 就是由欧盟理事会和欧洲议会联合制定的。

6.2.4 欧盟委员会

　　欧盟委员会是欧盟的常设执行机构，担负着组织实施的重要职能，在欧盟理事会和欧洲议会批准框架指令后，欧盟委员会负责根据框架指令制定实施的具体政策，并向欧洲理事会和欧盟理事会提出报告和立法动议。欧盟委员会也是欧盟唯一有权起草提案的机构，其下属的健康与食品安全署（SANTE）是负责食品安全监管的重要部门。如《食品和饲料中农药最大残留限量》[（EC）No 396/2005]附件中农药最大残留限量的修订，就是由该部门进行的。

健康与食品安全署主要负责起草食品安全领域相关的法令和法规，与成员国协同保障欧盟食品安全，监督各成员国法规的执行情况，开展食品安全风险的快速预警与突发事件的处理等工作。

健康与食品安全署下属包括资源管理与监管办公室，公共卫生知识与危机管理办公室，食品链及国际关系办公室，食品和饲料安全办公室，健康、食品审计与分析办公室，食品、动物危机管理办公室等，涉及食品安全的重要部门为食品和饲料安全办公室，健康、食品审计与分析办公室，食品、动物危机管理办公室。

其中食品和饲料安全办公室及食品、动物危机管理办公室负责食品安全政策法规的制定，包括农兽药残留标准、食品加工技术和新资源食品的相关要求、动植物健康福利和动物疾病控制的相关措施的制定，还包括预警和追溯体系的管理等。主要涉及四个保护领域。

（1）食品卫生："从农田到餐桌"的食品企业（包括向欧盟出口食品的企业）必须遵守欧盟食品法。

（2）动物健康：对宠物、农场动物、野生动植物监测，并追踪所有农场动物的活动。

（3）植物健康：及早发现消除有害生物可防止扩散并确保种子健康。

（4）污染物和残留物：监测使污染物远离食品和动物饲料，可接受的最大限量适用于国内和进口的食品和饲料产品。

健康、食品审计与分析办公室，负责欧盟食品相关法规的执行，对成员国及第三国的执行情况进行审计。主要通过审查、控制和现场检查等方法，来确定欧盟成员国及向欧盟出口的第三国是否在食品生产的所有环节都严格遵守欧盟的食品安全质量标准。每年健康、食品审计与分析办公室都会制订一个检查计划，确定要优先检查的范围和国家，该计划在其官方网站上予以公布。

6.2.5 欧洲食品安全局

根据《食品安全白皮书》的建议，2002年，欧盟成立欧洲食品安全局（European Food Safety Authority，EFSA），对食品供应链中涉及的风险进行评估，提供独立的科学意见，并将此意见作为风险管理决策的基础。另外，欧洲食品安全局还在收集和分析数据方面发挥重要作用，以确保欧洲风险评估得到最全面的科学信息的支持。但是，欧洲食品安全局并不具备法律法规的制定权，食品的风险管理决策权仍然归属于欧盟理事会、欧洲议会、欧盟委员会等机构。

6.3 食品进出口监管体系

6.3.1 进口食品管理模式

欧盟对食品生产企业采取备案和注册的管理模式，备案企业只需将相关信息向主管部门报备即可，对于需注册的企业主管部门则需实施现场的检查，经检查认为需要改进的，给予3~6个月的有条件批准。

欧盟将食品划分为动物源性食品、植物源性食品和复合食品，《供人类消费的动物源性食品具体卫生规定》[（EC）No 853/2004]法规中的附件规定了动物源性食品采取注册管理，植物源性食品（芽菜除外）和复合食品采取备案的管理模式。

6.3.2 进口食品管理基本要求

1. 实施准入管理

根据《供人类消费的动物源性食品具体卫生规定》[（EC）No 853/2004]规定，动物源性食品进入欧盟前都需要实施准入。《批准第三国根据理事会指令 96/23/EC 提交的残留监控计划》（2011/163/EU）列举了能够向欧盟出口动物源性食品的国家，其中批准中国向欧盟出口的动物源性食品包括禽、养殖水产品、蛋、兔和蜂蜜。《允许向欧盟出口畜肉的国家名单和证书样本》（206/2010/EC）制定了允许向欧盟出口牛、羊、猪、马等动物及其鲜肉的国家名单和证书样本，中国不在名单中。《允许向欧盟出口兔肉的国家名单和证书要求》（119/2009/EC）规定了允许向欧盟出口兔肉的国家名单，中国在名单中。《允许向欧盟出口肉糜和调理肉制品的国家名单和证书要求》（2000/572/EC）规定生产调理肉制品的动物原料必须是欧盟允许进口的鲜肉，因此中国可以向欧盟出口使用兔肉生产的调理制品。《输欧水产品准入名单》（2006/766/EC）规定，目前允许中国向欧盟出口水产品，但不能出口双壳贝类、棘皮类、被囊类及海洋腹足纲动物。然而，《根据欧洲议会和理事会（EU）2017/625，制定允许某些人类食用的动物和物品进入欧盟的第三国或地区清单》[（EU）2021/405] 第十二条规定，完全去除内脏和生殖腺的供人类食用的扇贝科的闭壳肌（非水产养殖）也允许输欧盟。也就是说，我国非水产养殖的扇贝柱可以出口欧盟。

《防止损害植物、植物产品的有害生物传入欧盟及在欧盟传播的保护措施》（2000/29/EC）规定了必须随附植物检疫证书的植物和植物产品，规定了不准携带入境的病虫害等，还规定了证书的附加声明等内容。其他法规中，《输欧肉制品动物卫生和公共卫生要求及证书样本》（2007/777/EC）、《输欧肠衣动物卫生要求和兽医证书》（2003/779/EC）、《输欧奶、奶制品动物卫生和公共卫生要求及证书样本》（605/2010/EC）、《其他动物产品包括明胶、蜗牛、青蛙和蜂蜜等的证书样本》（2074/2005/EC）、《输欧复合食品证书要求》（28/2012/EC）、《向欧盟出口养殖水产品条件、证书要求和可能传播疫病的鱼种名单（装饰用、娱乐等）》（1251/2008/EC）、《输欧禽、种蛋、日龄鸡、禽肉、蛋及蛋制品和无菌蛋国家名单及兽医卫生证书》（2006/696/EC）等规定了各类输欧产品的卫生证书要求。

2. 口岸检查

《对从第三国进口的产品组织进行兽医检查的规定》（97/78/EC）规定了进入欧盟的动物源性食品进行检查的程序及要求。《需实施口岸检查的动物和产品名单》（2007/275/EC）规定了不需要兽医口岸检查的含有动物源性成分的复合产品名录。《入境口岸兽医检查工作程序》（136/2004/EC），其中规定按照抽检计划，如果抽检项目对人类健康危害不大，可以在实验室结果出来前放行货物；每月向欧盟汇总检测情况。《部分进口动物源性食品的货物检查比例》（94/360/EC）规定了对进口动物源性食品的口岸抽检比例，抽检后实施现场货物查验，并根据进口食品监控计划确定是否抽样送实验室检测。

3. 中国输欧食品管理要求

针对植物源性食品，除芽菜外，其他植物源性食品不需要注册，均可向欧盟出口。针对动物源性食品，目前中国可以向欧盟出口的动物源性食品包括：生的禽肉（只能做熟制品的原料）、生兔肉、熟制禽肉、水产品、蛋及蛋制品、肠衣、明胶。目前可以出口但不需要注册的产品包括蜂蜜和动物源性提炼制品，动物源性提炼制品包括硫酸软骨素、透明质酸、其他软骨水解产品、去乙酰甲壳素、氨基葡萄糖、凝乳酶、鱼胶、氨基酸。

4. 对中国的特殊要求

《针对中国输欧动物源性食品采取的保护措施》（2002/994/EC）规定中国产的养殖水产品、虾、小龙虾、兔肉、禽肉、蛋及蛋制品、蜂蜜、蜂王浆、蜂胶、花粉和肠衣在出口前官方主管部门必须检测氯霉素、硝基呋喃及其代谢物。养殖水产品还需检测孔雀石绿、结晶紫及其代谢物。《中国输欧奶制品特殊条件》（2008/798/EC）规定了乳制品中的三聚氰胺限量为 2.5mg/kg。

5. 进口后的监管

根据欧盟《通用食品法》[（EC）No 178/2002]要求，食品、食用动物及食品成分在生产、加工和分销的所有环节都必须具有可追溯性。产品必须被适当标识，便于追溯。欧盟法规要求，食品经营者能够分辨其所提供的商品从哪里来，卖到哪里去，并具备相应的系统或程序，该程序在应要求时可为主管当局提供其供货方及货物购买方的相关信息。为了保证产品的可追溯，根据《欧盟理事会对关于识别食品分属的标识和记号的指令》（89/396/EEC）规定，所有的食品（除初级农产品、非预包装食品、包装物的最大面积小于 10 cm² 的预包装食品）都需要按照一定的规则标注产品批号。同时，欧盟对于食品的相关记录保持作出了专项的规定。

为便于追溯，欧盟要求各成员国采用国际物品协会的"全球统一编码系统"（EAN.UCC）。利用全球统一编码系统，可以掌握农产品、食品的全部必要信息，一旦发生威胁人类健康的突发性食品安全事件，可以立即追踪到储运、加工和生产的各个环节，直至农产品种植或饲养的源头。该系统自 20 世纪 70 年代在欧洲诞生以来，被成员国广泛应用。欧盟还制定了一系列配套的法律、法规和技术法规来确保农产品供应链上各个环节信息的真实、可靠。应用 EAN 条码技术后，蔬菜、水果等农产品销售商在供货时会多出一张条码，主要用于标识蔬菜或水果的批次、种植过程、农田状况等信息。同一品种、同一生产条件、同一批次的产品使用同一个条码，专门用于产品追溯。拥有统一编码的蔬菜、水果，就相当于颁发了"身份证"，欧盟可根据这种"身份证"了解产品的上游供应链，跟踪产品的下游消费者，在必要时将农产品对消费者产生的不良影响降至最低，同时也可以最大限度地减少企业的损失。

6. 风险监控制度

健康、食品审计与分析办公室专门负责农、兽药和化学污染物残留监控行动。该司负责制订年度残留监测计划，并与各成员国内相应机构联系，督促其制订本国残留监测计划和协作残留监测计划，公布残留监测结果，并对第三国残留监测情况进行核查验证。

欧盟自 1996 年起启动了共同体农药残留监控计划。该计划共分为两个层面：欧盟层面和国家层面。欧盟层面监控计划是一个覆盖主要农兽药和农产品的周期滚动计划，以指令形式制订一个 3 年的食品监控计划，选取欧盟市场上常见的 30 种食品，监测 200 个左右农兽药项目。根据成员国消费量，通过二项式概率分布统计分析确定各成员国需要采集的最小样品量。国家层面计划根据欧盟层面计划的要求和各国的生产消费情况确定需要检测的产品和农药，一般也需覆盖多年。实施一年以上的监控计划必须每年向欧盟食品兽医办公室（现为健康、食品审核和分析司）提交监测报告，以提供在本区域和本国对检测结果处理的措施。如果在共同体内检出阳性样品，成员国的主管当局须及时获取所有必要信息，及时调查残留出现的原因，并采取相应的措施。如果从第三国进口的食品检测呈阳性，会将所有使用制品的种类和有关批次通告欧盟委员会，并立即通知所涉及的边检站。

欧盟对进口食品的监控涵盖在整体监控计划中，没有指定专门针对进口食品的监控计划。根据 96/23/EC，对于出口到欧盟的动物源产品及活动物，欧盟要求第三国必须实施与欧盟等效的兽药及特定活性物质的监控计划，并经检查核实。

7. 食品和饲料快速预警系统

为加强风险信息的评估与交流，欧盟专门建立了食品和饲料快速预警系统（RASFF）。RASFF 是一个基于信息传递网络的预警体系，欧盟委员会对 RASFF 网络的管理负责(具体由欧盟委员会健康与食品安全署负责协调)，欧洲食品安全局也是体系成员之一。在 RASFF 下，各个成员有义务将所发现的食品和饲料安全信息向 RASFF 通报。网络中的某一成员如发现任何有关食品、饲料引发人类健康直接或间接风险的信息，应立即在 RASFF 下通知欧盟委员会，欧盟委员会将信息传达给网络中的各成员。欧洲食品安全局可补充发布一些科学技术信息通知，以利于成员采取快速、适当的风险管理活动。

同时，各成员所采取的下列措施都应向 RASFF 通报：

（1）为了保护人类健康而采取的任何措施和快速行动，如严格限制市场准入，强制撤出市场，食品或饲料的召回等。

（2）当对人体健康有严重风险，需要采取快速行动时，对经营者的任何建议或与其达成的任何协定（不论是自愿的还是强制的）。这包括旨在阻止、限制市场准入，对市场准入提出特殊条件，或阻止、限制食品或饲料的最终用处，对其最终用途提出特殊条件。

（3）欧盟境内发生的，由于对人类健康产生直接或间接风险，而由边境的管理部门拒绝入境任何一批或一个集装箱的食品、饲料。

发表通报信息的成员，应同时提供其食品安全管理部门为何采取此类措施的详细说明，并在适当时候，特别是在通报的措施已更改或取消时，后继通报其补充信息。欧盟委员会应立即将获得的通报信息及补充信息传达给网络的各成员。在欧盟境内，边境食品安全管理部门拒绝一批或一集装箱货物入境时，欧盟委员会应立即通报欧盟的所有边境和作为原产地的第三国。如果警示通报所涉及的产品已经对第三国出口，欧盟委员会则有义务通知该国；当原产于某国的产品被通报时，欧盟委员会也要通知该国，以使其能采取措施避免再次重复同样的问题。

在 RASFF 中，欧盟委员会每周发布警示通报和信息通报。为了在保持公开度和保护商业秘密之间寻求平衡，通报不公布相关贸易和公司的名称。这样操作并不会影响对消费者的保护，因为 RASFF 通报意味着已经采取或正在采取相应措施。但当对人类健康的保护要求更大的透明度时，欧盟委员会会通过其正常渠道采取必要的行动。同时，欧盟委员会还对上一年度的通报情况作系统、全面的分析，形成年度分析报告。

8.不合格产品召回制度

欧盟要求，如果经营者对其进口、生产、加工制造或营销的食品感到或有理由认为不合安全要求时，应立即着手从市场撤出，并通知有关部门。经营者应准确地通知消费者撤出的原因，在其他办法效果欠佳时，应从消费者处召回有关产品。从事零售、营销活动的经营者应在其相应行为范围内从市场上撤出不符合安全要求的食品，并应通过提供有关追溯信息，配合生产者、加工者、制造者和有关部门的措施而为食品安全作贡献。

9. 复合食品管理要求

复合食品（composite food）是既含加工的动物源性成分又含非动物源性成分的食品。

（1）判定条件

一是食品中动物源性成分是否经过加工处理，没有经过加工处理则属于未经加工的动物源性食品；二是植物源性成分的作用，如果是给动物源性成分增加某种特色，处于从属地位，则产品属于加工的动物源性食品（例如熟制牛排或鱼排添加香草或其他调味的植物源性产品）。

（2）证书要求

含肉、蛋、奶成分的复合食品应符合《输欧复合食品证书要求》（28/2012/EC），含其他成分的提交相应的证书（如蜂蜜）。

（3）进口管理要求

①需要实施口岸兽医检查的条件。《需实施口岸检查的动物和产品名单》（2007/275/EC）附件规定了复合食品需口岸检查的种类：含有加工肉制品成分的、其他动物源性成分超过50%的、奶成分低于50%但不能常温保存的。

②不需要实施口岸兽医检查的条件。不含肉；其他动物源性成分低于50%；经充分热处理或烹制，能够常温保存；明确标明用于人类消费使用，预包装、随附商业单据注明产品属性、成分、生产商、原产国等信息。

③不实施口岸兽医检查的，按照《欧盟农药残留限量》[（EC）No 822/2009]要求制订检查计划，在合适的环节实施检查。

④生产企业是否需要在欧盟注册：复合食品生产企业不需要在欧盟注

册，但是动物源性成分的生产企业应在欧盟注册。如果动物源性成分是在复合食品企业完成加工，则复合食品生产企业应在欧盟注册。

6.4 中欧对比分析

6.4.1 法律法规标准体系对比

1. 体系构成

欧盟在食品安全设计上围绕保证食品安全这一终极目标，贯穿风险分析、从业者责任、可追溯性和高透明度这 4 个基本要求，形成了一个包含食品化学安全、生物安全、食品标签、食品加工，以及部分重要食品的垂直性立法的完善的食品安全法规体系。这种一条主线、多个分支、脉络清晰的法律框架体系，使得欧盟的食品安全法规体系拥有一个从指导思想到宏观要求，再到具体规定的严谨的内在结构。

中欧食品安全法律法规涵盖内容基本相同，包括种植、养殖、动物运输、生产加工、产品安全卫生标准、官方监管、残留监控、农兽药管理、添加剂、有机食品、转基因等。

2. 立法管理

中欧立法原则基本相同，均根据《SPS 协定》要求，在风险评估的基础上，制定能够达到本国保护水平的法律法规和管理要求。立法层级和程序基本相同，均分为法律和法规等不同层级。

在欧盟食品安全监管体系中，生产者、经营者不仅仅是被管理者，更是主要的参与者。欧盟对农场主提出了良好生产指南，规定了生产的原则和措施，以及如何处理可能出现的安全危害，从而保证农产品能在适当的安全条件下生产出来。同时欧盟的食品生产企业或经销企业都积极参与标准的制定，并向政府建议法律和法令的修改，企业是标准制定的主体。中国在《中华人民共和国食品安全法》中也明确规定了相关的食品经营者的责任和义务。

3. 行政管理

欧盟制定了有关食品的一系列法律，涵盖了食品安全方方面面的内容，十分繁杂、详细。欧盟现有的成员国，每个国家都有本国现行的关于食品安全的法律体系，其中的具体规定是很不相同的[1]。另一方面，欧盟建立了适应市场经济发展的国家技术标准体系，并达到了完善阶段，在完善的技术标准体系下，标准已深入社会生活的各个层面，为法律法规提供技术支撑，成为市场准入、契约合同维护、贸易仲裁、合格评定、产品检验、质量体系认证等的基本依据[2]。

6.4.2 食品安全监管体系对比

欧盟各成员国食品安全监管体系各不相同，农产品、食品由不同部门管理。食品安全主管部门可以授权有资格的机构参与食品安全管理，主管部门定期对其实施考核，确保能够持续符合资格条件。被授权单位仅能行使对企业的监管职能，不能实施执法处理活动。

中欧之间在食品安全监管体系方面存在较多相似之处，例如在整个食品链中均采取多部门管理，官方管理的措施和内容基本相同。不同之处主要表现在两个方面：一是进出口食品企业的管理，欧盟没有区分进出口企业，只是规定了出口企业应符合进口国的要求，中国进出口企业分别属于两个不同的监管部门。二是部门间协调，欧盟各成员国指定一个监管部门作为联络机构，负责与欧盟联系和协调各主管部门的监管工作，制订提交跨部门和跨年度的监管计划，确保欧盟法规在各成员国统一实施。中国各主管部门也有相互协作，与欧盟不同的是，欧盟在法规中规定了各部门的协作措施，并监督各成员国主管部门的监管和协作效果。

---

[1] 吕杰,李江华,李哲敏,等.欧盟果蔬食品安全标准体系研究[J].中国食物与营养,2005(11):9-11. DOI:10.3969/j.issn.1006-9577.2005.11.002.

[2] 梁燕君.发达国家标准体系的特色和启示[J].中国石油和化工标准与质量,2008,28(10):30-31. DOI:10.3969/j.issn.1673-4076.2008.10.006.

6.4.3 食品进出口监管体系对比

无论是欧盟委员会还是成员国纷纷将食品安全的监管工作集中到一个或几个部门，并加大部门间的协调力度，以提高食品安全监管的效率。

在进出口食品安全监管机制上，欧盟具有如下特点：

一是不断建立、健全食品安全的相关法律法规支撑体系。欧盟一直致力于建立涵盖所有食品类别和食品链各环节的法律体系，30 多年来陆续制定了《食品卫生法规》等 20 多部食品安全方面的法规，还制定了一系列食品安全规范要求，主要包括动植物疾病控制、食品生产卫生规范等。

二是越来越强调实施食品安全风险管理的原则。风险管理的首要目标是通过选择和实施适当的措施，尽可能控制食品风险、保障公众健康。风险管理的程序包括风险评估、风险管理措施的评估、管理决策的实施、监控和评价等内容。欧洲食品安全局成立后，进一步加强了食品安全风险管理工作。目前，欧盟主要采用食品和饲料快速预警系统来收集源自所有成员国的相关信息，该系统根据危害风险的严重和紧急程度将信息分成两类：警示通报和信息通报。

三是对于食品安全强调"从农田到餐桌"全程控制和可追溯原则。欧盟对食品安全监管环节包括生产、收获、加工、包装、运输、贮藏和销售等。《通用食品法》[（EC）No 178/2002] 明确提出，通过全程监管，对可能会给食品安全构成潜在危害的风险预先加以防范，避免重要环节的缺失，并以此为基础实行问题食品的追溯制度。欧盟明确提出要加强和巩固"从农田到餐桌"的控制能力，全面完善全程监管体制。欧盟及其主要成员国在追溯制度方面建立了统一的数据库，包括识别系统、代码系统，详细记载生产链中被监控对象移动的轨迹，监测食品的生产和销售状况。欧盟还建立了食品追踪机制，要求饲料和商品经销商对原料来源和配料保存进行记录，要求农民或养殖企业对饲养牲畜的详细过程进行记录。

四是越来越重视和提倡食品安全的预防为主原则和责任主体限定原则。

欧盟十分重视食品安全管理方面的预防措施，并以科学性的危害分析作为制定食品安全系统政策的基础。HACCP 体系作为世界公认的行之有效的食品安全质量保证系统，在很多国家和地区的食品生产加工企业中得到广泛应用。HACCP 体系的目标在于有效预防和控制可能存在的食品安全隐患，在生产中对关键点严密监控，一旦出现问题，马上采取纠正和控制措施消除隐患。在欧盟国家食品安全管理机制中，食品安全首先是食品生产加工者的责任，政府在食品安全监管中的主要职责，就是通过对食品生产者、加工者的监督管理最大限度地减少食品安全风险。在欧盟及各主要成员国的食品链中，生产、加工食品的经营者的责任非常明确。

中国将进出口食品安全管理制度单列出来，不同于国内产品的管理。进口食品的监管基本形成了风险管理、检验检疫、溯源与召回、质量安全监控、打击非法进口等各项管理制度。

欧盟在进口食品方面进行了分类管理，分为动物源性食品、非动物源性食品和混合食品，对不同类型的食品采用不同的管理措施。动物源性食品要求相对较严格，需要国家许可、企业批准、卫生证书及符合双壳贝类养殖要求、边境检查的要求等。

在对高风险的动物源性食品的管理上，中国与欧盟有类似之处，甚至中国对动物源性食品的管理比欧盟还要严格，比如中国进口动物源性食品需要原产国（准入国家）许可、生产企业注册、检疫审批、卫生证书、口岸检疫、定点存放等。欧盟对进口的非动物源性食品不执行边境检查，也不做证书要求，但是会在市场抽查和监控，发现问题会采取相应的措施。中国在这方面的规定要比欧盟更加严格，中国进口初级植物源性产品实施准入管理，执行检疫审批要求，某些产品还要求出具植物卫生证书。在混合产品进口上，欧盟要求其中的动物源性成分要符合动物源性食品卫生要求。中国在工业食品进口上有着较为严格的制度，在进口之前要进行充分的风险分析，判断进口产品是否符合中国标准的要求。中国对进口食品采用批批检验制度，凡是进口食品必须经过检验检疫，抽样检验合格后方可通关放行。在进口植物油方面还要求建立相关的企业自检制度，提供完整的检测报告；进口乳制品要求提供符合规定的卫生证书和企业自检报告等。

在出口食品方面，欧盟没有特别的要求，仅仅是要求满足进口国的要求。中国在出口食品管理上实行出口食品特有的"一个模式，十项制度"的管理模式，即从源头一直管理到出口环节，由专门的进出口食品管理机构执行，职能专一，管理严格，从根本上解决了中国出口食品质量安全问题。

第七章

日本食品监管体系与对比分析

7.1 食品安全法律法规标准体系

日本的法规可分为法律、政令、省令、告示及通知5类。法律由国会制定；政令由内阁制定，推动宪法和法律的实施；省令是由省务大臣制定的该省的命令；告示、通知等由各省厅制定，对法规内容进行补充性规定和修改说明。

7.1.1 基本法律

日本保障食品质量安全的法律法规体系由《食品卫生法》和《食品安全基本法》两大基本法、《农林产品标准化和正确标签法》和《食品标识法》以及其他相关法律法规组成。可以说，这4部法律是设定其他法规的依据和理论基础。

《食品卫生法》旨在从公共卫生的角度出发，避免食品因卫生不佳引起安全问题而制定的一部法律，是日本确保食品质量安全最重要的综合法典。在经历多次食品安全事件后，日本不断对该法进行修订，并最终规定了食品与食品添加剂的标准和成分规格、容器包装、农药残留标准、食品的标识和广告、进口食品监管措施等的框架性要求，同时还规定了日本国内食品生产、加工、流通、销售的监管及相关处罚条例。在日本，所有销售流通的食品、器具及容器包装都必须符合《食品卫生法》中的相关规定，用于销售的食品在采集、制造、加工、使用、烹饪、贮藏、运输等环节必须保持干净卫生。

《食品安全基本法》制定的背景是，21世纪初，日本先后出现了森永毒奶粉事件、"地沟油"危机、疯牛病，以及未许可添加剂的滥用、原产地标示伪造等一系列的食品安全事件，使日本国民对日本食品的质量安全信任受到了严重冲击。为了改进对食品的监管，保障食品安全，日本政府于2003年出台了《食品安全基本法》，该法是确保食品安全的基本法律，确立了保护国民健康至关重要和"从农田到餐桌"全过程确保食品安全的理念，规定了中央和地方、生产者、运输者、销售者、经营者、消费者各自的责任，建立了食品影响人体健康的评价制度，设立了食品安全委员会专门组织。该法为日本确保食品安全提供了可靠的法律保障。

《农林产品标准化和正确标签法》（简称《JAS法》），主要规定了日本农林产品规格的制定与修订、农产品质量评级及品质标示等方面的内容，意图通过普及农业标准制度，改善农产品的品质，推动生产合理化、交易公平化、消费合理化，保障农林物资的顺利生产和流通，满足消费者的需求，从而达到振兴农业生产、保护消费者利益的目的。

《食品标识法》整合了《农林产品标准化和正确标签法》《食品卫生法》中食品标示的相关内容，进而统一规定了食品标示相关内容的基本框架要求。明确规定了食品从业者要对标签的真实性负责，还规定了食品标签的监管及相关处罚条例。

7.1.2 相关法规

为进一步补充完善日本食品法规体系，日本在食品添加剂、真菌毒素、污染物、农兽药、食品微生物、食品标签、食品产品方面均制定了相应的法规。

1. 食品添加剂

日本以《食品卫生法》为法律依据，制定了对食品添加剂的具体要求。日本食品添加剂分为指定添加剂、既存添加剂、天然香料和一般饮食用添加剂4种。指定添加剂是由厚生劳动省批准通过的添加剂，指对人体健康无害，被指定为安全的食品添加剂；既存添加剂是指在食品加工中具有使用历史的，被认为是安全的添加剂；天然香料是指从动植物中提取，以增加食物香味为目的的添加剂；一般饮食用添加剂是指既可以作为食品，又可以作为添加剂使用的食品添加剂。

在日本，食品添加剂主要是通过《食品卫生法实施规则》《食品、添加剂等的规格标准》和《食品添加剂公定书》3部法规来进行管理的。

2. 真菌毒素、污染物

日本没有针对污染物、真菌毒素限量通用的法规要求，目前污染物的要求在《关于含有总黄曲霉毒素食品的管理》《食品、添加剂等的规格标准》《关于食品中残留的多氯联苯（PCB）的限制》《食品中镉的规格标准》中进行了规定。

3. 农兽药

加工食品中所使用的原料应符合《食品、添加剂等的规格标准》中规定的农兽药残留限量标准，就是我们常说的农兽药肯定列表制度。日本农兽药肯定列表制度涉及的农业化学品残留限量包括"临时标准""一律标准""沿用现行限量标准""豁免物质""不得检出"5个类型，其中"一律标准"是对未涵盖在上述标准中的所有其他农业化学品制定的一个统一限量标准：0.01mg/kg。也就是说，这些食品中农业化学品最大残留限量不得超过0.01mg/kg。

4. 食品微生物

《食品、添加剂等的规格标准》按照食品类别规定了部分食品中微生物限量及相应的检测方法。《乳及乳制品的成分规格等相关省令》里规定了各类乳及乳制品中微生物的限量及相应的检查方法。

5. 食品标签

食品标签主要由《食品标识法》和《食品标识标准》两个法规进行监管。对食品标签的管理主要体现在《食品标识标准》中。

消费者厅发布的《食品标识标准》是对《食品标识法》的补充和解释说明。其中，规定了包括进口食品、保健功能食品在内的食品通用标示事项、推荐标示事项及标示要求等相关内容。另外，还规定了各类食品的特殊标示事项。

6. 食品产品相关要求

日本的食品产品质量规格、成分、生产、加工要求主要分布在《食品、添加剂等的规格标准》《乳及乳制品的成分规格等相关省令》《健康增进法》中。

其中《食品、添加剂等的规格标准》规定了食品通用的规格标准（不包括乳制品及特殊食品），以及食品通用的生产、保存标准等方面的内容。

《乳及乳制品的成分规格等相关省令》规定了日本乳及乳制品的范围、乳及乳制品的定义、成分规格、保存方法、制造标准及试验方法等内容。

《健康增进法》规定了特殊用途食品许可及标示相关内容。为补充特殊用途食品的管理，发布了《健康增进法规定的特殊用途标识许可等相关内阁府令》，主要规定了特殊用途食品标示的申请资料、审查要求、标示事项、许可试验等内容。

7.2 食品安全监管体系

日本食品安全监管机构从级别上可分为中央和地方两个层面。厚生劳动省、农林水产省、消费者厅及食品安全委员会这 4 个机构组成了日本中央监管机构的骨架；地方监管机构主要由各都道府县中的食品安全行政机构组成。其中，风险评估由食品安全委员会负责；风险管理由消费者厅、厚生劳动省和农林水产省共同负责；风险交流则由食品安全委员会指导，4 个机构合作完成。

7.2.1 厚生劳动省

厚生劳动省（MHLW）是直属于中央省厅的行政部门。2001 年 1 月，中央省厅再编，将厚生省和劳动省合并为厚生劳动省。它是负责医疗卫生和社会保障的核心部门，同时承担着食品风险管理和保障食品卫生安全的职责。厚生劳动省由厚生劳动省本省和 8 个地方厚生（支）局组成，主要负责食品加工和流通环节的安全监管及进口食品安全管理，负责每年制订进口食品监控指导计划，对进口食品实施监管和卫生检疫。

厚生劳动省本省下设 11 个局、2 个官和 1 个大臣官房。其中负责食品（包括进出口食品）安全管理的部门为医药生活卫生局。

医药生活卫生局主要负责添加剂使用标准、农兽药残留限量、转基因食品以及其他食品相关标准的设定，检查食品中农兽药残留、添加剂的使用，对进口食品进行安全监控，实施进口检查等事项。分别由下设的食品标准审查科、食品监察安全科、检疫所业务管理室、进口食品安全对策室来负责相关工作。

7.2.2 农林水产省

农林水产省（MAFF）也是直属于中央省厅的行政部门，承担着保障农林水产品卫生安全的职责，是保障所有食品原料安全性的部门。

农林水产省主要负责生鲜农产品生产环节的质量安全管理，制定和实施农兽药使用标准、管理政策，管理农产品的消费流通，保障粮食供应，制定农产品及畜产品防病虫害等的相关措施，负责进口肉及肉乳制品、新鲜水果和蔬菜等动植物源性食品的进口检疫。

农林水产省下设大臣官房、消费安全局、食料产业局、生产局、经营局、农村振兴局 6 个内部机构，林野厅、水产厅 2 个独立单位。

其中，消费安全局负责农林水产品生产过程的风险管理、动植物检疫法的修订及执行等；食料产业局负责振兴食品及食品相关行业的发展；生产局负责农畜产品的生产和管理，相关政策的制定及与农林牧渔相关的政策调整等；水产厅负责管理水产资源合理利用、水产品稳定供给及安全保障等事项。

消费安全局下设的动物检疫所和植物检疫所负责对进口植物、动物及其加工品的病虫害、传染病等卫生条件方面实施检疫检查。

7.2.3 消费者厅

消费者厅（CAA）是日本内阁府设立的主管消费者事务的行政机构。由于日本连年发生食品卫生安全方面的事件，特别是流通中的食品标示有缺陷给消费者带来误导和损失，为了消除事件发生后应对不迅速、跨部门解决问题推诿责任等弊端，满足消费者的诉求，日本内阁于 2009 年 9 月 1 日设立了消费者厅。

消费者厅对食品标签标识具有管辖权限，主要负责食品标签标识的监管，负责功能性标示食品上市前的备案及特殊用途食品、特定保健用食品上市前的许可（注册）等相关事务,并负责食品安全知识的普及和教育工作，以及食品安全事件的调查。

其下设的食品标示企划科、消费者安全科和标示对策科分管《食品标识法》《食品卫生法》等法规的策划和拟订；整合、分析和发布有关消费者事故的信息；执行《食品标识法》《食品卫生法》等法规的相关事项。

7.2.4 食品安全委员会

食品安全委员会（FSC ）于 2003 年 7 月 1 日由内阁府设立。《食品安全基本法》从法律层面规定了食品安全委员会作为客观公正的风险评估机构，对食品健康影响因素等进行评估，参与食品安全的监管。

食品安全委员会主要负责对食品添加剂、食品接触材料、农兽药、污染物及所有食品的安全性进行科学分析、检验，并指导厚生劳动省和农林水产省有关部门采取必要的安全应对措施。同时，食品安全委员会向厚生劳动省和农林水产省等食品安全管理机构提供科学的意见和建议。

7.2.5 地方层面

都道府县各地方政府的相关主管部门负责制订地方层面的食品安全监控指导计划，在食品的监管体系中，都道府县各地方的主管部门依据各都道府县的《食品卫生条例》对国内流通的食品、进口食品执行食品卫生法规方面的监督检查，并配合厚生劳动省对违规食品进行召回等。

7.3 食品进出口监管体系

7.3.1 进口制度

农林水产省基于《家畜传染病预防法》《植物防疫法》《水产资源保护法》及其配套法规的相关规定，对进口动物及其制品和新鲜果蔬实施严格的准入制度，并负责对以上食品进行检验检疫，预防传染病等的入侵和蔓延。《家畜传染病预防法》及其配套的实施令和实施规则规定了禁止出口日本的产品，以及来源国家和地区。与日本签订协议的国家，可以按照两国之间确定的家畜卫生条件向日本出口某些畜产品，同时部分向日本出口畜产品的企业还需要在日本的农林水产省进行备案，成为日本农林水产省的指定处理企业，否则相关畜产品将不能出口日本。日本对进口乳及乳制品的监管方式可分为列表国家（即可以向日本出口生乳、非加热乳制品的国家）和非列表国家两种。《水产资源保护法》及其配套的实施令和实施规则规定了需要取得进口许可的水产动物。《植物防疫法》及其配套的实施令和实施规则规定了禁止向日本出口生鲜植物及其制品的国家（或地区）及相关产品。对于其他的一般加工食品，日本并没有规定特殊的准入制度。

7.3.2 进口程序

日本厚生劳动省主要依据《食品卫生法》开展进口食品相关业务。为确保进口食品的安全性，日本进口商在进口食品前应事先与厚生劳动省下设的检疫所进行洽谈，准备进口申报相关文件，向检疫所提交进口申报，进口检查合格后颁发进口通知书，方可上市流通，不得销售未获得进口申报许可的食品。《食品卫生法》规定了进口食品申报和检查的相关要求。进口商可以运用提前申报制度、计划输入制度、接受外国公共检查机构的检查结果制度、同一食品等连续进口制度、进口食品等事前确认制度、品类备案制度、接受实施不进行进口申报的食品等检查结果制度快速办理进口申报手续。日本厚生劳动省开设了 FAINS 系统（进口食品监视支持系统），进口商可以通过该系统提交进口申报，并由厚生劳动省检疫所的相关工作人员审查。

1.一般加工食品的进口程序

日本进口商在进口食品前应准备进口食品申报书、原材料及生产工艺相关说明书等文件，并将这些文件在货物到港的 7 天前提交给检疫所。检疫所对申报文件进行审查，确定该食品是否需要接受检查。当检疫所认为没有检查必要时，发放进口通知书；如果检疫所认为需要检查进口产品，可采取命令检查、指导检查、监控检查、行政检查等多种检查方式。

（1）命令检查

对于自主检查、监控检查及日本国内的没收检查等行动中发现违反或涉嫌违反《食品卫生法》的食品，注册检查机关进行批批检查，检查合格后方可通关。

出现以下任一情况时，进口产品将被列为命令检查对象：

①进口产品对出口国或日本公众健康已经或可能造成损害，或者基于监控检查结果等发现黄曲霉毒素和病原性微生物超标时，立即将该生产商、加工商等或该出口国的同种产品作为命令检查的对象。

②基于监控检查结果，若同一生产商、加工商或某出口国的相同产品多次出现农药残留等超标的情况，结合该国的卫生控制水平及以往该进口食品的守法记录等情况，将该进口食品的全部或部分作为命令检查的对象。

当符合以下任一条件时，将解除命令检查：

①出口国已经查明原因，基于检查结果发布了新的规定、强化农药等监管或检查措施等，并且通过双边磋商、实地考察或进口检查等方式证明该措施有效，可解除命令检查。

②由于农药残留超标等原因被作为命令检查对象的进口食品，从通报命令检查之日起（若被通报后仍出现违反事例，则从最近违规日期算起）2年内未发生新的违反事例，或1年内未再发生新的违反事例，且实施命令检查的件数在300件以上时，解除命令检查。在解除命令检查之后的一段时间内，当基于统计学数据认为该产品的相关检查项目可能超标时，将提高该产品的检查频率，若出现违规问题，则立即将其作为命令检查对象。

（2）指导检查（自主检查）

进口商以该产品是否有产品标准、农药和添加剂等使用状况、同类食品是否违反《食品卫生法》等信息为参考，将该检查作为自主卫生管理的一环，由国家指导进口商对进口食品进行定期（包括首次进口时）检查。检查机构为注册检查机关。须等待检查结果，判断为合格之后办理通关。

（3）监控检查

针对各种各样的进口食品及食品卫生方面的状况进行大范围的监督视察，必要时采取强化进口时的检查等对策，是日本厚生劳动省根据每年制订的"监控指导计划"实施的一项检查，检查机构为检疫所。

接受监控检查的食品，不需要等待检查结果即可通关上市流通，若检出不合格情况，进口商需对产品进行召回等处理。

在对进口食品进行监控检查时，第一次发现违规，则监控检查的频率将被提高至30%，强化对该产品的监控检查。若出口国已经查明原因，并采取了有效对策，或强化监控检查日起1年期间或连续检查60件以上未出现相同违规情况的产品，则解除对该产品的强化监控检查。

（4）行政检查（不包括监控检查）

作为监控检查以外的行政检查，在食品首次进口时，发现违反《食品卫生法》或在运输途中发生事故等情况，根据需要，由检疫所的食品卫生监视员实施现场检查。未判定结果前不允许通关。另外，此项检查也包括对提交的进口申报和实际进口产品是否相符合进行检查。

2. 动植物及其制品的进口程序

根据日本《植物防疫法》和《家畜传染病预防法》的相关规定，部分动物、植物及其加工品在出口至日本时，需要接受农林水产省的动物检疫所和植物检疫所的病虫害、传染病等检疫检查。

（1）动物及其制品

针对动物及其制品，根据《家畜传染病预防法》第三十七条的相关规定，日本农林水产大臣指定的产品进口时必须提供出口国政府机关发布的检查结果为确定该产品不会扩散监视病原体的检查证明书或副本，否则不能进口。即指定的产品在进口时需要先接受日本农林水产省的检疫检查。

检疫检查的程序包括：

①进口商向动物检疫所提交进口检查申请，包括提交进口检查申请书、提交检查证明书并根据情况提交加工工序说明书、海运提单等其他资料。

②进行进口检查。进口检查原则上应在官方指定的场所进行，进口检查的内容主要为文件审查。文件审查合格后将对产品进行飞行检查、实物检查，基于上述审查的结果，还可能对部分产品实施精密检查。检查不合格的产品将被进行焚烧或填埋等处理；检查合格的产品将为其发放进口检疫证明书。检疫检查结束后，部分产品可能还需接受厚生劳动省的相关检查。

（2）水产动物及其制品

针对水产动物及其制品，根据《水产资源保护法》的相关规定，进口商进口部分水产动物时应提交出口国政府机关颁发的卫生证书或副本，还应接受日本农林水产省的检疫检查。如果进口活体水产动物用于食品，且需在公共水面或直接排水的设施中保管时，进口商应提前向水产安全室确认，然后申报进口许可。

检疫检查的程序包括：文件审查和实物检查。根据检查结果可能会对部分水产动物进行进一步检查。检查不合格时对相关产品采取退运等措施；检查合格的发放进口许可证。检疫检查结束后，部分产品可能还需接受厚生劳动省的相关检查。

检疫检查对象不包括用于食用的水产品（不包括活体水产动物）或直接在门店进行销售或消费的活体水产动物，这些产品只需接受厚生劳动省的相关检查。

（3）植物及其制品

针对植物及其制品，根据《植物防疫法》第六条的规定，进口植物及其容器包装必须随附出口国政府机关颁发的卫生证书，并接受日本农林水产省的检疫检查。

检疫检查的程序包括：进口商向植物检疫所提交进口检查申请，包括提交进口检查申请书、检查证明书等相关资料。进口检查原则上应在官方指定的场所进行，主要就是否附着害虫或疾病进行检疫。发现附着害虫或疾病时判定为不合格产品，并采取消毒、废弃或退运等措施；检查结果合格或经消毒处理并检疫合格后可发放进口合格证明书。检疫结束后，部分产品可能还需接受厚生劳动省的检查。

7.4 中日对比分析

7.4.1 法律法规标准体系对比

1. 法律法规体系

中国与食品安全管理最相关的基本法律，首先是《中华人民共和国食品安全法》，其次为《中华人民共和国农产品质量安全法》。涉及食品安全的，以《中华人民共和国食品安全法》为主；涉及初级农产品的，以《中华人民共和国农产品质量安全法》为主。制定有关食用农产品的质量标准、公布食用农产品安全有关信息，应当遵守《中华人民共和国食品安全法》的有关规定。

日本食品安全的基本法律是《食品卫生法》《食品安全基本法》《农林产品标准化和正确标签法》，其中《食品卫生法》是日本食品安全卫生最核心的一部法律，尤其是根据该法制定的肯定列表制度，为日本食品中化学残留物建立了较为完善的限量标准。《食品安全基本法》则是为了加强日本食品安全管理，理顺和规范食品安全管理部门的职责而出台的一部法律。根据《农林产品标准化和正确标签法》制定的《农药管理法》，规定了日本农药的生产、进口、销售、使用、质量、登记等要求，保证了农药的质量、安全和正确使用，从而稳定了日本农业生产，保护了国民健康安全。

中日两国食品法律法规体系有相似之处，一是都存在以下特点：体系完整、类别齐全、层次清晰、配套合理，并表现出系统性、结构性、科学可追溯等特征。二是从食物流通链条来看，均覆盖了种植、养殖、生产、加工、储存、销售到餐桌的全部环节。三是立法宗旨和目标一致，都是为了保障食品安全，提升食品质量水平，规范进出口食品贸易秩序。四是对于法律法规监管缺失的领域，辅以其他官方文件进行补充。例如，中国主要依靠部门规章和规范性文件（如部级联合公告，部、总局令，部、总局下发的各种通知、要求、规定等）来进行补充，而日本则往往辅之以政令、省令等相关配套法规进行补充和完善。

2. 食品安全标准体系

关于食品标准，根据《中华人民共和国食品安全法》的规定，中国以食品安全标准作为强制执行的标准，除此之外，不得制定其他食品强制性标准。

中日两国在食品安全标准体系建设方面存在差异，日本没有专门意义上的强制性食品安全标准，而是技术性法规。这些技术性法规完全是建立在《食品卫生法》《食品安全基本法》《农林产品标准化和正确标签法》等法律基础上的。正是这些技术性法规，构成了日本食品安全的标准体系。比如肯定列表制度，就涵盖了所有食品中化学残留物的限量标准，构成了日本食品化学残留物的限量标准体系。

7.4.2 食品安全监管体系对比

按照《中华人民共和国食品安全法》的规定，中国食品安全监管机构包括国务院食品安全委员会，以及国家卫生健康委员会、国家市场监督管理总局、海关总署、农业农村部等部委及其在地方的分支机构。

按日本《食品安全基本法》和《食品卫生法》的规定，日本食品中央管理部门是食品安全委员会、厚生劳动省、农林水产省及后两者的地方分支机构，以及地方政府及其卫生行政部门。

在日本，农林水产省主要负责食品的生产和质量保证工作，设立"食品安全危机管理小组"，负责应对突发性重大食品安全问题。管辖的领域主要是食品供应链的上游区域，即农产品生产和农食产品批发阶段，也就是主要集中在食品安全监管体系的种植养殖、生产、批发领域。中国与之相对应的部门是农业农村部。

厚生劳动省主要负责稳定的食品分配和食品安全，并负责农兽药残留标准的制定等工作。管辖的领域主要是食品供应链的下游区域，即集中在食品安全监管体系的食品加工、流通和消费领域。中国与之相对应的部门是国家市场监督管理总局。

涉及进口的食品，在中国由海关总署及其设在各地的进出境检验检疫机构管理，但食品安全标准由国家卫生行政部门制定；在日本则由劳动厚生省及其各地分支机构、地方卫生行政部门负责，如果涉及动植物源食品需要实施动植物检疫的，还需要农林水产省及其分支机构负责动植物检疫。

中日两国在食品安全监管体系方面存在一些相同点。一是从监管模式上看，均为分段式管理、多部门协同参与的模式，设有风险评估相关机构，还设有协调机构起到协调作用。二是从覆盖范围上看，监管体系都覆盖了种植、养殖、生产、加工、储存、销售到餐桌的整个食品链。但划分方法有较大差异，日本按照风险职责分段，中国按照食品链分段。

中日两国在食品安全监管理念和监管模式方面存在一定差异。中国采取以国务院食品安全委员会为龙头的多部门专业化分段管理模式，突出宏观协调管理下的专业化分段管理理念，强化对整个食品链的专业化管控。这种模式对政府的宏观监管协调能力要求高，需要各部门间协调紧密、无缝对接。而日本则以内阁府食品安全委员会、厚生劳动省和农林水产省组成食品安全管理机构，更突出食品安全行政的一元化管理，摒弃以往依靠最终品确认食品安全的理念，力求从源头把关，实施风险评估基础上的风险管理。这种模式体现出日本重视科学的风险监管理念，更强调风险管理和监管中消费者的参与。

7.4.3 食品进出口监管体系对比

日本进口食品，无论是以海运还是空运方式进口，都必须按照以下程序进行进口食品清关。

①通关前需要按《食品卫生法》《植物保护法》《家畜传染病预防法》办理进口许可，并向厚生劳动省提交"进口食品等通知单"。

②进口申报。进口商品必须按海关规定进行申报，由报关员提交相关申报文件。

③海关查验。海关审查报关文件，必要时进行查验，以确认货证是否相符，是否归类正确。如果需要进口许可证的，海关还须确认是否完成全部程序。同时查处商标侵权等侵犯知识产权的行为，查处贩毒以及产地造假行为。

④交付关税、消费税。关税=进口价（商品价格+保险+运费）×关税率；消费税=（进口税+关税）×5%。

⑤进口许可。将货物储存在保税区，待海关完成征税等所有必要程序后，签发进口许可；进口商提货。通关程序结束。

⑥销售。进口食品符合《食品安全基本法》和《食品卫生法》的规定，

确保食品安全。根据食品种类和销售方法的不同，可能需要依法获得销售许可。销售商必须遵守标签及回收法规的规定。

进出口食品领域监管对象方面，中国的监管范围大于日本。根据日本《食品卫生法》第二十八条第一项的规定，食品监管的对象为进口食品。日本发布的年度进口食品监控计划中也暂未将监控出口食品相关内容列入其中。中国对进出口食品均实施监管。

在中国，《中华人民共和国食品安全法》没有明确规定食品进口通关程序，但规定了进口食品应该符合的标准：进口的食品、食品添加剂以及食品相关产品应当符合中国食品安全国家标准，进口的食品应当经出入境检验检疫机构依照进出口商品检验相关法律、行政法规检验合格。

备案制度：向中国境内出口食品的出口商或者代理商应当向国家出入境检验检疫部门备案。向中国境内出口食品的境外食品生产企业应当经国家出入境检验检疫部门注册。

进口预包装食品要求：进口的预包装食品应当有中文标签，依法应当有中文说明书的，还应当有中文说明书。标签、说明书应当符合《中华人民共和国食品安全法》以及中国其他有关法律、行政法规的规定和食品安全国家标准的要求，并载明食品的原产地以及境内代理商的名称、地址、联系方式。预包装食品没有中文标签、中文说明书或者标签、说明书不符合规定的，不得进口。

信誉管理制度：国家出入境检验检疫部门应当对进出口食品的进口商、出口商和出口食品生产企业实施信用管理，建立信用记录，并依法向社会公布。对有不良记录的进口商、出口商和出口食品生产企业，应当加强对其进出口食品的检验检疫。

第八章

澳新食品监管体系与对比分析

8.1 食品安全法律法规标准体系

8.1.1 澳新联合食品监管法规

澳新联合食品监管法规标准主要涉及《澳大利亚和新西兰食品标准法案》（1991）和《澳大利亚和新西兰食品标准法典》（简称《澳新食品标准法典》）。澳大利亚农产品食品质量安全标准统一由澳新食品标准局（FSANZ）组织制定。澳新食品标准局主要是根据国际食品法典委员会标准，结合澳大利亚、新西兰特点，制定适合两国的食品安全标准，标准涉及初级农产品、加工、包装及销售全部食品供应链。任何组织和个人都可以提出更新修订标准的建议，经过若干轮审订后，最后由澳新食品监管部长级论坛批准发布。澳大利亚的标准分为强制性标准和非强制性标准两类。农药残留、兽药残留、致病菌等安全方面的指标由政府制定，为强制性标准；关于色、香、味等品质方面的指标由行业协会制定，为非强制性标准。

2005 年，澳新食品标准局制定了适用于澳大利亚和新西兰两国的食品标准《澳新食品标准法典》，涵盖了食品中配料、加工助剂、色素、添加剂、维生素和矿物质的使用规定及对一些食品的规定，如乳制品、肉类和饮料的组成，以及新技术和新资源食品。此外，澳新食品标准局还制定了预包装食品的标签规定，其中包括一些强制性警示语或建议性标签要求。

《澳新食品标准法典》中包含了仅适用于澳大利亚的初级生产和加工标准以及食品卫生标准，澳大利亚农业、渔业和林业部也参与了国家食品计划、食品链策略和食品监管改革和发展规划的制订，包括部分食品标准的制定。澳大利亚基因技术管理办公室（Office of the Gene Technology Regulator）参与转基因产品标准的管理，涉及用于生产食品的转基因作物和动物。澳大利亚农药和兽药管理局（APVMA）对植物和动物中农药和兽药的使用进行了严格规定，然后由澳新食品标准局制定仅适用于澳大利亚的最大残留限量，收录在《澳新食品标准法典》中。新西兰的相关部门制定了仅适用于新西兰部分的标准。

《澳新食品标准法典》是多个食品标准的汇总。标准按类别分成部分，并按顺序整理成为4章，包括：一般（基础）食品标准、食品产品标准、食品安全标准（仅适用于澳大利亚）、初级生产标准（仅适用于澳大利亚）。

1. 一般（基础）食品标准

适用于所有食品，包括对标签、添加剂、维生素和矿物质、加工助剂等方面的要求，以及辐照食品、新资源食品、转基因食品等需要上市前批准的食品的要求，还有污染物、天然毒素及微生物在食品中的最大限量、食品接触材料的要求、禁止食用的植物和真菌的要求等内容。该章内容除了污染物最大残留限量和微生物加工过程的要求仅适用于澳大利亚、特殊食品（包括氨基酸修饰食品）仅适用于新西兰外，其余内容同时适用于澳大利亚和新西兰。

2. 食品产品标准

按照食品类别，该章分为谷物，肉蛋鱼，蔬菜水果，食用油，乳制品，非酒精饮料，酒精饮料，糖及蜂蜜，特殊用途食品，醋、盐、胶基等其他食品 10 节。值得注意的是，产品的定义、成分组成及标签要求等是各产品标准不可缺少的内容，部分产品标准（如特殊用途食品的标准）中会包括具体指标要求。该章内容同时适用于澳大利亚和新西兰。

3. 食品安全标准（仅适用于澳大利亚）

澳新食品标准局制定了食品安全标准导则，供政府部门负责监管的州和领地的相关机构使用，对《澳新食品标准法典》中的 3.2.1、3.2.2 以及 3.2.3 强制性的条款进行了解释和说明。3.2.1 规定了针对体弱人群的食品安全计划；3.2.2 为食品安全操作和一般要求；3.2.3 为食品场所和加工。这是基于 WHO/FAO 食品法典委员会采纳的食品生产加工操作过程中 HACCP 概念提出的要求，而不仅是依赖于终端产品的标准。各州和领地内的食品企业按照该章中的标准实施并审核食品安全程序，食品安全程序由具有资质的食品安全审计者定期审计。

4. 初级生产标准（仅适用于澳大利亚）

对海产品、禽肉、肉制品、乳制品、特制奶酪、蛋及蛋制品、豆芽和葡萄酒等提出了捕捞 / 收获前的食品安全要求，但一般不包括生产操作方面的要求。食品生产企业需要按照该章标准的要求识别上述食品中的潜在危害，并实施与风险相匹配的控制措施，这些标准对各自食品类别中的某些高危食品还提出了特别的要求，有些要求会延续到食品生产操作环节。

8.1.2 澳大利亚法律法规

1.《澳大利亚和新西兰食品标准法案》（1991）及其条例

《澳大利亚和新西兰食品标准法案》（1991）制定于 1991 年，经过多次修订一直沿用至今，最新修订于 2018 年 6 月，是食品法规中的一部基本法。该法是食品安全管理的法律基础，各州和领地根据本区域内情况制定本区域内的食品法。该法主要内容分为前言、食品监管机构、食品监管措施、管理局执行人员、财政和其他杂项条款。

1994 年制定的《澳新食品标准法条例》(1994),最新修订于 2016 年 4 月,具体规定了澳新食品标准局的组成、程序、费用等事项。

2.《生物安全法案》(2015)

澳大利亚是个岛国,与大陆隔绝,疫病相对较少,生态环境较为脆弱,易受外来生物的侵害,澳大利亚政府非常重视检疫工作,严防各种疫情疫病传入澳大利亚。为保护本国人类、动植物健康与环境安全,澳大利亚早在 1908 年就颁布了世界上首部《检疫法》,构建了世界上最为严格的动植物检疫体系。为适应生物安全风险的变化及日益严峻的疫病或有害生物传入风险,2015 年,澳大利亚颁布了新的《生物安全法案》,取代了沿用 100 多年的《检疫法》,于 2016 年全面生效,并于 2019 年进行了修订。

与《检疫法》相比,《生物安全法案》(2015)所辖范围更广,管理理念也更加先进。该法的管理对象包括所有可能损害人类、动植物或环境安全健康的疫病或有害生物,管理范围包括可能携带疫病人员的管理、可能携带疫病货物的管理、可能携带疫病运输工具的管理、船舶压舱水和沉淀物的管理、澳大利亚境内有害生物的管理、从事生物安全活动人员的管理、生物安全突发事件的管理等。《生物安全法案》(2015)的颁布,标志着澳大利亚的生物安全工作翻开了新篇章,成为其今后相当长时期内生物安全工作的基本法律依据。

3.《进口食品控制法案》(1992)及其条例、实施细则

《进口食品控制法案》(1992)是澳大利亚为了控制和检查进入澳大利亚国内的食品以及相关产品,于 1992 年制定的法案,最新修订于 2018 年 10 月。该法大体分为前言、进口控制、执行办法、其他相关方面、相应的修正法五个部分。进口控制部分主要描述了进口犯罪、标签犯罪、处理检查食品的相关犯罪,海关与之相关的法规,食品控制证书的申请、形式以及相关问题,进口食品的检查通知,食品的相关订单等。

《进口食品控制法案》(1992)规定,澳新食品标准局负责制定进口食

品的政策，具体的执行由澳大利亚农业、渔业和林业部生物安全部门负责。具体而言，澳新食品标准局负责制定风险评估和风险分类政策、实施风险评估、确定潜在的危害、评估危害发生的可能性，以及向农业、渔业和林业部生物安全部门推荐适当的管理措施。农业、渔业和林业部生物安全部门负责发展和维持执行体系和程序、与澳大利亚海关进行联络、保证进口食品符合《澳新食品标准法典》的要求、与澳新食品标准局共同制订和实施抽样计划以及决定不合格食品的处理办法。农业、渔业和林业部生物安全部门依据食品的风险性质对进口食品进行监控，将进口食品分为风险食品和监测食品。

《进口食品控制条例》（1993）以问答的方式从食品控制、检查方案、收费三个方面对《进口食品控制法案》（1992）进行了具体解释。内容包括：《进口食品控制法案》（1992）的适用范围（从新西兰进口、新西兰制造的食品以及非风险食品不适用于该法）；如何申请到食品质量控制证书；风险食品检查频率的划分（按照加严、正常、减免等方式来区分）等。在条例的最后一个单元，用表单的形式详细列出了货物量、检查频率和收费的对应关系。

《进口食品控制实施细则》（2001）是在《进口食品控制法案》（1992）和《进口食品控制条例》（1993）基础上制定的，2019 年 3 月进行了修订。主要列举了具体的风险食品，这些食品是需要进口检验的，包括牛肉、牛肉制品、即食薯片、奶酪、鸡肉、干制椰果、甲壳类动物、鱼、肉、沙司酱、软体动物、红辣椒、花生、花生制品、胡椒、开心果及其制品、猪肉、家禽、海藻、芝麻等。

4.《出口控制法案》（1982）及其规章、令

《出口控制法案》（1982）于 1982 年制定，最新修订于 2016 年 10 月。主要对货物的出口管制及相关用途作出了规定。该法大体分为前言、规定货物出口的出境和入境、执法、官方标志和商标说明、杂项五个部分。规定货物出口的出境和入境部分主要描述了禁止出口规定货物的情形、犯罪

情形及罪行等。执法部分主要对监管权力、罪行有关的搜查和扣押、罪行等内容进行了规定。官方标志和商标说明部分主要对违反官方标志的情形、虚假商品说明的惩罚进行了规定。杂项部分对罪行诉讼、收入人员、货物证书、提供商品或服务、资料传输证据等进行了说明。

《出口控制规章》是根据《出口控制法案》（1982）制定的，最新修订于 2002 年 5 月，分为法规名称、解释、命令、罪行四个部分，为制定出口管制令提供依据。

《出口控制令（一般法定货物）》制定于 2005 年，最新修订于 2018 年 1 月，共 17 章，4 个尾注。详细规定了法定出口货物的申请、免除、许可、注册、电子文件传输、相关官方授权、证书、标志和出口商的权利、复议等规定，是法定货物出口商必须遵守的具体令。

5.《农业和兽用化学品法案》

《农业和兽用化学品法案》于 2016 年 7 月进行了修订，明确了关于农业和兽用化学品评价、登记和控制的规定，明确了农业和兽用化学品的定义并根据其造成的危害或危险建立了化学品登记系统。澳大利亚农药和兽药管理局负责处理登记申请、将登记的化学品分类、列出免于登记的化学品清单，规定禁止拥有和提供未批准／未登记的化学品，并就化学品的试验发放许可。该法给予澳大利亚农药和兽药管理局的职责包括评估在澳大利亚销售化学品的适宜性、评价使用化学品的影响、公布化学品和其使用的信息、每年公布商品中化学品残留标准。该法就农业和兽用化学品的进口生产和出口作了规定：在进口方面，该法规定任何人不得将没有登记／批准或澳大利亚农药和兽药管理局未豁免的化学品进口到澳大利亚；对出口化学品，需要得到澳大利亚农药和兽药管理局出具的证书。

6.《国家残留调查管理法案》（1992）及相关法规

在澳大利亚，与残留监控相关的法律和条例主要涉及国家残留监测税收、管理，农药和兽药管理、税收、编码，以及进口食品监控等方面，规定了残留监控的依据、资金来源和运行模式等。主体法律是《国家残留调查管理法案》（1992）和1992年12月颁布的17个税法法规。1998年又对17个税法法规进行了调整修改，合并成《国家残留监控（国税）征收法案》（1998）和《国家残留监控（关税）征收法案》（1998）。

《国家残留调查管理法案》（1992）由序言、定义、国家残留监测账目、综合和注解五部分组成，其中注解不具备法律效力。该法明确了国家应建立税收作为残留监测的主要资金来源，其他四个辅助来源为：税收罚金、捐资、国会提供和投资收益，并规定了资金主要用于残留监测，经行业相关团体（部长决定）同意，可用于检测和报告相应产品或环境的污染水平以及产生原因调查等活动的支出。《国家残留监控（国税）征收法案》（1998）和《国家残留监控（关税）征收法案》（1998）明确了各类产品的税率。

8.1.3 新西兰法律法规

从食品法规体系上看，新西兰遵循《澳大利亚和新西兰食品标准法案》（1991）及其条例等共同的法律法规，但考虑到其保留有本国独立的行政立法等权力，因此在《澳新食品标准法典》等共同技术标准中可以看到某些条款会特别注明"仅适用于澳大利亚"的字样，因此这些条款不适用于新西兰，新西兰按照本国实际情况，制定食品安全监管的法律法规及标准。

新西兰食品安全监管主要依据《食品法案》（2014）、《动物产品法案》（1999）、《农药及兽药法案》（1997）、《葡萄酒法案》（2003）等法案，确保新西兰国内生产、出口及进口销售的食品安全可靠。《危害物质和新物种法案》（1996）、《生物安全法案》（1993）等法案，在生命健康和国际贸易方面规范了食品安全、有毒有害物质和有害生物等要求。

1.《食品法案》（2014）及其条例

1981年，新西兰制定了《食品法案》，2014年对该法案进行了修订并命名为《食品法案》（2014），最新一次修订是2018年10月1日，主要增加了食品召回、溯源管理等法条以及明确了食品控制计划相关表格。初级产业部（MPI）负责《食品法案》（2014）的实施，管理国内生产的食品，以及在新西兰销售的进口食品。在该法案下制定了很多需要食品行业遵守的条例和标准。

该法案的主要内容包括：第一部分为总则，阐明了立法目的、适用范围、术语，食品贸易者的主要法定责任，法案赋予食品安全执法人员的权力和约束力等；第二部分规定了基于风险的控制措施，这些控制措施是该法案实现食品安全性和适用性的主要机制，具体包括基于对公共健康的风险水平，将食品企业划分为三类，列明了三类基于风险的食品企业应实施的具体控制措施；第三部分规定了销售用进口食品的安全性和适用性条款，溯源管理、召回管理及食品进口商实施登记管理的条款；第四部分规定了食品安全认可，地方管理部门的职责、管理和采取强制措施的条款；第五部分包含例外规定，包括豁免条款，食品安全标准、规范等的制定，修订条款和发布通知等条款，以及 7 个附件，分别是：

附件 1　规定了需要采取食品安全控制计划的食品行业；

附件 2　规定了需要按照三种风险水平采取国家食品安全风险管理计划的食品行业；

附件 3　规定了不需要实施食品安全控制计划或风险管理计划的食品行业；

附件 4　规定了涉及注册的其他规定；

附件 5　规定了按照本法实施公共注册的条款；

附件 6　规定了制定本法的参考法律；

附件 7　列明了与本法相关的法律法规的修订、废除和撤销情况。

《食品条例》（2015）于 2018 年 11 月 12 日最新修订，该条例规定了食品控制计划内容及评估过程，食品生产、加工、设施设备监管，国家监督计划的要求，认证认可机构及人员要求，进口食品企业注册、产品许可、抽样检测要求，农药残留标准，侵权行为，几种食品标准适用事项等要求内容。

《膳食补充剂条例》（1985）于 2016 年 1 月 1 日最新修订，在 2010 年修正案基础上，按照《食品法案》（2014）要求进行附表修订。其主要内容包括：膳食补充剂的基本要求，包括每日摄入剂量、膳食补充剂标签标注总则、标签方式、说明书内容、消费者信息版面标注内容、误导信息警示、禁止标注治疗宣称；膳食补充剂所使用的九大类食品添加剂和助剂的具体规定；规定了罚则；界定了膳食补充剂与药物概念；增补叶酸作为膳食补充剂。

《消费者知情权（食品原产国）法案》（2018）于 2018 年 12 月 3 日正式生效，其目的是在新西兰提供某些食品时需要强制性标明原产国（地区），帮助消费者准确了解食品来源，不仅需标明加工包装地点，还要标明收获、捕获或饲养的地方，并规定了两种例外情况，一种是十分复杂导致过度繁重，另一种是不能帮助消费者作出决定。

2.《动物产品法案》（1999）及其条例

《动物产品法案》（1999）的目的是保护人类及动物健康，方便动物产品进入海外市场。该法案于 2018 年 10 月 1 日最新修订。根据该法案建立的风险管理系统可以覆盖到所有动物原料和产品从生产收获到加工、运输、储存和出口的全部业务。该法案制定了一套所有的动物产品都必须遵守的监管制度，食品贸易据此来确定是否符合动物产品的有关标准。依照《动物产品法案》（1999），初级产业部负责：以条例或通告形式颁布标准；制定动物产品加工企业风险管理程序（Risk Management Programmes，RMPs）；制定监管控制方案和紧急控制方案，以便于通过国家监控计划更有效地控制包括污染物、药物残留在内的食品相关风险；制定出口控制措施，包括海外市场准入要求、出口总体要求和官方保证。

《动物产品条例（乳品）》（2005）于 2005 年 4 月 22 日制定，其规定了乳品及加工过程适用标准，包装、储存、运输标准，产品溯源标识、标签，记录保持管理，奶场主职责，认证公司和人员资格认可，违规处罚。

《乳业条例（国家残留监控计划）》（2002）于 2016 年 3 月 1 日最新修订，主要是在 2005 年修订的基础上依据《食品法案》（2014）要求进行附表修订，目的在于为确定乳品原料及其产品中的残留是否得到有效控制提供监控法规依据。该条例规定了监控计划的建立、监控计划执行人员的资格认可、检测实验室的认可、检测结果应用、监督调查等。

《动物产品条例（管控方案——污染物监控和监测）》（2004）于 2004 年 11 月 19 日制定，主要是对动物产品残留监控提供法规依据。一是确定动物组织和动物产品中化学污染物质、生物污染物的残留状况、残留量和分布情况；二是监控含污染物的动物组织和动物产品对人类、动物所产生的危害风险。

根据《立法法案》（2012）规定，《动物产品条例（管控方案——双壳软体贝类）》（2006）在 2017 年 5 月 19 日后，作为初级产业部的部门公告执行。其规定了在商业贸易中供人类食用双壳软体贝类的养殖、收获、分类挑选和运输以及贝类产品加工生产的风险鉴定、监控、评估和风险管理。

3.《农药及兽药法案》（1997）及其条例

《农药及兽药法案》（1997）规定了动植物中农兽药的使用，于 2018 年 10 月 1 日最新修订。该法案的目的是防止和管理在使用农药时对公共卫生、初级农产品贸易、动物福利和农业安全等带来的风险，确保农药的使用满足国内食品残留限量标准，向消费者提供有关农药的充足信息。

《农药及兽药条例（豁免和禁用物质）》（2011）于 2016 年 12 月 15 日最新修订，在该条例附表 1 中增加了五氯苯酚及其盐化物、酯类和毒杀芬两种物质。主要内容包括：禁用农药清单，免予注册农药条件（含进口、生产、销售及使用）及豁免清单，生产豁免农药应提交的文件体系，兽用复合制剂应符合的文件体系、使用说明书、误用警示语，豁免物质的记录管理、进口记录。

4.《生物安全法案》（1993）

《生物安全法案》（1993）规定了对病虫害的控制，于2018年10月1日最新修订。涵盖了进口货物（含进口食品）交通工具以及边境、境内各地区之间生物安全检疫控制。

5.《葡萄酒法案》（2003）

《葡萄酒法案》（2003）于2018年10月1日最新修订，管理包括新西兰葡萄酒、水果和蔬菜酒、苹果酒和蜂蜜酒在内的酒类制造行业。该法案规定了：真实标签和安全等标准的制定；最大限度地减少和管理生产过程中产生的对人类健康的风险，并确保产品满足相关标准；通过提供所需的控制措施和相关机制以及官方签发的产品安全保障证书，便利新西兰葡萄酒进入国外市场；帮助制定出口资格要求、出口商注册事项及主体责任，维护新西兰酒在国际市场的声誉；货物溯源、召回、验证、记录保存、主动报告等；监管部门设立及监管职责；违法处罚等。大多数酒类生产企业或个人通过执行葡萄酒标准管理计划（Wine Standards Management Plans，WSMP）可使其符合法案中的要求。

6.《国家动物识别与追溯法案》（2012）

《国家动物识别与追溯法案》（2012）于2018年11月13日最新修订，目的是建立动物从出生到死亡或者活动物出口这一完整的动物识别和溯源追踪体系，提供动物或动物群的饲养位置及移运等相关信息，提高生物安全管理，防范食品中有害物质残留、食物源性疾病以及人畜共患病给人类带来的危害，提高动物生产率，保证人类食品安全，促进动物安全贸易。

7.《危害物质和新物种法案》（1996）

《危害物质和新物种法案》（1996）于2018年12月30日最新修订，其目的是通过防止和管理危害物质和新物种的引入，保护国家环境、人类健康和安全以及生态安全。

8.《海关和消费税法案》（2018）及其条例

《海关和消费税法案》（2018）于 2018 年 11 月 26 日最新修订，其主要目的是征收《关税法案》（1988）规定的税收、消费税及其他税收，通过风险管理加强边境管制，明确海关的权力。

《关税及消费税条例》（1996）于 2019 年 4 月 1 日最新修订，规定了海关监管区的权限、货物人员进出境、货物原产地管理、税收等内容，海关应通过计算机系统协助初级产业部对需要进口许可管理食品进行管理，该条例第五章规定了禁止和限制进出口的货物管理要求。

9.《渔业法案》（1996）

《渔业法案》（1996）于 2018 年 10 月 22 日最新修订，其目的是确保渔业可持续发展的同时，加强渔业资源利用，提高社会、经济和文化水平，同时规定了可持续性措施、配额管理、渔业许可、水产养殖等内容。

10.《动物福利法案》（1999）

《动物福利法案》（1999）于 2018 年 9 月 8 日最新修订，规定了动物的福利措施，规定企业应采取一切合理措施确保动物身体健康和动物的需求。该法第三章规定了从新西兰出口动物的福利，出具动物福利出口证明的要求，动物运输过程中的最低保障条件等。

11.《标准与认证法案》（2015）

《标准与认证法案》（2015）取代整合了《检测实验室注册法案》（1972），于 2016 年 3 月 1 日最新修订。该法案规定了新西兰建立标准和合格评定制度的要求，制定、批准、维护和监督新西兰实施的标准，建立新西兰标准审批委员会，将检测实验室注册委员会改名为认证委员会，仍提供合格评定机构（检验实验室、检测机构和认证机构等）的认证工作。

8.2 食品安全监管体系

1996 年，澳大利亚与新西兰在《澳大利亚和新西兰食品标准法案》（1991）

框架下建立了食品联合管理系统，并规定由澳新食品标准局负责制定与维护澳大利亚、新西兰食品标准与法规，由澳新食品监管部长级论坛负责制定食品政策，其论坛成员是联合食品安全监管体系的决策者。

澳新食品标准局是澳大利亚和新西兰专门制定食品安全标准的独立非政府机构。澳新食品标准局主要负责制定食品生产和加工过程中的卫生标准、食品中的农兽药残留限量，还负责协调食品监测和食品召回系统，并为农业、渔业和林业部在进口食品监管中提供支持。澳新食品标准局在制定食品标准时，必须考虑部长级论坛发布的政策指南，还要经过论坛的审批。这些食品标准经过论坛批准后即成为《澳新食品标准法典》的一部分。虽然食品标准是由澳新食品标准局制定的，但负责标准的强制执行和监督检验的是澳大利亚各州和领地政府及新西兰相关机构。

澳新食品监管部长级论坛是由来自澳大利亚各州和领地的卫生部部长、澳大利亚政府部长以及新西兰食品安全部部长等组成的具有十多名成员的部长级论坛。澳大利亚的一名卫生部部长是论坛的主席，论坛每年需要召开至少一次见面会，就食品安全方面的政策问题进行表决。论坛的主要职能是制定食品监管政策，促进澳大利亚各州和领地之间，以及澳大利亚与新西兰之间食品标准的统一，监督标准的实施，促进澳大利亚各州和领地及新西兰以一致的方式执行标准，制定开发食品标准的政策指南，以及正式通过、修改或拒绝澳新食品标准局理事会核准的食品标准草案，并可要求澳新食品标准局复议标准。

8.2.1 澳大利亚食品安全管理机构

澳大利亚食品安全的管理工作是由联邦政府、州和领地政府管理机构及地方政府共同承担。联邦统一负责食品标准、食品对外贸易、检验检疫等法律法规制定。州和地方政府负责辖区内的食品安全管理事务。在澳大利亚负责食品安全监管的机构为农业、渔业和林业部，澳大利亚农兽药管理局，澳大利亚竞争和消费者委员会等。

1.澳新食品监管部长级论坛

2011年2月13日,澳大利亚政府委员会(Council of Australian Governments,COAG)建立了一种新的行政制度,其中一条就是原先的澳新食品法规部长理事会(Australia and New Zealand Food Regulation Ministerial Council)变身为食品立法和治理论坛(Legislative and Governance Forum on Food Regulation),2014年该论坛改名为澳新食品监管部长级论坛,相关职责没有变化。该论坛首要职责是对内部食品法规政策的发展和食品标准提供政策指导,具体包括:为澳新食品标准局制定食品标准提供政策指南;促进澳大利亚和新西兰之间的标准协调;对食品标准的实施进行监督;在不同的司法管辖范围促进执法的一致性。论坛成员由澳大利亚和新西兰政府以及澳大利亚各州和领地部长(通常是卫生部部长)组成,其他职责相关部门(如第一产业部、消费者事务部等)的部长只要被相应所属地区提名也可参与,这确保了整个食品链的食品法规的完整性。论坛每年需召开至少一次见面会。

食品法规常务委员会(Food Regulation Standing Committee,FRSC)作为论坛的小组委员会,为论坛提供政策建议;协调并确保全国范围内食品标准实施和执行的一致性,常务委员会也向论坛提出食品法规常务委员会工作启动、评估和发展的建议。其成员由澳大利亚和新西兰卫生部部长及澳大利亚各州和领地的相关高级官员组成。执行小组委员会(Implementation Sub-Committee,ISC)是食品法规常务委员会的分委员会,其职责是对跨地区食品法规和标准实施和执行的一致性进行监督审查,这种监督审查涵盖国内生产商、出口注册生产企业和进口商。

设于澳大利亚卫生与老年保健部(Australian Government Department of Health and Aged Care)的论坛秘书处(Food Regulation Secretariat)为部长级会议和小组委员会提供秘书服务。秘书处的日常运作独立于联邦政府,并通过下列活动有效保证部长级会议及其委员会的正常运转:组织各类会议包括部长级会议、食品监管常务委员会会议,以及需要时的电话会议;协调部长级会议和食品监管常务委员会事务，为各类成员提供议题文本，以及为会议提供记录，负责对澳新食品标准局的反馈。

2. 澳新食品标准局

澳新食品标准局是依据《澳大利亚和新西兰食品标准法案》（1991）成立的独立的双边法定机构，在澳大利亚堪培拉、新西兰惠灵顿分别设有办事处，通过来自澳大利亚和新西兰食品方面的专家组成的委员会实施管理。澳新食品标准局为制定食品标准提供政策指导。

澳新食品标准局是制定并管理《澳新食品标准法典》的双边官方机构。该法典规定了食品中的成分、加工助剂、着色剂、添加剂、维生素和矿物质的使用。该法典还包括对一些食品组成的规定，包括乳制品、肉类、饮料及对运用食品新技术（如基因改良）的食品的规定。澳新食品标准局还对预包装食品和非预包装食品的标签进行规范，包括需明确标示的强制性警示语和建议语。

在澳大利亚，澳新食品标准局的职责更加宽泛，负责制定整个食品供应链标准，制定食品生产和加工过程中的卫生标准，制定食品中的农兽药残留限量，还负责协调食品监测和食品召回系统、开展研究和为农业、渔业和林业部在进口食品监管中提供支持。

3. 澳大利亚农业、渔业和林业部

澳大利亚农业、渔业和林业部，原称澳大利亚农业、水和环境部，目前该机构的组织架构包括环境组，生物安全与合规组，政策、创新、战略、渔业和林业组等部门。该机构主要负责食品农产品监管政策的制定和执行，包括农业、渔业、林业及食品工业的监管政策及进出口管理；制定进出口产品的检验检疫程序和相关政策，以及残留监控工作，决定动植物产品是否被允许进入澳大利亚及其附加条件。

4. 澳大利亚农药和兽药管理局

澳大利亚农药和兽药管理局的工作核心是管理农兽药，主要负责所有农业和兽医用化学品的市场准入登记注册，具体职责包括：负责统一评估和登记所有进入澳大利亚市场的农业及兽医用化学产品；制定农兽药最大残留限量和屠宰牲畜休药期，与澳新食品标准局等部门联合开展农兽药等化学物质暴露评估；对市场上农兽药化学品进行监控和核查以确保其持续符合高标准。

5. 澳大利亚竞争和消费者委员会

澳大利亚竞争和消费者委员会（ACCC）隶属于财政部，是国家负责处理有关竞争和消费者保护事务的最高机构。其主要职责是促进竞争、公平贸易和保护消费者。食品方面主要负责标签及原产国等方面的符合性声称和相关执行工作，并对消费者投诉开展调查。

6. 内政部

2017 年 12 月 20 日，澳大利亚内政部成立。作为民政事务组合的一部分，内政部继续提供移民和边境保护部先前提供的移民和海关边境政策职能。澳大利亚原海关与边境保卫局相关职能并入内政部，主要通过一体化货物通关系统（Integrated Cargo System，ICS）处理进出口运输工具、货物等电子通关申报，该系统将内政部与进出口商（或其代理商）、航空公司、船公司、许可证签发机构和政府其他部门（如澳大利亚统计局）联网，促进旅客快速通关和便利贸易。

7. 地方政府

州和领地政府负责辖区内的食品安全管理事务。各州议会都制定了相关的法律，对本州的食品安全管理体制作出了规定。一般而言，州政府的卫生部门负责对下级卫生部门进行指导、咨询，并培训卫生监督管理员以及从事食品服务业的人员。市、县政府的卫生部门负责监督本地区的食品服务业（餐馆、单位食堂以及食品摊贩等）、食品生产加工企业。

在维多利亚州，由维多利亚健康事务局食品部、维多利亚乳品局、农渔产品安全局以及地方政府委员会等共同管理食品，四个机构分别独立。

在南澳大利亚州，由南澳大利亚州的农业局（PIRSA）、卫生局食品部以及地方政府委员会等共同管理食品，其中南澳大利亚州的农业局下辖两个重要机构，即南澳大利亚乳品局及肉品卫生局。

8.2.2 新西兰食品安全管理机构

新西兰涉及食品安全监管的机构主要有议会立法咨询办公室、法规审查委员会、初级产业部、卫生部、海关、环境部等。

1. 议会立法咨询办公室

议会立法咨询办公室负责新西兰食品安全法律法规的咨询、起草、制定（修订）、审议、颁布工作；负责提供食品安全法案和立法说明文本；负责对初级产业部等机构制定的食品安全规定进行审查。

2. 法规审查委员会

法规审查委员会负责对提交议会审议的食品安全法律法规进行合规性审查。

3. 初级产业部

2002 年前，新西兰主管食品安全的部门有新西兰农业林业部和卫生部。其中，新西兰农业林业部负责农业产品、肉类和乳制品加工产品、出口食品、农业投入品和兽药的登记；卫生部负责处理与人健康相关的问题，以及确保国内市场食品的安全，包括进口食品。

2002 年，新西兰进行了食品安全体系改革，为了协调和统一食品安全监管工作，提高新西兰食品安全监管体系的效力，尤其是为了解决好农业林业部在出口食品安全项目和卫生部在国内食品安全项目实施之间的矛盾，新西兰政府将两个部门的食品安全职责合并，成立了新西兰食品安全局（New Zealand Food Safety Authority，NZFSA）。该局拥有新西兰国内食品安全、食品进出口和食品相关产品的监管权，其管理职责覆盖国内市场食品销售、动物产品的初加工、由政府出具的相关出口证明、农产品的出口、食品进口、农业投入品（如农药和化肥）、兽药管理及制定相关行政管理要求。

2010年，新西兰将食品安全局并入农业林业部，2011年7月1日，农业林业部与渔业部合并，成立农林部，2012年4月30日，农林部更名为初级产业部，以提供政策和法规建议、市场准入和贸易服务，全面实施生物安全、食品安全、林业和渔业管理以及动物福利计划。初级产业部下设生物安全局、食品安全局、林业局、渔业局、农业和投资服务事业局5个业务部门，以及公共事务、合规与治理、企业服务、贸易政策4个职能范围，在国内外有60多个工作点，拥有2900多名工作人员。

初级产业部主要通过生物安全、食品安全、渔业安全三方面进行食品安全监管。生物安全是通过边境查验、检疫处理、监测控制等方式，防止有害生物和疫病传入新西兰，建立监控系统来检测和应对病虫害的传入和定殖，主导生物安全监管系统，保护新西兰生物安全和物种多样性。食品安全是通过构建食品安全管理体系，保障食品生产、加工、包装、运输、储存、进口、出口、销售等所有供应链方面，为国内外消费者提供优质、健康、安全的食品，提高全球消费者信心，发展食品国际贸易。渔业安全是通过监测鱼类种群可持续性，限制商业捕捞量，提供可持续的水产品。与环境部合作进行海洋保护区（MPA）改革计划，开展各类海洋管理工作。

在食品安全领域，初级产业部负责国内和进出口食品的监管，包括出口食用动植物源性产品，葡萄的种植、收割及酒类的生产、加工、包装，食品标签和食品成分，以及食品的储藏运输和销售管理；负责制定新西兰特定食品标准；负责进口食品、出口食用动植物源性食品和酒类的官方认证以及其他认证；负责农业化学品注册和兽药使用控制；负责与其他贸易国家或地区就食品安全问题进行双边、多边磋商谈判，执行贸易国或地区协定（《塔斯曼相互认可协议》），提供出口食品官方保证；参与食品安全国际组织工作。

4. 卫生部

卫生部在食品安全方面的职责主要有：制定营养指南和国家食品营养

发展政策；制定食品分类系统；制定新西兰城市饮用水质量管理指南；负责食源性疾病调查管理；授权新西兰医药设备安全局（New Zealand Medicines and Medical Devices Safety Authority）负责新西兰国内及进出口药品、医疗设备、化妆品和膳食补充剂等相关产品的安全管理、预警及召回工作。

5. 海关

海关与初级产业部共同开发了边境联合管理系统（Joint Border Management system，JBMs），海关利用该系统，按照《关税及消费税法案》（1996）的授权，协助初级产业部对需要进口许可管理的食品农产品进行管理。新西兰海关还有贸易单一窗口（TSW），电子化联接口岸部门（海关、初级产业部、海事部、卫生部），企业可注册进行货物清关。

6. 环境部

环境部负责新西兰的环境保护和自然资源改善，主要执行《资源管理法案》（1991）、《危害物质和新物种法案》（1996）等法律。下属的环境保护署负责执行新西兰环境保护的法律、法规；负责管理新西兰国内或进口的农兽药、危险品、家用化学品和其他有害物质；负责新物种引入工作风险评估并作出决策；负责管理释放臭氧化学物质、危险物质。

7. 贸易发展局

贸易发展局（NZTE）是新西兰政府的官方贸易及投资促进机构，成立于2003年7月1日，目前在世界各地设有50个办事处，有600多名员工，与外交事务和贸易部（Ministry of Foreign Affairs and Trade）及初级产业部合作，服务新西兰食品企业拓展国际贸易，帮助企业进行食品安全管控、出口市场准入、寻找合作伙伴，促进外贸、投资、国际竞争力及其他经济活动的健康发展。

8. 商务创新和就业部

商务创新和就业部（MBIE）于2012年7月1日成立。该部门整合了住建部、经济发展部、劳工部、科学和创新部、移民局的职能，其在食品安全方面负责以下内容：联合初级产业部的食品安全系统形成商业监管体系；应对贸易壁垒，规范贸易救济、关税、知识产权；国家食品和饮料工业发展规划、食品科技创新等。下属的新西兰标准局（Standards New Zealand），负责新西兰标准的制定和管理，代表新西兰参与国际标准化组织（ISO）工作，审核标准及相关出版物的发布，负责对标准审批委员会成员的任命和管理。

9. 商业委员会

商业委员会在确保新西兰市场具有竞争力、了解和保护消费者、监管竞争很少或没有竞争的行业方面发挥重要作用。商业委员会由商务创新和就业部监督。在食品安全方面，主要是依据《乳制品行业重组法案》（DIRA，2018 年修订）的授权，对新西兰的恒天然公司进行监管，该公司控制了新西兰 95% 的牛奶产量。商业委员会会在每个奶制品季节对恒天然公司进行两次评估：一是评估恒天然公司牛奶价格手册是否符合《乳制品行业重组法案》中规定的可竞争性和高效性；二是评估恒天然公司基础牛奶价格是否能够促进发展，确保新西兰乳制品价格的透明度和竞争力。

10. 园艺出口管理局

园艺出口管理局（HEA）是新西兰政府监督管理出口园艺产品（水果、蔬菜等）的官方机构，主要执行《新西兰园艺出口管理局法案》（1987），通过出口营销策略（EMS）和出口许可证制度，实行强制出口营销策略，制定园艺产品分级标准，监督获许企业的活动是否遵守策略。因此既可以提高产品价格，又实现了完全销售，利润得到最大化。如 Zespri 公司是新西兰唯一的猕猴桃出口商，一方面保证了果实品质的一致性和稳定性，另一方面消费者认可该品牌，愿意高价格购买。

11. 地方执行机构

地方执行机构在食品安全监管方面的主要职责包括：执行辖区内食品生产经营企业的登记管理职能；按照法定职能对员工进行管理和培训；执行管理核查职责，主要对某些食品安全控制计划和国家控制程序进行核查；

负责对涉及食品安全和合规性的食品控制计划，以及由地方机构负责注册管理的食品企业实施的国家控制程序的不符合情况、投诉及其他事宜开展调查；对上一条所描述的情况采取恰当的纠偏和预防措施；确保食品安全官员依法履职；负责食品召回和应对紧急事件；负责传播信息和向食品企业和公众就促进食物的安全性和适用性提供建议；负责执行食品安全信息收集，受理食品企业的食品控制计划和国家食品安全控制计划的注册申请，向初级产业部上报信息，按照法定要求情况直接向首席执行官汇报等管理职责；负责执行辖区的食品安全监测工作和信息收集上报工作。

8.3 食品进出口监管体系

8.3.1 澳大利亚进口食品监管机制

为保证进口食品顺利进行，进口商必须遵守如下两个方面的要求：一是检疫；二是食品安全。所有进口到澳大利亚的食品必须符合《生物安全法案》（2015）的相关要求。所有进口到澳大利亚的新鲜水果、蔬菜及含肉、乳、蛋和其他动物源性成分的食品进口前必须获得检疫许可。登录农业、渔业和林业部生物安全部门的 BICON 数据库可以确定进口到澳大利亚的食品是否需要检疫许可，了解相关的准入条件及其他检疫要求。食品进口商必须确保进口食品符合澳大利亚生物安全要求，否则将禁止入境。食品满足所有的检疫要求后，还必须满足《进口食品控制法案》（1992）的相关要求。进口食品采用的标准列于《澳新食品标准法典》中，进口食品必须完全符合该法典的相关要求。进口商承担保证进口食品安全的职责。

1997 年，澳大利亚与新西兰政府签署了《塔斯曼相互认可协议》（Trans Tasman Mutual Recognition Arrangement，TTMRA），根据协议内容，在一方合法销售的商品，在另一方不需取得另外许可，也可合法销售。这意味着从新西兰出口到澳大利亚的食品大多数不需要经过评估和口岸检验，这样的食品必须满足：在新西兰种植、收获、生产或进口到新西兰的；符合新西兰食品法律法规要求；必须标注澳大利亚或新西兰进口商和销售商的地址。需注意的是，从新西兰进口的食品仍需经过检疫方可进入澳大利亚，下列从新西兰进口的高风险食品也必须经过检验：牛肉和牛肉产品（无论是否经过冷藏、冷冻或熟制）、即食薯片、熟制猪肉（罐头除外）、奶酪、褐色海藻，以及从新西兰转口的所有食品。

1. 进口食品检验计划

根据《进口食品控制法案》（1992）和《进口食品控制条例》（1993），进口食品必须进行基于风险分析基础上的边境检验和控制，即进口食品检验计划（Imported Food Inspection Scheme，IFIS）。这项工作由农业、渔业和林业部主导。按照进口食品检验计划的要求，进口食品由澳大利亚海关和边境保护局按 HS 编码送交到农业、渔业和林业部。农业、渔业和林业部通过执行进口食品检验计划对进口食品安全进行检验。检验结果数据，包括分析检测结果，都是公开的。

除了农业、渔业和林业部对进口食品的检验，州和领地监管部门有责任保证市面上售卖的所有食品（包括进口食品）符合法典的要求，对潜在的不符合规定的食品（包括进口食品）的投诉，可直接向当地相关机构提出。不符合要求的食品须退货、销毁或可能情况下降级处理。

2. 进口食品的分类与检验

与所有国家一样，对每个进口食品项目进行检验并不符合实际。对什么食品进行检验以及检验的频率取决于不同食品的风险评估信息收集结果。澳新食品标准局向农业、渔业和林业部提供特定食品的公共卫生水平的风险评估建议，农业、渔业和林业部对所有进口食品按照《澳新食品标准法典》和《进口食品控制法案》（1992）的要求进行标签、营养成分和感官检验。同时根据食品的不同风险等级，按不同比例抽样进行微生物和有毒有害物质等相应项目的检测。根据食品的不同风险等级，进口到澳大利亚的食品分为风险类食品、监督类食品和符合约定类食品。

风险类食品（risk food），指含有高或中等潜在污染或其他食品安全缺陷风险且从消费者安全角度来看发生频率可能无法接受的食品。风险类食品必须按照加紧、正常、宽松三种情况进行检验，同时还会视情况进行调整，成为一种动态频率。

监督类食品（surveillance food）范围最广，不属于风险类或者符合约定类的食品都算在内，如果涉及扣留令则根据扣留相关法规操作。在进口食品检验计划下被归为监督类的食品虽然被视为有潜在危险性，但缺乏进一步的信息以确认是否存在危害，一般维持至少6个月，然后对资料进行审核，以确定该种食品是否划为其他类别。

符合约定类食品（compliance agreement food）是指在进口商与农业、渔业和林业部建立的食品进口合规协议系统（Food Imported Compliance Agreement system，FICAs）下的食品。该系统从2010年2月开始实施，给进口食品商提供了调整原有食品检验项目和频率的机会。食品进口合规协议系统是一种建立在相互信任之上的管理系统，依据认证证书和农业、渔业和林业部审核进口食品安全管理系统的内容来实现的，农业、渔业和林业部可以通过食品进口合规协议系统辨别和监管进口商文件式的食品安全管理系统，从而对进口食品检验计划作出调整。

食品进口合规协议由三部分组成：主要项目、标准项目和执行程序声明。主要项目包括进口商的详细信息，具体包括进口商名称和地址、仓储地址和食品名称，这些文件需要由联邦政府和进口商共同签字确认。标准项目包括两部分：总的通告要求及审查信息，这些信息包括食品进口合规协议变更、暂停和取消。执行程序声明列明了对于进口食品安全及符合性体系的关键要求，其中包括前提、设备、食品安全性评估、生产企业信任保证和其他一些技术性要求，这些文件包含了所有类型食品的进口要求。当收到申请者的进口食品合规协议申请，农业、渔业和林业部会确认申请者没有任何不良信用记录，还会调查申请者之前的进口食品检验计划记录和其他进出口记录。澳大利亚农业、渔业和林业部生物安全部门对签署了食品进口合规协议的食品主要进行标签审查和对安全项目进行感官检验。

3.进口食品检验收费

澳大利亚政府要求农业、渔业和林业部为保证进口食品检验体系正常运行进行收费。《进口食品控制条例》（1993）列出了明确的收费标准。

此外，进口商还要为进口食品支付实验室检测费，该费用由农业、渔业和林业部认可的检验师收取。

4.进口食品检验计划抽样

当农业、渔业和林业部官员要求进口食品按照进口食品检验计划检验时，则会对这些食品进行采样选实验室检测。用于检验的样品应选择该批次具有代表性的样品。同批次的食品是指以类似的方式制造及包装的食品。每一个货物批里面可能有几个生产批。

每个货物批中生产批的取样数量取决于该批食品的分类（风险类食品或监督类食品）和进口的生产批数量。对于风险类食品，农业、渔业和林业部官员必须对每个货物批采样。对于监督类食品，可以跨批抽取样品。进口食品的抽样量在《进口食品控制条例》（1993）中进行了详细规定。

5.进口食品调查

除按照进口食品检验计划进行常规检验外，农业、渔业和林业部还参与进口食品调查。该项调查的目的是为食品法规常务委员会进行风险评估提供信息和为进口食品确定适当的常规检验提供数据。主要包括在执行小组委员会检测网络下共同参与国家协调调查计划，进口农产品微生物和化学物质调查，进口海产品农兽药残留调查，香料中微生物状况调查，进口海产品检测项目审查。

6.对不合格进口食品的处理措施

进口商有责任保证进口食品符合法律和标准要求，明知食品不合格而进口的行为是违法行为。对于首次检验不合格的食品可采取的措施包括整改合格、降级使用、退运销毁。

当监督类食品不符合澳大利亚食品标准时，农业、渔业和林业部可签发裁决令（Holding Order）。裁决令是一种确保相关不合格食品再次进口时是否得到矫正的法定机制。在食品进口前，农业、渔业和林业部出具食品控制证书（Food Control Certificate）通知进口商该批食品是否受裁决令约束，收到裁决令的食品在检验结果出来前不得放行。收到裁决令的食品清单并不公开，农业、渔业和林业部将通知进口商其进口食品不合格。农业、渔业和林业部有权保存食品进口商信息并进行分类，但不对外公开。

收到裁决令的食品并不意味着该食品下次进口时不允许进入澳大利亚市场。如果进口商解决了最初的问题并且该食品通过了检验，该食品可以进入市场。一些标签不合格的食品可以在口岸抽样检验前整改合格。撤销裁决令应满足以下条件：连续 5 批检验合格；或者标准 / 检验要求变化导致裁决令不再适用；或者收到农业、渔业和林业部部长裁决该食品符合食品标准法典的信息。如果裁决令被撤销，相关食品将回到常规监测频率。

7. 不合格进口食品信息的公布

针对不合格进口食品，按照《进口食品控制法案》（1992）第 35 条要求，澳大利亚农业、渔业和林业部每月定期公布进口食品通告。不合格食品信息不包括标签不合格。从 2012 年 1 月起，不合格信息包括了生产商信息（包括种植者、捕捞者、生产者、加工者等信息），采用进口商提供和食品包装标签上标注的信息。

8.3.2 澳大利亚出口食品监管机制

农业、渔业和林业部根据 1982 年《出口控制法案》和相关法律规定，控制农产品出口。通过有效监管，使澳大利亚的农产品出口符合进口国要求。

由该部门控制的商品在立法中进行规定。法定所包的货品有：乳制品、鸡蛋和蛋制品、鱼和鱼制品、新鲜水果和蔬菜、谷物和种子、干草和稻草、活的动物、肉类和肉类产品、有机农产品、植物和植物产品。

对于非法定货物出口不受《出口控制法案》（1982）管辖，由出口商自身满足进口国家/地区设置的条件。某些动植物副产品可免于政府控制，例如：用于制造或制药目的的鱼油、为宠物食品用鱼粉、动物副产品、化妆品、不可食用的血液、营养补充剂、干宠物食品、加工食品、提炼油脂、提炼肉（rendered meat）、皮和革（skin and hide）、羊毛。

1. 出口注册

根据《出口控制法案》（1982）、《出口控制令》（2005）的规定，对于用于出口的法定货物须进行注册。生产商的厂房必须以有效和卫生的方式建造，装备和操作等须符合规定，并且须得到农业、渔业和林业部的批准。生产商需填写注册申请表，将填好的表格提交所在地区进行初步审核。在初始文件获得批准后，申请将被发送到上一级进行进一步的评估和批准。一旦获得批准，生产商获得注册证书和编号，该证书必须在注册的出口场所醒目的位置张贴或公示。

2. 出口配额

澳大利亚政府致力于支持澳大利亚农产品出口，并与贸易伙伴谈判了一系列重要的双边和多边协议，以促进贸易。其中一些协议包括通过配额管理使某些产品的关税税率降低，这使得出口商能够将特定数量的商品出口到特定国家，为澳大利亚企业节省成本。

3. 出口文件

出口文件包括出口许可证、进口国要求的证书和相关文件。EXDOC（Electronic Export Documentation System）是由农业、渔业和林业部开发的软件应用程序，用于管理初级产品的出口文件。EXDOC取代了手动生成的许可证和证书。出口商在EXDOC程序中进行注册，可通过该系统申请出口文件，审核和批准的服务需要收取服务费。

申请出口文件时，出口商需确认产品合格性：出口产品的合规声明；适用的产品测试结果已经过审核并确认，符合进口国要求；已确定符合所有具体进口国要求；该产品的出口链（如从配料收货、生产到储存，然后装载出口）；出口许可证是在货物从澳大利亚运出之前签发的；出口许可证申请中的产品描述和批次详细信息与出口货物、实验室测试结果中的信息、合规声明和相关文件中的信息、容器和密封号等相符；在适用的情况下，所有维护和监测冷链要求（包括直至最终目的地）的安排都已落实到位。

出口商有法律责任确保了解并满足出口产品符合出口条件的所有要求，必须确保有书面证据支持列出的产品符合所有出口法规，符合适用的进口国要求以及批准的所有条件或限制，且提供的所有信息都是真实无误的。虚假声明可能导致重大处罚，包括罚款和可能的监禁。

8.3.3 新西兰进口食品监管机制

1. 对进口食品的要求

（1）一般要求

进口食品必须未受污染，进口商所采购的食品应在合规环境下生产，能提供食品安全卫生、合法出口的证明文件，符合新西兰相关的法律法规，满足《澳新食品标准法典》和新西兰的食品标准要求。进口食品样品也应按照销售用进口食品的同等要求进行管理，除非有足够的理由证明其不用于消费。

（2）进口食品限量要求

污染物和天然毒素限量：重金属、非金属污染物和天然毒素应符合《澳新食品标准法典》设定的最大限量水平。

农兽药最大残留限量：新西兰初级产业部依据《食品法案》（2014）、《食品条例》（2015），根据实际情况，在其官网上发布农兽药最大残留限量通告。通告规定了：新西兰国内销售的食品和所有进口食品应符合新西兰食品最大残留限量标准或特定食品的豁免情况，对于未具体列明的农药残留限量一律要求最大残留限量为 0.1mg/kg；对于列明兽药但未列明产品的残留限量一律要求最大残留限量为 0.01mg/kg；对于未列明的兽药残留限量除豁免情况外一律要求最大残留限量为 0.001mg/kg。

微生物限量：应符合《澳新食品标准法典》的规定。新西兰食物源性疾病重点关注单增李斯特杆菌、弯曲杆菌、沙门氏菌这 3 类致病菌。

2. 对进口商的要求

食品进口商必须满足《食品法案》(2014)、《食品条例》(2015)及相关的通告。为确保进口食品安全，新西兰初级产业部对食品进口商实施注册登记管理，注册登记后食品企业才能经营进口食品。进口商按照要求填写完申请表并通过邮件的方式提交给海关，海关通知初级产业部，初级产业部再进行确认，确认通过即可成为食品进口商，企业的申请成本为 133.69 美元，注册登记每年需要更新。

进口商应向初级产业部提交企业的相关详细信息，如公司名称、营业地址、联系人姓名和通信地址、贸易商名称和通信地址等。同时做好销售用进口食品的溯源记录、标签管理、许可证监管等要求，记录应证明进口食品符合新西兰所有法规，注明进口食品的生产方式、运输方式、储存方式及记录相关供应商信息，确保进口食品的安全。

3. 食品进口流程

新西兰进口食品由初级产业部主管，在初级产业部的官方网站详细介绍了对进口食品的规定和要求，公布了可以从事进口食品检测的实验室名单供进口商选择，并专门建立一个栏目来发布进口商预警，告知进口商有关海外召回及正在发生的食品安全紧急事件，帮助进口商规避贸易风险，保障本国消费者安全。

食品进口流程共分 8 个步骤：

第一步：进口前须向初级产业部申请注册成为进口商，否则无法从事食品进口。初级产业部在网站上公布名单，但不公布进口商的详细信息。

第二步：符合食品进口商一般性要求，包括货源、储存、进口前运输、记录保存管理规范。

第三步：掌握初级产业部和海关对进口食品的控制规定。对于无进口卫生标准（IHS）、有检疫风险的动物源性产品，可以申请制定相应产品的进口卫生标准，在新的进口卫生标准发布后方可进口。初级产业部要求向新西兰出口动物产品的国家的兽医管理体系需符合新西兰生物安全管理规定，并无相应的动物疫病。

第四步：掌握进口食品放行程序及要求。

第五步：对进口食品进行准确归类，高度监管食品和部分增强监管食品需申请进口许可。

第六步：许可证办理。填写信用调查申请表和许可申请表。

第七步：缴纳相关费用。对需要进行抽样检测的食品，初级产业部中央结算室负责收取相关费用，包括许可证费，抽样检查费，消毒处理费，初级产业部检查员交通费，货物检验费，销毁、运输、装卸处置费以及隔离检疫费等。

第八步：确保进口销售的食品的标签合格，符合《澳新食品标准法典》的各种具体标准要求。

4. 进口食品的监管措施

（1）进口食品分类监管

新西兰将进口食品分为高度监管食品（High Regulatory Interest food，HRI）、增强监管食品（Increased Regulatory Interest food，IRI）和低监管类食品（Low Regulatory Interest food，LRI）。

低监管类食品进口时需要符合《澳新食品标准法典》和新西兰食品标准的规定，进口商在进口时应如实申报，检查合格就可以上市销售。高度监管食品和增强监管食品应申请进口许可证，初级产业部利用边境联合管理系统的货物 HS 编码归类列明了高度监管食品和增强监管食品清单，并对进口高度监管食品和部分增强监管食品实施许可证管理（来自澳大利亚的

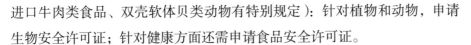

进口牛肉类食品、双壳软体贝类动物有特别规定）：针对植物和动物，申请生物安全许可证；针对健康方面还需申请食品安全许可证。

（2）许可申请与获取

食品安全许可证由初级产业部的中央通关中心（Central Clearing House，CCH）和食品安全管理官员（FSO）管理，企业可以通过两种方式获得：一是使用贸易单一窗口（TSW），二是填写"食品安全许可申请表"，通过电子邮件发送给中央通关中心。企业收到海关系统通知需要食品安全许可证后，应立即填写资料向中央通关中心申请，资料包括发票、运单、官方证书、制造商声明及其他相关资料。

货物是否需要查验是根据产品性质、供应商、原产国、进口商、进口频率及政府间协议来判定的；有的食品必须进行抽样检验，由食品安全管理官员按照供应商、进口商、以往进口记录及进口频率等因素来决定抽样频次。确定抽样后，食品安全管理官员将告知进口商将产品存放在适宜保存的地方，直到获得食品安全许可为止。

进口商必须告知产品存放的位置，提供货物的完整清单，以便食品安全管理官员核查货物的发票以确保可以对全部货物进行取样，选择有资质的检测实验室 [这些实验室开展初级产业部所列项目的检测能力必须获得新西兰国际认可组织（International Accreditation New Zealand，IANZ）的认可]，进口商不得预先挑选抽样样品或者自己进行抽样，自抽样之日起三个月内将检测结果提供给食品安全管理官员。许可证申请、边境检查、抽样和检测费用均由进口商承担，检测费由进口商直接交给实验室，缴费后才能拿到检测结果。

食品安全管理官员检查货物的批号和其他标识信息，对进口高度监管食品的每一类具体产品类型进行抽样。具体产品类型指同一公司生产的，相同的食品类型、包装规格大小、品种和品牌。对每批样品进行标记封样并填写实验室送样单，实验室送样副本会随样品一起被放置在送样箱中，送样箱由食品安全管理官员密封。最后根据企业资料、现场查验情况、检验报告等信息，初级产业部将决定是否给予许可或给出相应指令。

5. 对不合格进口食品的监管

不合格进口食品不得销售，进口商在 5 个工作日内向初级产业部提出如何处理违规食品以及剩余批次食品的书面意见，如在 10 个工作日不能通知初级产业部，整批货物将被没收或销毁。不合格食品要按初级产业部批准的方式加以处置、扣留或没收，相关费用由进口商承担。企业若违反规定，将被罚款、起诉、取消进口商注册资质等。

8.3.4 新西兰出口食品监管机制

1. 出口食品的监管

在整个新西兰出口初级产品方面，主要由六个政府部门监管，分别为：初级产业部负责初级产品监管工作；外交和贸易部负责建立并维护新西兰商品和服务的贸易关系；海关总署负责监督出口货物并支持国际贸易；贸易与企业局负责政府的国际贸易促进和商业发展；商业创新和就业部负责支持经济快速发展；卫生部负责新西兰治疗产品的监管。其中初级产业部主管初级产品出口监管工作。

初级产业部在促进出口方面的主要职责有：负责制定食品和农产品的监管标准，验证标准是否得到满足并为海外市场提供质量、检疫、标签等方面的官方保证，保障新西兰产品的质量和声誉；帮助出口商进入海外市场加强自由贸易协定谈判，参与制定国际标准，参加贸易代表团，促进出口贸易增长；防范关税、行政程序、标签许可、数据隐私要求、价格补贴、技术性等方面的贸易壁垒。

2. 一般要求

出口食品必须符合《食品法案》（2014）、《动物产品法案》（1999）、《葡萄酒法案》（2003）、《生物安全法案》（1993）等法律法规及其条例要求。

3. 出口商注册登记

（1）注册登记类别

根据出口产品类别要求，出口商需向初级产业部进行注册登记。包括出口动物和动物产品[如肉类、海鲜、活体动物、动物种质（精液和胚胎）、乳制品和含有动物产品的食品]，出口特定市场的官方有机食品保证计划（OOAP）下生产的有机产品，非新西兰生产的葡萄酒、果酒、苹果酒和蜂蜜酒，需要向初级产业部注册登记。其他一些产品不需要注册，但仍要满足进口国或地区的要求，如非动物产品食品（官方有机食品保证计划除外）、由新西兰葡萄酿制的葡萄酒、植物产品、非官方有机食品保证计划生产的有机产品、个人出于非商业原因出口自己的动物（如宠物猫和狗）。

（2）注册登记流程

需要注册登记的企业，应确保产品符合相关标准，符合出口资质，具备完善的质量管理体系（质量监控、溯源记录、不合格产品报告、召回制度等）。申请时填写并提交出口产品类型的相关注册表，如果企业需要参与某个组织或计划中，需要提交相关证明信息；通过邮寄方式提交表格的，要按照表格所示地址邮寄给初级产业部；对于特定产品类型还需要支付注册费用。

注册为活体动物和动物产品的出口商将按照《动物产品法案》（1999）第54节要求进行考核；注册为有机产品出口商后，如果出口为有机动物产品，则还需要先注册为动物产品出口商，如果出口有机酒类，则还需要先注册为酒类出口商；注册登记的出口商名单会由初级产业部定期更新并对外公布。

4. 市场准入

出口商除了满足新西兰相关法律法规要求外，还必须满足进口国或地区的通关、检验检疫等要求，还有产品包装、标签、许可证、注册登记等特殊要求。初级产业部提供两种国外市场准入情况介绍：一是海外市场准入要求（OMARs），可以按不同国家、不同产品类别进行筛选，该系统可以查询到出口市场准入的相关要求；二是进口国植物检疫要求（ICPR），这些文件是以进口国的法律法规及通告为基础编制的，可以帮助出口商找到进口国对植物及植物产品的要求。

5. 出口证书

新西兰确认货物符合相关标准和要求时，出具相应的证书，主要有动物产品（AP）电子证书、植物及植物产品的植物检疫电子证书、酒类电子证书、食品出口销售证书和声明、农兽药（ACVM）出口证书等。证书内容一般包括：产品及成分的原产地、出口前处理内容、微生物状况、动植物疫区状况等。证书可以根据进口国要求打印纸质版本或者通过初级产业部系统传输电子证书给进口国政府部门。

大部分的出口证书都可由企业从电子证书系统（E-cert）进行申请，不同产品有不同的证书程序，包括动物产品、酒类、植物产品电子证书系统，企业获取证书后，在离境前应向离境口岸的初级产业部进行告知。

动物产品（AP）电子证书。动物产品包括海鲜、肉类、野生动物产品、家禽、蛋类、宠物食品、蜂产品、皮张、羊毛和乳制品。电子证书可以分为五个阶段：动物产品在国内每到一个运输点都要录入信息，作为运输记录；当地官方将会核查其场地、产品、物流等信息，批准或不批准；每次产品运输都要经过以上步骤，每次都会信息留痕；产品准备出口时，企业在系统中申请出证并通过邮件发送初级产业部进行确认申请，初级产业部根据要求进行审核出证；进口国对证书进行审核，可以纸质审核，也可以访问AP E-cert网站进行验证，有数据交换的国家还可以通过当地系统直接访问交换的电子证书信息。

植物及植物产品的植物检疫电子证书（e-Phyto）：需要在政务在线识别服务 RealMe 和初级产业部注册，注册后按要求申请。

酒类电子证书（Wine E-cert）：注册 RealMe 和 Wine E-cert 账户，登录

系统后按照要求申请。

6.出口食品不合格处理

（1）不合格信息报告

已经出口或即将出口的产品被检出不合格，企业必须通知初级产业部，不合格情况包括：产品在进入目的地国家之前发生或可能发生的任何食品安全事件（无论何时检测到），不符合进口国要求的；被进口国拒绝入境的；不符合或不再符合相关的海外市场准入要求的；没有官方保证的等。

企业可以通过出口不合格指导文件（ENC）来判断货物是否合格。如果出口动物产品或酒类产品有不合格信息，必须在 24 小时内通知初级产业部。初级产业部在官网上给出了不合格动物产品报告表模板，企业可以依据模板填写。不合格酒类信息应包括：确定日期、目的国和货物位置、不合格原因、货物信息（数量、重量、规格等）、企业采取的措施等。

（2）不合格处理

产品因出口证书错误导致的不合格，初级产业部可以依据证书更换流程进行更改证书。如果货物需要退运及复出口，首先需要满足生物安全要求，如动物产品进口健康标准（IHS），但一般活动物不予退运；针对非乳制品动物产品，必须遵守动物产品退运或复出口使用要求（OMAR01/172），乳制品需要遵守出口乳制品退运要求。

8.4 中澳、中新对比分析

8.4.1 中澳法律法规标准体系对比

1.体系构成

在法规方面，澳大利亚制定的食品安全法律法规较为详细，《进口食品控制法案》（1992）所涉及的条款及内容详细清晰，种类划分鲜明。在标准方面，澳大利亚新西兰将所有的食品标准汇集到一部《澳新食品标准法典》，避免了食品安全标准的不统一，并且从中央到地方全都执行统一的《澳新食品标准法典》。

相对而言，中国初步建立了较为完善的食品法规和食品安全标准体系。法规方面，中国食品安全法律是以《中华人民共和国食品安全法》为主导，由法律、行政法规、部门规章、地方性法规及相关的司法解释构成的体系。各个监管机构也会对各自的工作制定工作规范。标准方面，中国食品安全标准由通用标准、产品标准、规范规程标准和检测方法标准构成。与《澳新食品标准法典》类似但又有不同，均涵盖了食品生产经营各环节、各方面食品安全危害的要求与控制。

2. 立法管理

食品政策的制定部门方面，中国的食品政策主要由全国人民代表大会通过的《中华人民共和国食品安全法》规定。澳大利亚统一的食品政策由两个会议——澳大利亚政府会议和食品管理部长理事会来制定。澳大利亚政府会议由澳大利亚三级政府（联邦政府、州和领地政府以及地方政府）通过政府间协议处理食品问题，现行有效的政府间协议是《食品管理协议2002》。食品管理部长理事会主要是在《食品管理协议2002》形成的政策层面制定内销食品的具体管理措施及政策指引，同时负责通过澳新食品标准局拟订的食品标准。

食品标准的制定部门方面，依据《中华人民共和国食品安全法》，国务院卫生行政部门依照该法和国务院规定的职责，组织开展食品安全风险监测和风险评估，会同国务院食品安全监督管理部门制定并公布食品安全国家标准。2018年3月起，由国家卫生健康委员会负责食品安全风险评估和食品安全标准制定。而澳新食品标准局全面负责拟订和修改内销食品的标准（最近也囊括了某些农产品标准，如家禽肉类、蛋及奶产品），发布标准指引。

8.4.2 中澳食品安全监管体系对比

一般来说，各国政府食品安全监管体系主要有两种模式。一种是集中管理模式，即食品安全的所有管理职能由一个部门集中行使，这种情况主要出现在英联邦国家中，如英国、加拿大，也包括澳大利亚和新西兰。另一种模式即中国这样的模式。2018 年 3 月，按照党和国家机构改革方案，中国的食品安全管理主要由农业农村部、国家卫生健康委员会、海关总署、国家市场监督管理总局等多个部门进行管理，按不同的环节来区分管理权限。

综合来看，中澳在以下方面的异同值得关注。

在食品管理领域，在中国，从中央到地方的各级政府在职能、职责和机构设置上的高度统一和高度同构，体现为"上下对口、左右对齐"的情形。澳大利亚在食品管理领域，联邦政府和地方政府通过签订食品政策相关协议，由联邦政府主要制定食品标准，州和领地政府自行制定本行政区域内的食品法律法规，由此，食品行政管理部门间形成了联邦——州和领地——地方间"金字塔"式结构，这样的结构对澳新食品贸易十分有利。

在食品法律的执行部门方面，《中华人民共和国食品安全法》出台后要求地方政府对辖区内监管负总责，县级以上地方人民政府对本行政区域的食品安全监督管理负总责，统一领导、协调本行政区域的食品安全监督管理工作。2018 年 3 月后，由新成立的国家市场监督管理总局统一负责对食品生产、食品流通、餐饮服务活动的监督管理。进出口食品安全监管职能划入海关总署，有利于食品进出口环节监管的高效和统一。在澳大利亚，进出口食品由澳大利亚农业、渔业和林业部监督管理。它和澳新食品标准局联合实施《进口食品检验方案》，由澳新食品标准局负责进口食品的风险评估，澳大利亚农业、渔业和林业部负责检验和进口食品抽样检测。内销食品法律执行权力在各州和领地政府及地方政府。

8.4.3 中新法律法规标准体系对比

1. 体系构成

由于历史原因，新西兰食品安全法律体系属于英美法系，包括各种制定法，也包括判例，而且判例所构成的判例法在整个法律体系中占有非常重要的地位。从《澳新食品标准法典》内容上看，其法律体系汇总了各种类别食品的具体卫生标准以及食品安全的具体要求，内容比较详细，尤其是对食品生产者和经营者的健康和卫生保障作出了详细规定和要求，使得食品生产者及经营者以及执法者能在同一部法律中找到行为依据。

可以认为中国食品安全法律体系属于大陆法系，其法律以制定法的方式存在，包括立法机关制定的各种规范性法律文件、行政机关颁布的各种行政法规、部门规章、地方性法规及相关的司法解释、国际条约等，但不包括司法判例。

2. 立法管理

新西兰的食品法律法规主要是由议会立法咨询办公室、法规审查委员会负责法律、法规的咨询、起草、制定（修订）、审议、审查、颁布工作。相关的法律法规均可在官网上查询，且可以看到不同的修订版本和修订依据，体现了法律法规的形成过程，构建了完整的法律框架。

澳新在《澳新食品标准法典》建立了一个有效的标准制定程序，任何个人或组织，不论来自澳大利亚还是新西兰或者其他国家都可以通过向澳新食品标准局递交申请来修订法规，只要通过澳新食品标准局的评估程序，这些标准就能成为《澳新食品标准法典》的一部分，这样不断完善法典，形成生产者、消费者以及政府三方诉求"最大公约数"。

新西兰政府认为，在制定食品安全标准时要考虑国际标准、公共卫生安全、操作执行、企业成本，这些都需要对科学、社会和经济等问题进行综合考虑。同时，新西兰政府非常重视标准制定及评估过程的公开透明，任何公民都可以自由查阅。其过程是：在得到修改建议或申请后，管理局要进行可行性研究，并反复三次制定草案或评估，每次的结果都要公开征求意见。最后的草案在递交澳新食品管理部长委员会批准前,要向公众通告。标准获准后，业界可以不断提出新的修改意见，管理局也根据情况变化不断对标准进行修改。官方网站提供了大量、及时的食品安全信息，其中包括最新的食品安全标准及整个修改过程。制定标准后，还要对标准效果定期进行评估。

中国的食品政策主要由《中华人民共和国食品安全法》规定，国务院和各部门制定相应的法规和规范性文件，再经过法律法规修订建议进行修订。

8.4.4 中新食品安全监管体系对比

从食品法规的体系上来看，新西兰遵守《澳大利亚和新西兰食品标准法案》（1991）、《澳新食品标准法典》等共同的法律法规，但同时保留有本国独立的行政立法等权力。新西兰政府机构是先有法案，才能设置相关部门，部门职责在法律中十分明确。新西兰初级产业部由新西兰农业林业部、渔业部和食品安全局共同组成，全面管控食品安全。新西兰食品安全由统一的部门管理，再辐射到每个区，形成了统一权威的"金字塔"式结构，这样的结构对新西兰控制食品安全、提高食品质量、开拓海外市场十分有利。

新西兰的监管部门大多不参与具体工作，而是直接制定标准规范手册要求行业遵守，同时对企业遵守的情况进行监督。企业按照法律法规要求，担负食品安全的主体责任，政府不用为其产品质量背书，企业一旦出现食品安全问题，由企业自行担负。企业按照残留计划等要求，自行选择认可的实验室，实验室检测费用等都要自行解决。

中国的食品安全管理主要由农业农村部、国家卫生健康委员会、海关总署、国家市场监督管理总局等多个部门进行管理，按不同的生产环节来区分管理权限。目前，种植养殖环节由农业农村部负责监管，国内生产和流通环节由国家市场监督管理总局进行监管，进出口环节由海关总署进行监管。

8.4.5 中国与澳新食品进出口监管体系对比

1. 准入制度

中国和澳大利亚及新西兰均依照国际惯例，对肉类、水产品、蔬菜、水果等高检疫风险的进口食品实行基于风险分析的检验检疫市场准入措施，主要内容比较类似，根据不同产品的不同风险进行分析，分类对待，并辅以一系列风险控制的管理机制。一般来说，某一国家制定食品准入制度时会综合参考《SPS 协定》或《TBT 协定》以及动植物疫情等多方面信息。

中国对食品行业采取的市场准入制度较为严格，对于某些重点监管食品种类，海关总署依据中国法律法规规定对向中国出口的国家或者地区的食品安全监管体系和食品安全状况进行评估，并根据进口食品安全状况及监督管理需要进行回顾性审查。首次向中国出口该类食品的国家或者地区，其政府主管部门应当向海关总署提供兽医卫生和公共卫生的法律法规体系、组织机构、兽医服务体系、安全卫生控制体系、残留监控体系、动物疫病的检测监控体系及拟对中国出口的产品种类等资料。海关总署依法组织评估，必要时，可以派专家组到该国家或者地区进行现场调查。经评估，风险在可接受范围内的，确定相应的检验检疫要求，包括相关证书和出证要求，允许其符合要求的相关食品向中国出口。双方可以签署议定书确认检验检疫要求。

食品企业除了必须获得营业执照行政审批外，进口食品从业者还可能需要申请相关的销售许可或进口配额等。近年来，中国政府致力于减少审批项目，压缩审批时限，营商环境进一步得到改善。

2. 注册 / 备案 / 许可制度

澳大利亚要求进口商在进口食品标签上标注生产商，而生产商要申请生产商代码才能进口；新鲜水果和蔬菜或食品中含有的牛奶、鸡蛋、肉或其他动物产品需要申请进口许可，这些产品在进口之前进口商可以进入农业、渔业和林业部的一个进口数据库（Biosecurity Import Conditions，BICON）先行查询，随后需要向农业、渔业和林业部提出申请，农业、渔业和林业部将会组织评估，在评估的基础上决定是否发放。

为确保进口食品安全，新西兰初级产业部对食品进口商实施注册登记管理，只有在进口名录内的食品企业才能经营进口食品。进口商应向初级产业部提交企业的相关详细信息，如公司名称、营业地址、联系人姓名和通信地址、贸易商名称和通信地址等。同时做好销售用进口食品的溯源记录、标签管理、许可证监管等要求，记录应证明进口食品符合所有新西兰法规，注明进口食品的生产方式、运输方式、储存方式以及相关供应商信息，确保进口食品的安全。

中国对境外食品生产企业和其他经营企业实施注册备案管理措施。对境外食品出口商或代理人和境内食品进口商或代理人实施备案制度，开展进口食品贸易前，境外食品出口商或代理人和境内食品进口商或代理人应向海关备案。在境外生产企业方面，对进口食品的境外生产企业也是采取了注册管理。

3. 食品标签管理制度

近年来，食品标签受到越来越多的关注，各国先后将食品标签作为一种新型的技术性贸易措施。澳大利亚在《澳新食品标准法典》中对食品标签有相关规定，农业、渔业和林业部会在食品进境时抽查食品标签，同时在流通领域开展有关食品标签的抽查工作。而新西兰采取一种开放式的管理，在《澳新食品标准法典》中公开食品标签的有关要求，要求进口食品符合法典中的有关规定，食品进境时会进行抽查检验。

中国市场监管部门也会在流通领域对食品标签进行抽查，委托有资质的实验室进行检验。在进口环节，根据海关总署2019年第70号公告《关于进出口预包装食品标签检验监督管理有关事宜的公告》，自2019年10月1日起，取消首次进口预包装食品标签备案要求。进口预包装食品标签作为食品检验项目之一，由海关依照食品安全和进出口商品检验相关法律、行政法规的规定检验。

4. 进口食品分类

为科学地管理进口食品，将有限的检验资源发挥最大的效果，澳大利亚执行进口食品检验计划，通过产品的风险进行分类，再根据不同的分类确立检测频率。澳大利亚农业、渔业和林业部负责执行进口食品检验计划，为了便于管理，农业、渔业和林业部将进口食品按风险性质分为风险类食品、监督类食品和符合约定类食品。

新西兰将进口食品分为高度监管食品、增强监管食品和低监管类食品。初级产业部利用边境联合管理系统的货物 HS 编码归类列明了高度监管食品和增强监管食品清单，并对进口高度监管食品（包括动物源性食品）和部分增强监管食品实施许可证管理（来自澳大利亚的进口牛肉类食品、双壳软体贝类动物有特别规定）。对膳食补充剂类食品、转基因和含转基因成分食品、辐照食品、即食类木薯片（含中国转关进口）等其他特定进口食品，虽不属于高度监管食品，但应符合新西兰相应的特定食品安全标准。

中国目前对进口食品的检验按照《进出口食品化妆品抽样计划和风险监测计划》执行，由海关总署组织专家在风险评估的基础上制订进出口食品化妆品抽样检验和风险监测的署级计划，规定各类进出口食品化妆品的检验项目和抽检比例，并在"e-CIQ 主干系统"中进行布控。对于抽中的进口预包装食品还需进行标签检验。

5. 出口食品监管

在澳大利亚，完全为国内消费生产的食品厂家很少，大多数食品企业同时为国内外市场进行生产。为了保证出口食品的质量，澳大利亚制定了一系列的法律法令，主要包括澳大利亚《出口控制法案》（1982），规定货物一般法令，出口肉类法令，野味、家禽和兔肉法令，加工食品出口管理法令，新鲜水果和蔬菜出口管理法令，动物出口管理法令，有机产品认证出口管理法令，谷物、植物和植物产品出口管理法令等。此外，根据《出口控制法案》

（1982）的规定，农业、渔业和林业部还可以制定相关的法令和命令。澳大利亚农业、渔业和林业部推崇 HACCP、GMP 等管理体系，以确保出口食品和农产品的卫生质量，他们对出口企业实行注册制度，生产不同食品的企业必须满足不同的注册要求。企业首先应当向农业、渔业和林业部提出申请，提交有关材料。

新西兰对特定食品出口采取注册管理制度，出口动物和动物产品，出口特定市场的官方有机食品保证计划下生产的有机产品，非新西兰生产的葡萄酒、果酒、苹果酒和蜂蜜酒，需要向初级产业部注册登记。一般来说，从新西兰出口食品需要满足四个条件：向新西兰初级产业部注册；满足相关的法律法规；在向初级产业部注册的食品安全体系下生产；满足出口目标国或当地市场的有关要求。

中国出口食品的检验检疫监管建立在国内食品安全监管的基础之上，有出口食品企业出口食品原料种植养殖场备案制度、出口食品原料基地疫病疫情监控制度、出口食品原料基地有毒有害物质监控制度、出口食品生产企业备案制度、出口食品生产企业安全管理责任制度、出口食品企业分类管理制度、出口食品口岸监督抽检制度、出口食品风险预警及快速反应制度、出口食品追溯与召回制度。

第九章

韩国食品监管体系与对比分析

9.1 食品安全法律法规标准体系

9.1.1 法律法规

目前，韩国食品安全管理相关的主要法律法规有《食品卫生法》《食品安全基本法》《进口食品安全管理特别法》《食品等的标签、广告相关法律》《健康功能食品相关法律》《畜产品卫生管理法》等。其中，《食品卫生法》和《食品安全基本法》是最基本、最重要的两部法律。

1.《食品卫生法》

《食品卫生法》制定于1962年，共包括13章内容，其制定的目的是"防止由食品产生的卫生危害，提高食品营养和质量，提供与食品相关的正确信息，促进国民保健"。该法对食品、食品添加剂、器具与包装容器、自检、处罚标准等进行了规定。其中，明文规定禁止销售有害的食品、病害动物肉类、无标准的化学性合成品；禁止销售和使用有毒器具等产品；食品及相关产品应符合其质量安全标准，转基因食品必须标识；食品或食品添加剂制造、加工、运输、销售及储存业，器具或容器包装制造业，餐饮业应获得相应的营业许可，或进行营业申报或登记；食品生产加工企业应认真贯彻落实自行检查工作。其中，虚假标识和夸大的广告相关规定于 2018 年3 月转移至《食品等的标签、广告相关法律》进行管理。与该法并行的还有《食品卫生法实施令》及《食品卫生法实施规则》，实施令及实施规则规定了其法律的相关委任事项及实施所需事项。

2.《食品安全基本法》

《食品安全基本法》制定于 2008 年，是韩国食品监管的另一重要法律，共包括 6 章内容，其制定的目的是明确食品安全相关的公民权利、义务和国家及地方自治区的责任，规定食品安全政策相关的基本事项，确保公民健康和安全的饮食生活。该法律主要规定了食品安全管理的基本计划制订实施、食品安全政策委员会的主要职责及委员会的构成、发生重大食品安全事故时的紧急应对方案、预防食品安全事故的食品相关风险评估、行政部门相互协作、消费者参与等相关事项。

3.《食品等的标签、广告相关法律》

《食品等的标签、广告相关法律》制定于 2018 年 3 月，2019 年 3 月 14日正式实施，该法将以往韩国分散在多个法规及告示中的标示、广告相关规定进行了整合，将食品标签广告相关主要内容上升至立法层面进行管理。主要规定了食品的标示标准、营养标示、钠含量比较标示、广告的标准等相关内容。与该法并行的还有实施令及其实施规则，主要对法律的内容进行细化和补充。

4.《进口食品安全管理特别法》

《进口食品安全管理特别法》制定于 2015 年 2 月，2016 年 2 月 4 日正式实施，是韩国为加强进口食品的安全管理、提高产品质量、健全交易秩序、增强公民健康而制定的一部法律。该法将韩国进口食品安全管理相关内容进行了整合，以提高法律管理的有效性和一致性，主要规定了进口前境外生产企业注册、海外工厂登记、进口营业管理、通关阶段的进口申报及进口查验、流通阶段进口食品的管理等相关内容。与该法并行的还有《进口食品安全管理特别法实施令》及《进口食品安全管理特别法实施规则》，主要规定了主法规的委任事项及其实施所需事项。

9.1.2 食品安全管理相关的主要标准

韩国食品安全管理相关的主要标准包括《食品卫生法》规定的《食品法典》《食品添加剂法典》《器具及容器包装法典》《健康功能食品法典》《食品等的标示标准》，以及《儿童饮食生活安全管理特别法》规定的针对儿童饮食的各项标准等。

1.《食品法典》

《食品法典》共分为 8 章，规定了一般食品的通用标准及规格，各类食品的产品标准及规格、原料目录、农兽药残留限量、相关检测方法等，还规定了长保质期食品的标准及规格。一般食品的通用标准及规格中对普通食品的性状、异物、食品添加剂、致病菌、重金属标准、辐照处理标准、放射线标准、霉菌毒素标准、贝类毒素标准、农兽药残留限量标准及禁用有害物质等作出了相关规定。

2.《食品添加剂法典》

《食品添加剂法典》包括食品添加剂及混合制剂类、器具等的杀菌消毒剂两大类，分别从生产标准、通用使用标准、贮存及流通标准、各类添加剂的成分规格及使用标准方面进行了规定。法典第 1 章为总则，第 2 章为食品添加剂及混合制剂类，第 3 章为器具等的杀菌消毒剂，第 4 章为一般试验方法，第 5 章规定了试剂、试液、容量分析用标准溶液、标准溶液等相关内容。另外，该法典还包括了韩国营养强化剂、允许使用的天然香料及合成香料名单。

3.《器具及容器包装法典》

《器具及容器包装法典》规定了韩国食品接触材料的通用标准及规格、

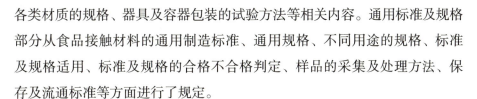

各类材质的规格、器具及容器包装的试验方法等相关内容。通用标准及规格部分从食品接触材料的通用制造标准、通用规格、不同用途的规格、标准及规格适用、标准及规格的合格不合格判定、样品的采集及处理方法、保存及流通标准等方面进行了规定。

4.《健康功能食品法典》

韩国健康功能食品主要是通过《健康功能食品法典》进行规范管理，该法典于 2008 年首次制定并实施，规定了以销售为目的的健康功能食品的生产、加工、进口、销售及贮存等相关标准及规格。该法典规定了健康功能食品的通用标准、各类营养素及功能性原料的标准及检测方法等相关内容。

5.《食品等的标示标准》

《食品等的标示标准》规定了食品、畜产品、食品添加剂、器具及容器包装的标示标准及营养标示相关事项。包括食品的通用标示标准、各类食品的标示标准及标示事项。通用标示标准主要规定了标示方法、长保质期食品的标示、含人参或红参成分食品的标示、辐照处理食品的标示相关内容。各类食品的标示标准及标示事项又分为食品、畜产品、食品添加剂、器具及容器包装 4 部分内容。附录中规定了各标示事项的具体标示标准、各类标签样式等相关内容。

6.《转基因食品等的标示标准》

《转基因食品等的标示标准》是韩国用于规范转基因食品标签管理的标准，主要规定了韩国转基因食品等的标示对象、标示义务者及标示方法等所需事项。

9.2 食品安全监管体系

韩国食品安全主管机构主要有食品药品安全部、农林畜产食品部、海洋水产部和环境部。其中，韩国食品药品安全部总管韩国食品、食品添加剂、健康功能食品及食品接触材料从生产到销售整个阶段的安全管理（包括进口食品等相关管理），并在食品风险管理机构也就是食品药品安全部内部设立了风险评估执行机构——国家食品药品安全评估院，负责食品、药品等风险评估相关事宜。在生产阶段，具体委托农林畜产食品部及海洋水产部进行管理，即农林畜产食品部主要负责生产阶段农产品及畜产品的安全管理，海洋水产部主要负责生产阶段水产品及海盐的安全管理。环境部主要负责自然环境及水资源的安全管理等相关事宜。为综合协调各行政部门食品安全政策，韩国成立了食品安全政策委员会。

9.2.1 食品药品安全部

韩国食品药品安全部（Ministry of Food and Drug Safety，MFDS），是掌管韩国食品（包括农水产品及其加工产品、畜产品及酒类）和健康功能食品、医药品、毒品、化妆品、医药外品、医疗器械等安全事务的中央行政机关，包括进口农畜水产品、加工食品、食品添加剂、健康功能食品、食品接触材料、食品等流通及餐饮等消费阶段的管理。它的前身是韩国食品药品安全厅（KFDA），后经过改组扩大，增加了农产品及水产品的安全管理职能。

韩国食品药品安全部由国家本部和隶属机关国家食品药品安全评估院和6个地方厅组成，本部包括7个局、1个官（企划调整官）、1个运营支援科。其中，主管食品安全事务的部门有消费者危害预防局、食品安全政策局、进口食品安全政策局、食品消费安全局。国家食品药品安全评估院主要执行食品药品等审查、风险评估等事宜。食品安全政策局主要负责食品、健康功能食品及食品中有害物质、添加剂、食品接触材料及其杀菌消毒剂的标准等相关综合计划的制订、修订及实施。食品安全政策局下设食品安全政策科、食品安全管理科、食品安全标示认证科、健康功能食品政策科、食品标准科等，细分各项工作。同时食品安全政策局也是食品标准规划办公室（食品标准企划官）的挂靠部门，负责食品、食品添加剂、健康功能食品、器具及容器包装法典4个法典的编纂等相关事务。

9.2.2 农林畜产食品部

农林畜产食品部（Ministry of Agriculture，Food and Rural Affairs，MAFRA），主要负责生产阶段农产品及畜产品的安全管理，是掌管韩国农产、畜产、粮食、食品产业振兴、农村开发和农产品流通等事务的中央行政机关。

其本部包括农业政策局、国际合作局、畜产政策局、食品产业政策室等。其中，食品产业政策室主要是对食品产业、餐饮产业、饮食消费、农业技术等进行管理，并负责制定、修订相关政策。为协助农林畜产食品部处理相关事务，韩国还设立了农林畜产检疫本部，主要负责动植物检疫、动物防疫、动植物卫生研究等相关事务。

9.2.3 海洋水产部

海洋水产部（Ministry of Oceans and Fisheries，MOF）主要负责生产阶段水产品及海盐的安全管理，是掌管韩国海洋水产政策、渔村开发以及水产品流通、海运、港湾、海洋环境、海洋资源开发、海洋科学技术研究开发和海洋安全审判等相关事务的中央行政机关。海洋水产部下设水产政策室，对水产、渔业等方面的政策进行管理。为协助海洋水产部处理相关事务，韩国设立了国立水产品质量管理院、国立海洋调查院、渔业管理团及国立海事高中。其中，国立水产品质量管理院主要负责水产品检疫、出口水产品检验及相关国际合作；水产品的质量认证、环保认证、履历追溯管理等质量管理；水产品的地理性标示登记、管理及原产地标示制度的运营；盐类质量检查及管理等事宜。

9.2.4 环境部

环境部（Ministry of Environment，MOE）主要负责自然环境及生活环境保护，防止环境污染，以及水资源保护、利用、开发相关事务。环境部下设水环境政策局，主要负责水质环境标准、目标标准设定、饮用水水质标准设定、饮用水及水处理剂管理等相关事宜。韩国食品企业用水应符合饮用水的水质标准等相关要求。

9.2.5 食品安全政策委员会

食品安全政策委员会直属于国务总理室的政府委员会，2008 年根据《食品安全基本法》与《食品安全基本法实施令》设立，是综合协调各行政部门食品安全策略的协调机构。主要审议调整食品基本计划，食品安全主要政策法令及食品安全标准的制定、修订，食品等相关风险评估，重大食品安全事件相关综合对策等食品相关的安全事项。

食品安全政策委员会由国务总理担任委员长，由政府职委员、民间职委员（包括学界、企业界、法律界、言论界、其他协会）等人组成。

9.3 食品进出口监管体系

9.3.1 进出口食品安全监管机制

韩国采用中央、省、市、郡的多级管理体制对食品安全进行管理。同时，韩国采用多元化的食品安全检查体制，主要根据食品的种类（种植养殖）及食品生产的各个阶段（生产加工、流通、消费、进出口）进行划分。从监管对象看，对进口食品的安全管理明显严于国内食品和出口食品。从监管措施看，对进口食品以强制性检验检疫和市场检查为重点，对国内食品则以技术服务和认证为重点。

中央一级的食品安全检查机关有企划财政部、农林畜产食品部、教育科学技术部、知识经济部、保健福祉部、环境部、农村振兴厅、食品药品安全部 8 个部门。从这 8 个部门的权限分配来讲，具有分段检查的特点，但是仍有一些职权是交叉的，如针对进口畜产品的检查，由农林畜产食品部负责进口、加工、流通阶段的检查，由食品药品安全部负责消费阶段的检查。而在实践中流通和消费阶段是很难完全加以区分的，这时就出现检查权限交叉，存在相互扯皮的现象。

9.3.2 出口食品安全监管机制

韩国对出口食品与国内生产消费食品一视同仁，无任何特定管理措施。

韩国国内食品管理政策主要由食品药品安全部及农林畜产食品部制定，而具体监管则由地方政府负责。食品出口企业在生产食品前，需向所在市、郡、区的监管部门申请生产许可证，监管部门接到申请后可直接签发生产许可证，无须现场检查。签发生产许可证后，当地政府将对企业实施常规检查，一般为每年一次。一旦检查不合格，将取消许可。对于保健食品，将由食品药品安全部直接签发许可证。若进口国或进口商有证书方面的要求，只要企业申请，韩国政府机构就可签发。但该证书只是证明该批食品符合韩国的法规标准要求，并不保证其符合进口方要求，韩国认为后者是进口国的权力和责任，与出口方无关。

在监管部门方面，在韩国由地方政府负责，食品药品安全部只负责相关食品政策的制定和保健食品许可证的签发。

究其原因，韩国农产品消费总趋势是输入大于输出。韩国经济以重工业、化工工业为主，造船、汽车、化工、电子、通信工业较为发达。相比其他行业领域，韩国农产品出口较少，除了大米、畜产品等少数农产品已实现自给外，其他大部分都需要依靠进口。长期以来，由于农业资源比较缺乏，农产品生产成本较高，市场竞争力较低，韩国一直很重视保护本国农业生产，立足于实现大米等农产品自给，农产品市场开放程度较低[1]。相对于严格的进口食品监管措施，韩国在出口食品方面的监管则显得厚此薄彼。

9.3.3 进口食品安全监管机制

韩国对进口食品安全管理分为进口前、口岸通关和后续流通阶段三个环节，以及预确认注册制度、优秀进口企业注册制度、海外交流合作制度、口岸分类检验制度、加贴客户商标食品安全管理制度和不合格处理及监测制度等六项制度。

韩国进口食品等由食品药品安全部、农林畜产食品部和海洋水产部负

[1] 王家农 . 中国农产品对韩国出口贸易分析 [J]. 世界农业 ,2012(4):32–34. DOI:10.3969/j.issn.1002–4433.2012.04.009.

责监管。其中，食品药品安全部负责农畜水产品、加工食品、食品添加剂、健康功能食品及食品接触材料进口环节的质量安全管理。农林畜产食品部负责农产品及畜产品生产阶段的管理，包括动植物的检疫。海洋水产部负责生产阶段水产品的管理，包括水产品检疫。进口食品等进口申报、检验相关具体事宜由产品进口所在地食药部门负责。一旦产品进入市场，则由销售区域的地方政府负责监管。

由于韩国的农产品大量依靠进口，为提高本国的农业生产力，韩国对农产品采取了贸易保护政策，避免农产品大量进口对本国农业造成冲击。一方面大力支持国内农产品价格，建立农产品出口支持体系，对国内农业生产者实施高额的补贴政策；另一方面严格限制进口，通过限制不必要的进口维持短期的国内价格稳定，并实行中长期对策来提高部分农产品的国际竞争力。

韩国对农产品贸易一直实行进口关税或关税配额政策，总体关税水平要高于中国，且采用的关税贸易壁垒措施针对性较强。在贸易壁垒的保护下，韩国在农业领域坚持实行主要农产品以国内生产为主，限制国外进口的政策。韩国对其竞争力较弱的农、林、水产品等，在征收基本关税的基础上加征调节关税，对部分农产品实行关税配额管理，以此加强对国外优势农产品的贸易限制。此外，近年来，韩国加强了通关壁垒、技术壁垒、卫生与植物卫生措施等非关税措施的运用，非关税壁垒种类多、针对性强，对国外农产品进入韩国市场形成了较大阻碍。

9.4 中韩对比分析

9.4.1 法律法规标准体系对比

1. 体系构成

韩国的法律法规体系主要分为 7 个大的类别，分别是宪法、法律、国际条约及国际法规、紧急命令和命令、行政立法、宪法机关的内部规则、自治法规。

中国的法律法规体系可分为 4 个大的类别，分别是法律，行政法规、地方性法规（自治条例、单行条例），部门规章、地方政府规章，规范性文件。

中韩两国食品安全法律体系从本国的国情出发，但在设置上具有一定的相通之处。从法律效力和地位上来说，《中华人民共和国食品安全法》等同于韩国国会通过的对食品安全活动具有普遍约束力的法律《食品安全基本法》和《食品卫生法》，其他的如《中华人民共和国产品质量法》《中华人民共和国农产品质量安全法》等同于韩国国会通过的《保健食品法》《农产品质量法》等食品安全专门法律，中国食品安全行政法规和规范性文件、中国食品监管部门规章等同于韩国为执行法律而颁布的命令。

2. 核心法律

韩国主要核心法律是国会通过的对食品安全活动具有普遍约束力的《食品安全基本法》和《食品卫生法》。《食品安全基本法》规定食品安全的基本原则、宗旨、目标、政策等内容，是其他食品安全立法的指导性法律，性质属于政策法而非执行法；《食品卫生法》是为了保障韩国公众身体健康，防止因食品造成的卫生污染和危害，提高食品的营养质量而制定的，是对食品生产、加工、监管活动具有普遍约束力的法律。

中国食品安全的核心法律是《中华人民共和国食品安全法》。《中华人民共和国食品安全法》是适应新形势发展的需要，为了从制度上解决现实生活中存在的食品安全问题，更好地保证食品安全而制定的，着重规定了任何食品都不能免检，食品安全标准须统一，确立了食品召回制度、任何食品添加剂目录外的物质都将不能使用、保健食品不能宣传治疗功效等条款，确立了以食品安全风险监测和评估为基础的科学管理制度，明确食品安全风险评估结果作为制定、修订食品安全标准和对食品安全实施监督管理的科学依据。

9.4.2 食品安全监管体系对比

中国食品安全监管工作的总体思路是"分段监管为主，品种监管为辅"，把食品"从农田到餐桌"分为种植养殖环节、生产加工环节、市场流通环节和餐饮消费环节4个环节。通过法律、法规的授权，按照环节把监管权分配到每一段的监管主体上，试图以此来建立无缝的分段监管体制。具体来说，就是3个主要部门分别监管一个环节的方式。其中，农业农村部主要负责初级农产品生产环节的监管；海关总署主要负责食品进出口环节的监管；国家市场监督管理总局主要负责食品生产、食品销售、餐饮服务的监管。

韩国则采取了以产品类别为主、分段监管为辅的模式。具体来说，食品药品安全部负责农产品、水产品、畜产品、食品添加剂等的安全事务。海洋水产部则负责海洋水产政策、渔村开发、水产品流通等事务，包括水产品的检疫、出口检验和国际合作。该部门的监管范围还涉及海运、港湾、海洋环境和资源开发等。下属机构包括国立水产品质量管理院，负责水产品质量认证和追溯管理。

9.4.3 食品进出口监管体系对比

1. 进口监管对象

中国制定颁布禁止进境动物源性产品的国家或地区目录，规定拟输华动物源性产品国家应由其国家监管机构向中国提供充分的证明材料，经中国的主管机构评估认可同意后，方可开放国家动物源性产品市场。

中韩两国均将涉及检疫监管的动物源性食品企业纳入监管，颁布了允许进口企业名单。只有在名单内的企业才可以向进口国出口动物源性食品。

中韩两国对进口商采取了相应的监管。例如，韩国实施优秀进口食品企业名单制度，而中国实施进口食品进出口商备案管理制度，还有允许向中国出口肉类产品检验检疫准入和境外生产企业注册制度，中国对进出口商和境外生产企业实行信用管理。对动物源性进口产品，两国均采取了检疫许可管理规定，对进口产品均采取不合格名单通报制度。

2. 进口监管流程

在进口申报方面，中韩两国海关均建立了先进的网络申报系统平台，沟通机制畅通。

在进口文件审核方面，韩国对于获得"预确认注册"和"优秀进口企业"资格的企业进口的食品均直接放行。优良进口商进口有关产品时可简化进口程序，适用便捷通关程序。中国对进口食品实行批批检验。中国还没有类似的便捷放行措施。

在进口审核时间上，韩国规定为 2 天，中国则是即时申报即时审核。

对于高风险和违规达到一定比例的进口食品，韩国实施精密检查，中国是通过发布警示通报来强化检验的。

对现场查验以及抽样检测合格的食品，通知海关放行时，韩国签发进口证书，中国签发卫生证书。

3. 进口食品监管政策

两国虽然都对进口食品采取了严格的检验检疫措施。相比较之下，韩国制定的进口食品政策更为严苛。

韩国政府一直采取限制外国农产品进口的策略。根据与世贸组织达成的农业协定，韩国自 1995 年开始小幅开放农产品市场，但仍然利用各种手段特别是非关税壁垒措施限制外国农产品的进入。目前，韩国对农产品的进口限制手段主要包括 WTO 框架下的市场准入限制商品管理方式、调整关税制度和非关税壁垒措施等。

第十章

加拿大食品监管体系与对比分析

10.1 食品安全法律法规标准体系

10.1.1 《食品药品法》及其条例

加拿大《食品药品法》主要针对食品、药品、化妆品和医疗器械的卫生安全及防止商业欺诈作出规定。该法制定了保护消费者食品安全和健康的最低标准，以及食品、药品及化妆品的检验和管理措施，具体包括标签、认证、广告、进出口、生产及仪器设备等规定。

《食品药品条例》作为《食品药品法》的实施条例，对食品和药品的标准、标签、广告、销售等各方面作了详细规定。《食品药品条例》与食品相关的内容为 B 部分，其内容包括标签、食品包装材料、新食品原料、辐照食品等相关规定；也包括对具体食品产品标准的规定，包括食品质量规定、食品中微生物限量、食品添加剂和营养强化剂的使用等内容。涉及 20 多类具体食品，包括酒精饮料、焙烤用粉、可可和巧克力制品、咖啡、香辛料、调味品、乳制品、油脂、水果、蔬菜及其制品、预包装水和冰、肉及其制品、水产品等。

10.1.2 《食品安全法》及其条例

《食品安全法》整合了加拿大先前的 4 部重要食品安全法规，包括《加拿大农产品法》《鱼类检验法》《肉类检验法》《消费品包装与标签法》，将前三部法规的全部条款和《消费品包装与标签法》中与食品相关的条款一并纳入。该法已实施，被整合的法规和条款自动废止。《食品安全法》重点关注不安全操作，保护消费者；对可导致健康和安全风险的行为实施更严厉的处罚；给予检查员更多权力，强制要求食品生产商定期提供标准格式的信息；对进口食品提供更强的监控；对所有食品建立更加统一的检查制度；加强食品的可追溯性。

《食品安全条例》是加拿大《食品安全法》的配套法规，整合了原有的《鱼类检验条例》《肉类检验条例》《鸡蛋条例》等 13 部法规，以及《消费品包装与标签条例》中与食品相关的条款。该条例主要建立了以预防为主的综合性监管方式，确定了三个关键安全要素，分别为食品企业许可、可追溯体系和食品安全预防性控制计划。

10.1.3 《消费品安全法》

《消费品安全法》是关于消费品安全性的法案，禁止不符合规定的消费品进行销售，禁止在宣传中或者标签标识中出现误导的说明，对产品的质量要进行严格的检查，对检查员的数量和检查过程中出现的数据都要进行严格的备案。此外，该法案还对各种违反规定的行为提出了不同的处罚方案。基于《消费品安全法》，加拿大政府颁布了一系列法规来管控多种消费品的安全，其中与食品安全密切相关的法规包括《碳酸饮料玻璃容器条例》《含铅消费品条例》《上釉陶瓷及玻璃器皿条例》《婴儿奶瓶奶嘴条例》。

《碳酸饮料玻璃容器条例》针对大于 1.5L 容量的非酒精碳酸饮料玻璃容器制定了广告、销售和出口方面的规定，本条例对于每个产品的尺寸、标签、质量控制等都作了严格的要求，包括瓶子的重量、清洗、圆筒直径、耐热温度等。

《含铅消费品条例》制定了 5 类含铅消费品的铅含量，按照良好实验室操作规范进行检测时，含铅消费品的铅含量不能超过 90 mg/kg。含铅消费品包括 5 类，分别是：因正常使用与消费者口腔接触的产品，不包括厨房用具和《上釉陶瓷及玻璃器皿条例》中规定的产品；供 14 岁以下儿童使用的服装或服装配件；供 14 岁以下儿童使用的学习用品和玩具；供 14 岁以下儿童使用的书籍或类似的印刷产品；供 4 岁以下儿童使用的睡眠促进或安抚产品。

《上釉陶瓷及玻璃器皿条例》对上釉陶瓷及玻璃器皿（杯子、饮品容器、餐具及空心器皿、大型空心器皿、瓷罐等产品）中的铅、镉迁移限量作出了具体规定。

《婴儿奶瓶奶嘴条例》规定了婴儿奶瓶奶嘴及类似产品经二氯甲烷萃取测定，奶嘴中的总挥发性 N- 亚硝胺含量不得超过 $10\mu g/kg$。该条例规定了奶嘴及类似与婴儿口接触产品的质量要求，包括有毒物质、限制性挥发亚硝胺限量、危害性及其他额外要求。

10.2 食品安全监管体系

加拿大是联邦制国家，实行联邦、省和市三级行政管理体制。联邦一级的主要管理机构是卫生部和食品检验局。卫生部负责制定所有在国内出售的食品的安全及营养质量标准，以及食品安全的相关政策，并对食品检验局的活动效果进行监督。食品检验局负责实施相关法规和标准，并对有关法规和标准执行情况进行监督。边境服务局、公共卫生局、农业与食用农产品部，在食品的进出口、流行性疾病研究等方面发挥作用，协助卫生部和食品检验局的工作，全力保障加拿大的食品安全。省级政府的食品安全机构负责在自己管辖权范围内、产品在本地销售的小食品企业的检验。市政当局则负责向经营食品成品的餐饮店提供公共健康标准，并对其进行监督。另外，为促进政策的实施，加拿大各食品委员会也会在其相关领域对企业进行指导，为维持行业稳定发展而发挥积极作用。

10.2.1 卫生部

卫生部是帮助维护和改善加拿大国民健康，提供公共服务的联邦机构。在食品安全监管方面主要负责制定食品安全和营养质量的政策、法规和标准，进行健康风险评估，以及对食品检验局有关食品安全的工作进行评价。

卫生部下设多个部门，包括健康产品与食品司、有害生物管理局、健康环境与消费者安全司等，其中负责食品安全监管的机构为健康产品与食品司、有害生物管理局。

1. 健康产品与食品司

健康产品与食品司（HPFB）是负责食品安全的主要部门之一，负责与人类健康和安全有关的所有保健产品和食品的管理。内设机构有食品处、市场健康产品处、营养政策和促进办公室、兽药处、天然和非处方健康产品处等，分别负责不同领域的食品安全工作。

食品处（FD）主要职责包括：制定食品安全相关的法规、标准、政策和指南；对新食品原料、婴儿配方食品、膳食纤维等特定食品进行上市前的安全评估；进行与食品安全有关的健康风险评估；评估食品中的微生物、化学污染物、食品添加剂、食品包装材料、过敏原的健康风险，制定监管标准和政策；给公众提供科学建议。

市场健康产品处（MHPD）主要负责收集和监测产品不良反应数据，分析市售的健康产品安全数据，对健康产品进行风险评估，与相关医护人员和公众沟通产品风险，对产品的广告进行监管，为市售健康产品的有效监管提供相关政策。

营养政策和促进办公室（ONPP）负责领导公共卫生营养政策实施，预防和应对公共健康营养问题，制定和实施基于科学的政策和标准，提供及时和准确的营养信息，为国家政策规划提供支持，开展健康调查和研究，与相关政府部门、行业从业人员和公众沟通交流，传播健康饮食指导和营养信息。

兽药处（VDD）负责对兽药的安全性、质量和有效性进行评估，制定与食品安全相关的兽药使用标准，对兽药使用进行监测，引导企业在食品生产过程中合理谨慎地使用兽药。

天然和非处方健康产品处（NNHPD）的职责是确保加拿大民众能够随时获取安全、有效、高品质的天然健康产品，是加拿大天然健康产品的监管机构。加拿大天然健康产品包括维生素和矿物质、草药、传统医药（如传统中药）、益生菌、其他产品（如氨基酸和必需脂肪酸）等。

2. 有害生物管理局

有害生物管理局（PMRA）全面负责加拿大农药相关的管理工作，包括农药的登记管理，农药的安全科学性评估，食品中农药最大残留限量的制定，促进可持续的病虫害管理。

10.2.2 食品检验局

食品检验局（CFIA）是一个相对独立的联邦机构，在加拿大食品安全体系保障中起着关键作用。加拿大依据《加拿大食品检验局法》设立食品检验局，该法对食品检验局的组织机构、职责范围、管理模式、执法工作作出了相应规定。食品检验局于 1997 年成立，负责加拿大食品安全、动物卫生和植物卫生的监督管理工作，是加拿大负责公共安全和边界安全团队中的一员。

食品检验局的监管范围覆盖跨省销售的所有国产和进出口农业投入品（如种子、饲料、肥料）、食品（包括肉、鱼、蛋、谷物、奶制品、蔬菜和水果及其加工食品），以及动物屠宰和加工企业的食品安全检验。

作为加拿大联邦政府重要的食品安全监管机构，食品检验局的主要任务包括以下方面：对在加拿大联邦政府注册的食品生产加工企业、销售商和进口商进行监管，核查食品标签的真实性，确保产品合规；向出口食品签发证书；对跨省销售和进出口的肉、蛋、奶、鱼、蜂蜜、水果、蔬菜及其加工品等食品进行检验；预防和控制食品安全风险，开展食品召回，处理食品安全突发事件；制订食品安全监控计划，以发现危害食品，并提供早期预警；对不符合联邦法规要求的产品、设施、操作方法采取相应处罚措施等。

10.2.3 加拿大乳制品委员会

加拿大乳制品委员会（CDC）依据《加拿大乳制品委员会法》成立，负责联邦和省政府乳制品政策的宣传与实施，建立乳制品产品控制机制，提高农民收入，避免乳制品产能过剩。其监管的乳制品范围包括牛奶、奶油、黄油、奶酪、炼乳、淡奶、奶粉、冰激凌等全部或主要由牛奶制成的产品。

乳制品委员会一直致力于维持乳制品价格平衡，可以对乳制品的生产、加工和销售等成本进行调查，协调市场配额。每年，乳制品委员会都会征求行业建议，之后制定黄油和脱脂乳粉的市场价格。乳制品委员会负责监测全国乳制品的生产和需求，并对乳制品的国家生产指标调整提出建议。

10.2.4 加拿大谷物委员会

加拿大谷物委员会（CGC）根据《加拿大谷物法》成立，谷物委员会负责：建立和维护加拿大的粮食质量标准，监督出口粮食数量和安全；进行科学研究，建立粮食质量、分级标准；规范粮食生产企业行为，确保交易顺利进行，保护生产者利益。谷物委员会还可提供全方位的认证、检查、称重、分级、分析等服务。

10.2.5 加拿大农产品委员会

加拿大农产品委员会（FPCC）依据《加拿大农产品机构法》和《农产品贸易法》行使其相应的职责，包括：提供农产品相关的意见和建议，确保农产品的竞争力；与其他有关机构共同合作，促进农产品的贸易发展；确保加拿大家禽和鸡蛋的供应；监管农产品促销和研究机构的行为。

10.3 食品进出口监管体系

10.3.1 食品检验局监管相关的进口流程

加拿大食品检验局发布的《进口食品指南》中，对进口食品的流程进行了详细说明。

1.进口食品主要风险

进口商报关前需要了解以下信息：食品的种类、名称、进口数量和食品包装；必须确定进口食品可能发生哪些风险，须防止这些风险发生，或者将风险消除、降低到不危害人体健康的水平；需要大致了解食品供应链信息，比如生产商是直接将货物运到加拿大，还是在运到加拿大前由其他公司或在其他国家包装、加工和贴标签。供应链越复杂，发生风险的可能性就越大。因此，了解食品供应链信息有助于进口商明确和管控风险。

进口商与国外供应商还可确认以下信息：进口商已了解食品供应链信息；进口商已了解国外供应商是如何管控进口食品面临的所有风险；进口商已了解食品进口到加拿大后是否需要进一步加工或标识等要求；进口商可以证明食品是在至少与加拿大《食品安全条例》给出的保护水平一致的条件下生产、加工、储存、包装和标识的。

2.进口食品的要求

进口食品必须是在规定的卫生条件下生产、加工、贮存、包装和标识的。除了食品安全要求，进口商还必须熟悉与标准、等级、净含量和标签有关的要求，可以在工业标签工具中了解更多信息。在某些情况下，进口食品需要满足加拿大其他法规要求，如《食品药品条例》《动物健康条例》《植物保护条例》等。

《食品安全条例》明确规定：食品进口商需要根据食品风险建立食品安全预防性控制计划，向食品检验局申请进口许可证，并建立食品可追溯体系。

国外供应商应充分了解加拿大的食品安全法规要求，并能向进口商提供食品安全管控的相关证明文件。通常情况下,《食品安全条例》不限制肉类和贝类以外食品的来源国和供应商。

食品安全预防性控制计划(PCP)是基于 HACCP 原则建立的书面文件,它阐明了食品安全风险的产生和控制过程。对于进口商而言,食品安全预防性控制计划应该描述进口商及其国外供应商如何满足食品安全预防性控制要求。食品进口商的食品安全预防性控制计划可参考食品检验局发布的《进口商食品安全预防性控制计划指南》制订。进口商在申请进口许可证之前需要创建和实施食品安全预防性控制计划。

进口商在申请进口许可之前需要建立产品投诉和召回程序,描述如何召回食品、书面文件的维护人员和实施召回的负责人员,为潜在的召回做准备。其中,投诉程序是指,如何接受投诉、调查和作出反应,以及以何种方式处理产品投诉可能暗示国外供应商食品安全管理或食品运输中出现了问题。召回程序是指,如果产品投诉或其他方式(如公司检测)导致了召回,必须快速从市场上召回问题产品。如果问题产品对加拿大消费者的健康构成威胁,必须立即通知加拿大食品检验局。

进口商一般需要申请进口许可证,但是进口食品添加剂、酒精饮料、未经加工的非预包装食品(如豆子、大米、燕麦、茶叶等),不需要进口许可证。进口商需向食品检验局进行进口食品许可证申请,申请时需要提交的基本信息包括企业类型、地点、许可证涵盖的食品类别。进口商需要在"我的 CFIA"进行注册,在线申请进口许可,同时可进一步了解许可信息和相关法规。依据加拿大《食品安全法》,企业或进口商目前已持有根据《加拿大农产品法》《鱼类检验法》《肉类检验法》申请的注册或许可证依然有效直至有效期终止。根据之前法案申请的许可证(如鱼类许可证、肉类许可证)失效后,进口商需按照《食品安全法》的要求申请进口许可证。

10.3.2 边境服务局监管相关的进口流程

加拿大边境服务局发布的加拿大进口产品指南对一般商品的进口流程

进行了说明，明确了一般进口商从进口前、进口中到进口后的要求。该指南仅针对进出口相关的系列备忘录进行补充，而非取代备忘录中现行的法规和注解。

1. 进口前准备工作

进口商在进口货物到加拿大之前，需先向加拿大税务局（Canada Revenue Agency，CRA）申请核发进口账户商业号码（Business Number，BN）。申请进口账户是免费的，通常在几分钟之内即可获得核发。

进口商应尽可能收集进口货物的相关信息，如商品说明书、成分信息、样品（如果可行的话），这些信息对于海关认定该进口货物应适用哪种关税税率至关重要。进口商可以自己准备通关文件和会计文件，直接向加拿大边境服务局办理报关。边境服务局允许报关行代理进口商办理货物通关事宜，因此进口商也可授权已获得许可的报关行作为代理人。

许多货物受到其他政府部门和机关的管制进口，可能需要许可证、证书和／或检验等。边境服务局负责代表其他政府部门执行管理这些法定进口条件，需确认进口货物是否需要许可证。

2. 确认货物分类及确定纳税义务

进口商确定货物可以进口到加拿大后，需要确认该货物的关税分类编号，进一步确认该货物适用的关税待遇，确定适用的关税税率。

3. 进口货物的运输和申报

与供应商、托运商或出口商同时下订单，并确认货运方式（公路、海运、铁路、航空、邮递或快递服务）。确认要在哪一个边境服务局的办公室办理货物通关。无论进口商是选择自行搬运，还是托运，皆必须向边境服务局办理申报。

4. 货物通关

可以采取自行准备通关，也可以委托报关行通关。边境服务局为便于通关过程的追踪管理，将给予每一批船运货物一组 14 位数的交易号码（a

14–digit transaction number）。

有两种通关方法：先完成完整的会计及关税付款程序后再放行，可自行填写"B3–3，Canada Customs Coding Form"（加拿大海关编码表格）会计凭证，亲自向边境服务局办公室出示。也可以先放行货物，之后再补缴关税。只要符合最少文件放行条件（Release on Minimum Documentation，RMD）的规定，就可允许先放行货物，之后再补缴关税及其他税金。为使用该项特权，进口商必须遵循申请程序，其中包括向边境服务局提供一定数额的担保。通常进口量较大的厂商会倾向选择使用此特权。除了某些例外情况，最少文件放行条件要求使用电子数据交换系统传送资料。

10.3.3 进口检验

加拿大食品检验局、边境服务局和卫生部网站中并未查找到对进口食品的抽检项目、检验标准与检验预约直接相关的规定。

依据自动进口参考系统（ARIS），一般进口食品需要受进口和加工食品程序（IMFP）的监管。该程序基于加拿大法律法规中关于食品安全、营养成分和标签的要求建立。食品检验局为了指导检验人员确定哪些产品受进口和加工食品程序的管辖，发布了《IMFP 监管手册》。该手册主要内容包括职业安全和健康，食品安全危害（生物危害、化学危害、物理危害、过敏原危害、营养危害、与生物技术以及新食品原料有关的危害），企业建立，抽样，相关的表格，报告跟踪和参考系统等。该手册汇总了常见的食品安全危害，要求并指导检验员对相关危害的检查，但并未给出具体食品类别应进行的检验项目和检验频率。

食品检验局网站发布的《IMFP 国家抽样计划和评估标准》列出了针对进口和本地生产的食品类别进行的检验项目，有关监控抽检的产品及对应的项目会随着抽检计划的变更而改变，但具体的检验项目和检测方法可供参考。与进口调味品相关的检验项目为微生物、化学污染物、过敏原和亚硫酸盐、营养声称。

10.4 中加对比分析

10.4.1 法律法规标准体系对比

1. 体系构成

加拿大的标准法规体系基本由法、法规和标准三个体系组成，其中法是对其规定对象所要求的基本框架，议会制定法案。法规是在法的基础上进行的详细立法，议会授权加拿大食品检验局起草具体法规，各省也可以制定自己的法规，但是食品检验局负责制定全国的法规，各省只能制定适用于本省的法规。所有法规必须在法所授予的范围之内进行起草，生效前要予以公布（政府公报），让公众审查。制定的法规应详细、具体、明确、清晰、不含糊。诸如涉及食品安全卫生的强制性要求均通过法规的形式进行强制规定，并根据各自的法律法规由卫生部下属的不同部门负责制定。如兽药残留、食品污染物限量要求、微生物限量要求等均在《食品药品条例》第二部分中进行了明确的规定。标准一般由具有技术能力和独立性、公允性的政府级机构制定，标准建立初期并非强制性的，但是一旦被联邦或省的条例所引用，就具有了强制效果。

在中国，法规标准体系中存在法律、法规、规章、规范性文件及标准等。法律仅指全国人民代表大会及其常委会制定的规范性文件；法规即指国务院、地方人民代表大会及其常委会、民族自治机关制定的规范性文件；规章是行政性法律规范文件，之所以是规章，是从其制定机关进行划分的，主要指国务院组成部门及直属机构，省、自治区、直辖市人民政府及省、自治区人民政府所在地的市和经国务院批准的较大的市的人民政府，在它们的职权范围内，为执行法律、法规而制定的规范性文件，往往以通知、函等形式下发。标准是对食品生产经营过程中影响食品安全的各种要素以及各关键环节所规定的统一技术要求。标准由国家标准化管理委员会统一管理，国务院有关行政主管部门分工管理本部门、本行业的食品标准化工作。

食品安全国家标准由各相关部门负责草拟，国家标准化管理委员会统一立项、统一审查、统一编号、统一批准发布。中国现行的食品安全限量标准均体现在食品安全标准中。

2. 立法管理

加拿大食品安全立法大多采取"联邦与利益相关者（stakeholder）协商立法模式"。法律草案一般由政府部门提出，之后邀请企业、行业协会代表、官方检验人员、专职检验人员等社会"利益相关方"进行讨论，广泛征求和吸纳各方意见，力求提高法律的可操作性，待取得一致意见后再进入立法程序。在立法过程中，政府始终与企业和行业协会等就相关问题进行协商，以了解利益方的意见，立法过程其实也是各方利益抗衡的过程，法律最终通过也使得社会各方利益得到平衡。加拿大的这种立法模式带动了企业和协会等利益相关者的立法参与积极性，提高了法律的可操作性。在这种立法模式下，企业能够自觉守法，法律的效力得到提高。

中国关于食品安全卫生的立法主要是"政府推动模式"。立法动议在国家的立法规划和计划中体现，法律规范草案往往由政府主管部门向立法机关提出。立法的重点是完善和强化食品安全卫生方面的行政管理措施，建立行政管理秩序。

10.4.2 食品安全监管体系对比

1. 监管模式

加拿大《食品检验署法》单独授权食品检验局对食品安全卫生进行执法监管，监管独立、到位、有效，不存在几个部门间管理职能的交叉和重复，既节省了有限的社会管理资源，又使政府管理工作效率得到提高。

中国的进出口食品安全由海关负责，海关虽为垂直管理部门，机构自成一体，但进出口食品的监管很难与其他监管部门完全隔离。从进口环节上看，海关在口岸实施检验后，入境后的食品进入国内市场监管项下的流通环节，其食品安全监管权限发生转移。

2. 协调机制

加拿大食品安全监管中有两种协调机制。一是部门、各层级政府之间协作。在发生食源性疾病时，由加拿大食品检验局、公共健康局检查人员共同调查，加拿大食品检验局和卫生部共同进行风险评估研判。二是政府机构与食品从业者之间的协调机制。如安大略省食品加工企业联盟代表小型食品企业参与食品安全立法；奎尔夫大学的加拿大食品安全研究所从事食品加工技术、风险分析、食源性疾病研究等，其研究成果可被用于有关法规制定的参考；高等学院、社区学校及社会培训机构也都参与对食品安全知识、食品从业技能等的培训。

中国在进出口食品监管方面，国家市场监督管理总局与海关总署建立共同机制，避免对进出口食品进行重复检验、重复收费、重复处罚。海关总署负责进口食品安全监督管理。境外发生的食品安全事件可能对中国境内造成影响，或者在进口食品中发现严重食品安全问题的，海关总署应当及时采取风险预警或者控制措施，并向国家市场监督管理总局通报，国家市场监督管理总局应当及时采取相应措施。国家市场监督管理总局与海关总署建立进口产品缺陷信息通报和协作机制。海关总署在口岸检验监管中发现不合格或存在安全隐患的进口产品，依法实施技术处理、退运、销毁，并向国家市场监督管理总局通报。国家市场监督管理总局统一管理缺陷产品召回工作，通过消费者报告、事故调查、伤害监测等获知进口产品存在缺陷的，依法实施召回措施；对拒不履行召回义务的，国家市场监督管理总局向海关总署通报，由海关总署依法采取相应措施。

3. 召回与追溯管理

加拿大设有专门的召回机构——国家级食品召回办公室，该机构负责全国的食品召回决策和执行，并协调全国的食品召回工作，机构内设有国家级的专职食品召回官员、地区召回协调员（6名）及若干名区域召回协调员。为科学和及时地完成食品召回工作，加拿大食品检验局与加拿大卫生部、加拿大公共卫生健康机构及产业、地方和国际伙伴建立了长期合作机制，组建了完整、科学的召回程序，通过构建食品召回四原则、食品召回三等级，明确食品召回的启动程序、食品召回的参与部门、食品召回的步骤，对召回各环节进行了详细而科学合理的布局，最后通过建立信息共享平台实现了召回信息的共享。

加拿大国际农业和食品追溯制度以产业界和政府的协调合作为基础，利益相关各方均共同承担体系运转的责任。追溯制度采取基于风险的逐步实施方式，产业界的牵头作用是成功的关键，利益相关方共同分担费用，并且必须满足政府支持突发事件管理的信息需求。追溯体系成功的关键是其建立在国家标准之上，设计防止了不必要的信息重复，并且通过信息的准确及时、坚持体系性能标准、定期进行测试、独立的审计及政府的参与，成为国家及国际上可靠的体系。

在我国，依据《中华人民共和国食品安全法》和《食品召回管理办法》（2020），由国家市场监督管理总局进行统筹，地方部门负责执行。召回分级与加拿大相似（如一级召回为高风险情况），但企业自主召回的比例较低，大多依赖政府"责令"召回。我国食品追溯体系建设仍处于推进阶段，在乳制品、肉类等行业推行追溯试点，但覆盖率不足30%。技术依赖较为单一，主要依赖二维码和数据库，缺乏跨区域、跨部门的数据互通，有待进一步完善。

10.4.3 食品进出口监管体系对比

1. 入境前准入环节

计划进入中国市场的国外食品入境前准入环节，中国主要采取了进口食品境外生产加工企业注册，对存在动植物疫情传播风险的进口动植物源性食品实施检疫审批制度、风险分析制度、境外食品出口商或代理人和境内食品进口商或代理人备案制度。而加拿大实施的具体措施有：食品生产企业卫生登记制度、食品安全风险评估制度、新型食品评估制度、食品标签管理制度和推行有效的操作规范制度。

2. 入境时查验环节

中国对入境食品实施的是口岸查验制度，检验检疫部门依法对进口食品实施检验检疫，只有经检验检疫合格后方允许进口，同时还通过制订监控计划实施监控，及时发现存在的风险并采取措施。而加拿大在食品入境查验时，则实施进口食品加工商预警名单制度并采用食品进口自动化监管系统来提高工作效率。

3. 入境后监管环节

国外食品进入中国后，检验检疫部门要求食品销售商建立真实可信的进口和销售记录，并通过建立进口商信誉记录达到对入境食品的后续监管。食品进入加拿大市场后，食品检验局也采取了一系列监管措施确保食品的安全，如追溯制度、召回制度和实行食品安全信息公开制度。加拿大对入境食品的后续监管与其国内食品监管基本一致，也统一由食品检验局监管。在该环节，加拿大食品监管的一大特点就是构建了一整套完善、行之有效的召回制度。

4. 食品标签监管

在所有的预包装食品都要有标签的基础上，加拿大还要求高风险产品，如肉类、家禽、加工蔬菜和加工水果，其标签必须经过注册才能上市。生产加工或者进口上述产品的企业，在生产加工或者进口前需将产品标签等相关资料提交加拿大食品检验局申请注册，只有经注册成功的食品才能进口至加拿大。而中国对入境食品标签的监管大都实行口岸查验制度，是一种事后监管制度。

5. 出口食品安全监管

中国为确保出口食品质量安全，按照"预防为主，全过程监控"原则建立了"从田间食品原料生产到工厂加工生产过程监管，再到出口前抽样检验"全过程的出口食品质量安全监管体系。加拿大对出口食品没有特别的规定及相应的监管政策，出口食品与其国内食品监管基本相同，在食品生产、加工环节，加拿大主要采取的监管措施有：实施食品企业卫生登记制度、实行严格的食品标签管理制度、实施驻厂检疫制度、推行有效的操作规范制度、实施全国性食品监测、实施食品安全风险评估、实施新型食品评估制度、实施食品安全追溯制度、实施食品召回制度等。

第十一章

Chapter 11

食品相关技术性贸易措施研究分析

11.1 农药残留

农药残留（Pesticide residues），是农药使用后一个时期内没有被分解而残留于生物体、收获物、土壤、水体、大气中的微量农药原体、有毒代谢物、降解物和杂质的总称。施用于作物上的农药，其中一部分附着于作物上，一部分散落在土壤、大气和水等环境中，环境残存的农药一部分又会被植物吸收。残留农药直接通过植物果实或水、大气到达人、畜体内，或通过环境、食物链最终传递给人、畜。

农药残留问题是随着农药大量生产和广泛使用而产生的。第二次世界大战以前，农业生产中使用的农药主要是含砷或含硫、铅、铜等的无机物，以及除虫菊酯、尼古丁等来自植物的有机物。第二次世界大战期间，人工合成有机农药开始应用于农业生产。目前，世界上化学农药年产量近200万吨，有1000多种人工合成化合物被用作杀虫剂、杀菌剂、杀藻剂、除虫剂、落叶剂等类农药。农药尤其是有机农药大量施用，造成严重的农药污染问题，成为对人体健康的严重威胁。目前使用的农药，有些在较短时间内可以通过生物降解成为无害物质，而包括滴滴涕在内的有机氯类农药难以降解，则是残留性强的农药。

根据残留的特性，可把残留性农药分为三种：容易在植物机体内残留的农药称为植物残留性农药，如六六六、异狄氏剂等；易于在土壤中残留的农药称为土壤残留性农药，如艾氏剂、狄氏剂等；易溶于水而长期残留在水中的农药称为水体残留性农药，如异狄氏剂等。残留性农药在植物、土壤和水体中的残存形式有两种：一种是保持原来的化学结构；另一种以其化学转化产物或生物降解产物的形式残存。

残留在土壤中的农药通过植物的根系进入植物体内。不同植物机体内的农药残留量取决于它们对农药的吸收能力。不同植物对艾氏剂的吸收能力由强到弱依次为：花生、大豆、燕麦、大麦、玉米。农药被吸收后，在植物体内分布量由多到少的顺序是：根、茎、叶、果实。农药进入河流、湖泊、海洋，造成农药在水生生物体中积累。在自然界的鱼类机体中，含有机氯杀虫剂相当普遍，浓缩系数为 5~40000 倍。农药进入粮食、蔬菜、水果、鱼、虾、肉、蛋、奶中，造成食物污染，危害人的健康。一般有机氯农药在人体内代谢速度很慢，累积时间长。有机氯在人体内残留主要集中在脂肪中。如滴滴涕在人的血液、大脑、肝和脂肪组织中含量比例为 1∶4∶30∶300，狄氏剂为 1∶5∶30∶150。由于农药残留对人和生物危害很大，各国对农药的施用都进行严格的管理，并对食品中农药残留容许量作了规定。如日本对农药实行登记制度，一旦确认某种农药对人畜有害，政府便限制或禁止销售和使用。

在国际食品法典中，农药最大残留限量（Maximum Residue Limits，MRLs）指的是在食物中使用食品添加剂和农药时，可以允许残留在食物中的物质极限的数量。它的定义是一种有效的工具，以确保在消费者摄入这些物质时不会受到毒性影响以及有害物质过度暴露。关于农药最大残留限量标准，国际食品法典委员会是用如下的立法方式制定的：（1）安全评估：旨在评估农药和食品添加剂的总体安全性，特别是药物、动物用药量以及环境效应和食物污染。（2）药物比例估计：基于毒理学评价和污染限量，考虑消费者摄入药物的种族和年龄。（3）毒理学评估：评估药物对非蛋白胺的毒性，其中包括其安全性标准的应用，如毒理评估。（4）食品添加剂和农药残留量的确定：根据安全评估、药物比例估计、毒理学评估、药物习惯暴露率和动物用药量，确定残留量。首先根据农药及其残留物的毒性评价，按照国家颁布的良好农业规范和安全合理使用农药规范，适应本国各种病虫害的防治需要，在严密的技术监督下，在有效防治病虫害的前提下，在取得的一系列残留数据中取有代表性的较高数值。它的直接作用是限制农产品中农药残留量，保障公民身体健康。在世界贸易一体化的今天，农药最大残留限量也成为各贸易国之间重要的技术壁垒。

11.1.1 国际食品法典农药残留委员会

国际食品法典委员会（CAC）是由联合国粮农组织和世界卫生组织共同建立的政府间国际组织，其主要职责是制定食品领域的国际标准，是 WTO 指定的食品国际标准协调组织。CAC 农药残留限量标准的制定由 FAO/WHO 农药残留联席会议及 CAC 下属的农药残留委员会合作完成。JMPR（农药残留联席会议）根据国际食品法典农药残留委员会确定的农药评估优先列表，评估各国或农药企业提供的农药毒理和残留数据，计算全球各地区、不同人群的膳食暴露风险水平，推荐农药最大残留水平，再通过 CAC 秘书处向各成员公开征求意见后，提交国际食品法典农药残留委员会会议审议通过并呈报 CAC 大会批准后成为法典标准。

国际食品法典农药残留委员会首次年会于 1966 年在荷兰海牙市召开。食品法典标准对全球农产品及食品贸易有重大影响。它是国际贸易争端中的食品安全仲裁标准之一，也是美国、欧盟、日本等国家和地区制定修订本国农药最大残留限量标准的重要参考依据。2007 年第 39 届国际食品法典农药残留委员会会议制定了毒死蜱、茚虫威等 20 种农药 187 个 MRLs 标准，撤销乐果、苯线磷等 13 种农药 124 个 MRLs 标准。制定的农药 MRLs 不是一成不变的，而是通过周期评估程序对其定期进行再评估（周期为 10—15 年），根据最新资料对 MRLs 值作出及时修订或删除。

2006 年，中国当选国际食品法典农药残留委员会主席国，并开始主办一年一次的年会。2024 年 6 月 3 日，国际食品法典农药残留委员会第 55 届年会在四川省成都市召开，这是中国主办的第 17 次会议，大会共设置 13 项议题，会期 6 天，审议 30 多种农药在农产品中 400 多项最大残留限量草案。来自 56 个成员国和 1 个成员组织（欧盟），以及 10 个国际组织的 300 多名代表参加会议。截至目前，国际食品法典农药残留委员会已经制定了克菌丹、甲萘威等 223 种农药在水果、蔬菜和谷物等 19 大类 290 多种食品和农产品中至少 3000 个 MRLs 和 EMRLs 标准。

11.1.2 欧盟

欧盟历来十分关注食品安全，并形成了比较严谨的食品安全法律体系。欧盟统一的农药 MRLs 由欧洲食品安全局负责制定，欧洲食品安全局负责农药的风险评估；欧盟委员会健康和食品安全总司负责农药活性成分的登记注册、欧盟残留限量标准的制定，欧盟农药管理政策的制定和监督执行；各成员国管理部门负责农药制剂的登记注册，欧盟农药管理政策的转化和执行。

2002 年，欧洲议会和欧盟理事会发布《通用食品法》[（EC）No 178/2002]，并于同年 1 月 28 日正式生效。该法规是欧盟迄今出台的最重要的食品法，填补了在欧盟层面缺少总的食品法规的空白，是对以往欧盟食品质量与安全法规的提升与创新，具有很强的时代特征。2005 年 2 月 23 日，欧盟又颁布了《食品和饲料中农药最大残留限量》[（EC）No 396/2005]，该法规规定了欧盟统一的食品和农产品中农药的 MRLs，同时补充了《关于植物保护产品上市的指令》（91/414/EEC）[该指令是目前在欧盟农药政策框架内，用于规范市场上的植保产品（PPPs）的重要法规]。《食品和饲料中农药最大残留限量》[（EC）No 396/2005] 还整合了以往的 4 个指令，共包括欧盟的 245 个农药 MRLs 以及各成员国各自的约 850 个农药 MRLs。

《食品和饲料中农药最大残留限量》[（EC）No 396/2005] 共包含 7 个附录，其中附录 I 为食品和农产品清单，附录 II 为欧盟现有的 MRLs，附录 III 为临时性的 MRLs，附录 IV 为豁免最大残留限量的物质清单，附录 V 为一律标准，附录 VI 为加工产品的 MRLs，附录 VII 为收获后使用的熏蒸剂名单，其中附录 I —IV 是核心内容，涉及 471 种农药在 315 种食品和农产品中共 145000 个 MRLs。以下简单介绍 7 个附录的主要内容。

附录 I 为食品和农产品清单，为（EC）No 178/2006 法规，将 315 种食品和农产品分成新鲜和冷冻水果、新鲜和冷冻蔬菜、干豆类、香料等共 10 个大组。315 种食品和农产品共包含了当前指令中涉及的 190 种原有食品和农产品以及 125 种新食品和农产品，新食品和农产品多数为小作物如木薯、麝香草等，也包括可可、咖啡和糖类植物。

附录 II 为欧盟现有的 MRLs，是以前根据欧盟指令制定的，包括原有 245 种农药在原有的 190 种食品和农产品中共计约 45000 个 MRLs，大多数农药已经按照《关于植物保护产品上市的指令》（91/414/EEC）完成了风险评估。欧盟 MRLs 的制定是由成员国和欧洲食品安全局基于 WHO 的方法，对消费者长期和短期的健康情况进行风险评估，再根据农药残留摄入量与每日允许摄入量（ADI）或急性参考剂量（ARfD）进行比较，作出风险管理决策，经征求意见及 WTO/SPS 通报后，由欧盟食物链和动物健康标准化委员会（SCFCAH）批准并发布。欧盟 MRLs 制定的资料要求主要有：一是需要提供毒理学资料及由此推导的 ADI /ARfD；二是批准使用情况及良好农业规范信息；三是监控残留试验，对大宗作物要求有 8 个试验点，小作物为 4 个试验点；四是对于与动物饲料相关的作物，还需进行动物饲养研究。

　　附录Ⅲ为欧盟临时标准（由于缺乏相关数据而暂时设定的 MRLs）。附录Ⅲ又分为两部分，附录Ⅲ A 为新增加的 226 种农药在 315 种食品和农产品（原有 190 种和新增 125 种）中共约 70000 个临时 MRLs，这些 MRLs 主要来源于成员国的国家 MRLs、进口 MRLs 和法典 MRLs，对应的农药并未根据《关于植物保护产品上市的指令》（91/414/EEC）进行风险评估，是成员国 50000 个 MRLs 及法典 MRLs 向欧盟 MRLs 协调、统一的一个转化，转化过程包括开发数据库并收集信息、制定标准草案和征求意见等 10 个步骤。附录Ⅲ B 为原有 245 种农药在新增的 125 种食品和农产品中共计约 30000 个 MRLs。

　　附录Ⅳ为豁免最大残留限量的物质清单。共有 52 种物质被列入清单，包括 6 种微生物和 46 种化学物质，如苯甲酸、脂肪酸等。目前至少有 8 种物质根据《关于植物保护产品上市的指令》（91/414/EEC）进行了风险评估，其他正在评估中的物质也暂时被列入了该清单。

　　附录Ⅴ为《食品和饲料中农药最大残留限量》[（EC）No 396/2005] 附录中未涉及的农药在农产品中的 MRLs，定为"一律标准"（0.01mg/kg）。

　　附录Ⅵ为附录 I 中加工后产品的加工因子。

　　附录Ⅶ主要涉及收获后使用的熏蒸剂，共有磷化氢、磷化铝、磷化镁和硫酰氟 4 种化合物，其对应的产品中的残留量允许临时超过附录Ⅱ和附录Ⅲ中的 MRLs，但在销售和消费时的最终残留量应符合限量限制要求。

11.1.3 美国

　　美国农药相关管理机构为：美国环境保护署负责农药安全性评估、登记注册、生产、销售、使用管理、农药残留限量的制定、农药在环境中的残留监测；美国食品药品监督管理局负责肉、禽、去壳蛋以外的其他食品中农药残留监测；美国农业部负责肉、禽、去壳蛋及其制品中农药残留检测；各州食品与农业机构负责对州内农药进行管理。涉及法律为《联邦杀虫剂、杀菌剂、杀鼠剂法》《联邦食品、药品和化妆品法》《食品质量保护法》《大气清洁法》《水质清洁法》。美国农药残留容许量标准主要由美国环境保护署负责制定。

美国《联邦杀虫剂、杀菌剂、杀鼠剂法》规定农药在美国出售或分销之前必须获得登记许可。美国《食品质量保护法》规定，设定农药残留限量时进行安全判定，考虑儿童的特殊敏感性人群，并且开展从食品、饮用水、居家环境及其他非职业暴露途径的累积风险。美国《联邦食品、药品和化妆品法》第408条规定"除美国环保署建立的食品中农药残留限量标准或豁免农药残留限量外，任何食品中农药的残留是不安全的"，这条规定既适用于国产食品，也适用于进口食品，任何食品的农药残留超过限量标准都会受到美国政府的管制。美国环境保护署依据《联邦杀虫剂、杀菌剂、杀鼠剂法》和《食品质量保护法》，负责农药登记和农药最大残留限量制定，而且农药登记和残留限量制定同步进行。

美国农药登记与MRLs制定由其环境保护署负责。美国是世界上农药管理制度最完善、程序最复杂的国家之一，建立了一整套较为完善的农药残留标准、管理、检验、监测和信息发布机制。为了确保食品安全，维护消费者利益，美国制定了详细、复杂的MRLs，共涉及385种农药约11000项，大部分为在全美登记的农药并根据联邦法规（CFR）制定的MRLs，其余为农药在各地区登记中制定的MRLs、有时限或临时的MRLs、进口MRLs和间接残留的MRLs等，还列出了豁免物质或无须MRLs的清单，其所有MRLs和豁免物质均列入了联邦法规第40篇第180部分中。

美国MRLs中有时限或临时性的MRLs约有600项，涉及100种农药。在美国联邦法规第40篇第180部分中公布了251个豁免制定残留限量清单，包括柴油、增效醚、除虫菊（酯）、鱼藤酮、藜芦碱等农药活性成分，部分收获后使用和用于特殊处理的农药（如溴甲烷作为移栽前的土壤熏蒸剂，碘化钾作为香蕉叶面处理剂等），其余绝大部分为非活性成分（如助剂）。美国根据需要，对国内没有登记的部分农药/作物组合制定了少量的进口MRLs。

美国还列出了豁免物质或无须 MRLs 的清单,提出了"零残留"的概念。"零残留"即不得检出,美国提出此概念主要基于以下原因:一是未确定农药对两种温血动物物种的安全剂量;二是农药对试验动物有致癌性或其他显著的生理学影响;三是产品在进行国际贸易前,残留的农药通过洗涤、风蚀等过程及良好农业规范已去除而几乎不再存在。

11.1.4 日本

日本农药的 MRLs 由其厚生劳动省制定,负责农药毒理学资料评审、制定农药最大残留限量标准,进口食品农药残留监控;农林水产省负责农药安全性评估,登记注册、生产、销售、使用管理;环境厅负责环境及水体农药残留资料的评审;地方政府负责辖区内农药安全管理。

由于农药、兽药等化学品残留引起的食品安全问题突出,日本于 2003 年 5 月修订了《食品卫生法》,于 2006 年 5 月 29 日正式实施肯定列表制度,并执行食品和农产品中农业化学品新的残留限量标准。肯定列表制度涉及对农药、兽药和添加剂等 791 种农用化学品的管理,是当时世界上制定残留限量标准最多、涵盖农药和食品品种最全的管理制度之一。该制度几乎对所有用于食用的食品和农产品上的农用化学品制定了残留限量标准,包括"临时标准""一律标准""沿用现行限量标准""豁免物质""不得检出"5 个类型,共有限量标准 57000 多项,其中农药和农药 MRLs 的数量分别为 579 种和 51600 多项,均分别占到总数的 70% 和 90% 以上。日本在肯定列表制度实施后的 5 年内对暂定标准进行评估,并根据评估解决修订这些标准,经修订后的暂定标准则转化为正式标准。此后每 5 年对标准进行一次重新评估和全面修订。

临时标准。日本共制定了 47636 项临时标准,涉及 264 种(类)食品和农产品、515 种农药。制定临时标准时主要需考虑以下几个因素:一是 CAC 的 MRLs;二是日本《农药取缔法》规定的国内登记许可标准(即沿用现行限量标准);三是基于农药残留联合会议所要求的进行过科学的毒性评价的欧盟、美国、加拿大、澳大利亚、新西兰的MRLs，采用5国（或组织）的平均值作为其临时MRLs；四是当由于致癌性或其他原因不能确定农药的每日允许摄入量标准时，应根据目前的习惯做法，在制定临时标准时以"不得检出"表示。根据规定，临时标准在其制定后每5年需重新评估一次。在对临时标准实施期间获得的反馈意见进行进一步修订的基础上，将出台正式的《食品中农药最大残留限量标准》。在新制度正式实施后，日本即已开始修订相关的临时标准。

一律标准。即日本政府确定的对身体健康不会产生负面影响的限量值，以1.5μg/（人·天）的毒理学阈值作为计算基准，确定的限量值为0.01mg/kg。该标准适用于肯定列表制度中未制定MRLs的农用化学品/食品组合。

豁免物质。日本确定豁免物质时主要考虑如下因素：日本的评估结果、农药残留联合会议的评估结果、基于《农药取缔法》的评估结果及其他国家和地区的评估结果。豁免物质包括矿物油、印度楝树油等。

11.1.5 澳大利亚与新西兰

澳大利亚农药和兽药管理局负责制定农产品中的农药和兽药最大残留限量标准，澳大利亚的农兽药残留限量标准由5个部分组成：食品中化学农药和兽药及相关物质的最大残留限量、最大残留限量标准适用的产品部分（取样分析部分）残留定义、动物饲料中农药的最大残留限量、不需要设定最大残留限量的农兽药及相应的使用方法，澳大利亚农药和兽药残留限量标准产品分类参照CAC产品分类。2008年10月，澳大利亚农药和兽药管理局发布了新的农药MRLs标准，新标准由5个附表组成：一为500多种农药的共4000多项MRLs；二为食品和动物的分类，该分类参考了CAC的食品和动物分类；三为残留定义；四为动物中的MRLs，共涉及184种农药的570项MRLs；五为豁免物质清单，该清单详细列出了不需要制定MRLs的农药的各种前提条件。

新西兰农药最大残留限量标准由新西兰食品安全局根据《食品法案》制

定，目前共制定了约 2900 项 MRLs。该标准不仅对具体限量标准未涉及的农用化合物残留设定了 0.1mg/kg 的默认标准。同时，还认可符合 FAO/WHO 联合 CAC 农兽药残留限量标准要求的进口食品。此外，农用化合物在烘干、脱水或是浓缩的食品中的最大残留限量必须以该食品经过稀释或是复原后总量为基础。某种由一种或多种食物组成的食品中的农用化合物最大残留限量等于农用化合物在各种食物中的最大残余限量乘以该种食物在食品中所占的比例所得的总和。

澳大利亚和新西兰于 1998 年签订食品标准互认协议，共同建立了澳新食品标准局，负责制定澳大利亚和新西兰的食品标准法典。所制定的标准中，除个别标准单独适用于澳大利亚或新西兰外，绝大部分为两国通用标准。

11.1.6 加拿大

加拿大的农药残留管理由其卫生部和农业部根据《食品药品法》联合执行，农药登记及 MRLs 制定由其卫生部负责，残留监控及执法由其农业部负责。以前，加拿大的农药 MRLs 都是通过官方公报征求意见后，根据《食品药品法》下的《食品药品条例》，由加拿大卫生部下属有害生物管理局负责制定，收录在《有害生物控制产品条例》中，需要注意的是，除个别豁免物质外，对于无限量标准的农药残留，目前加拿大执行 0.1mg/kg 的统一标准。加拿大对于无限量标准的农药残留拟实施 "不得检出（ND）" 要求。

2008 年 6 月 16 日，加拿大通过 C-28 法案（Bill C-28）修订了《食品药品法》，至此将允许按照《有害生物控制产品法》（PCPA）合法地制定农药的 MRLs，而无须经过 FDR 的批准。这种变化将使得 MRLs 的制定、修订和撤销更加高效、快速。程序变化后，加拿大加快了 MRLs 的制定和修订速度，2008 年 7 月 9 日至 9 月 3 日，加拿大共制定了 57 种农药的 2476 项 MRLs。其分为两部分，一部分是对以前已制定标准的部分农药增加与之相关的食品和农产品，另一部分为新增加的农药 / 食品、农产品组合。根据《有害生物控制产品法》，加拿大目前共有 201 种农药在 570 种（类）食品和农产品中的 4838 项 MRLs。

11.1.7 韩国

韩国食品中农药残留限量标准由韩国食品药品安全部负责制定和发布，收录在《韩国食品公典》中的《生产阶段农产品等的有害物质残留标准》。韩国农药残留限量标准主要包括农产品、人参和畜产品中农药最大残留量。对有最大残留量标准的农药采用使用登记制度，对未制定最大残留量标准的农药采用的是适用 CAC 标准及类似农产品标准的做法。2016 年，韩国食品药品安全部开始实施农药残留肯定列表制度。其中，热带水果和坚果类食品在 2016 年 12 月 31 日起开始实施肯定列表制度，2018 年 12 月该制度在所有农产品上推行。肯定列表制度规定，除标准中规定的允许使用的农药残留之外，其他所有物质在农产品中的使用限量都为 0.01mg/kg。韩国农药残留肯定列表制度对原有农药条目进行了全面梳理整合，删除未登记使用的农药数量，保留 441 种农作物用农药、78 种人参用农药和 83 种畜产品用药共计 7621 个限量标准，其他农兽药则按韩国"一律标准"进行管理。

11.1.8 新加坡

新加坡农药残留限量标准由新加坡农粮兽医局负责制定，其收录在新加坡《食品条例》中，食品中农药残留须符合新加坡限量标准，若无相关规定则必须符合 CAC 限量标准；对于加工/混合食品，其残留限量不得超过用于加工该食品原料容许量/组成该混合食品的食品中的容许量。新加坡《食品条例》中仅对动物源性产品中抗生素和雌激素作了规定。根据《食品条例》，抗生素指化学合成或微生物来源的化学物质，其在低浓度下可消灭细菌或其他微生物或通过阻碍其生长达到相应目的。除尼生素可作为经热处理破坏肉毒杆梭菌孢子的液态蛋制品、干酪及罐装食品的防腐剂外，新加坡要求抗生素及其降解产物在奶、肉、肉制品及其他食品中不得检出。

11.1.9 中国

中国于 1995 年和 2006 年先后颁布了《中华人民共和国食品卫生法》

（2009年6月1日废止）和《中华人民共和国农产品质量安全法》，于2009年6月1日开始实施《中华人民共和国食品安全法》，《中华人民共和国食品安全法》充分考虑了《中华人民共和国食品卫生法》和《中华人民共和国农产品质量安全法》的内容。这些食品安全管理法规的出台，为食品及农产品中农药MRLs的制定提供了法律依据。

目前，中国农药的MRLs标准主要由国家标准和行业标准两部分组成，国家标准由国家卫生健康委员会和国家标准化管理委员会共同发布，行业标准主要为农业农村部发布。中国于2005年1月25日发布了《食品中农药最大残留限量》国家标准，并于2005年10月1日开始实施。该标准根据风险评估结果，参考了CAC、美国、欧盟等国家及组织制定的标准而制定，代替并废止了以前34个食品中农药残留限量国家标准，共包括了136种农药的478项MRLs。该标准与CAC标准的符合率由原来的14.6%提高到了85%以上，有83种农药的274项MRLs标准直接采用了2004年的CAC标准或与其一致。某些特定的粮食、蔬菜等食品，因中国居民的食用量较大，其农药残留指标还要严于CAC标准。新标准还考虑到了农药的代谢产物及杂质对人体可能造成的危害，增加了毒性分级的内容，将食品中的各种农药残留分为剧毒、高毒、中等毒性和低毒几个级别，并列出了农药用途、每日允许摄入量、急性参考剂量、残留的定义和检验方法等信息。

2005—2021年，为了弥补国家标准的不足，中国持续开展标准的修订，先后5次修订并发布了《食品中农药最大残留限量》标准，制定了118种农药在68种（类）食品和农产品中的共329项MRLs农业行业标准，涉及178种农药在92种（类）食品和农产品中的807项MRLs，同时制定了500多种农药在食品和农产品中的残留检测方法国家标准和行业标准，以及农药残留采样方法等其他配套的技术规范，初步形成了以国家标准为主，行业标准为辅，以及安全标准和配套支撑标准共同组成的较为完善的农药残留标准体系（表11-1）。

表 11-1 《食品中农药最大残留限量》先后 5 次修订主要变化

标准号	规定农药种类数	最大残留限量数
GB 2763—2005	136	—
GB 2763—2012	322	2293
GB 2763—2014	387	3650
GB 2763—2016	433	4140
GB 2763—2019	483	7107
GB 2763—2021	564	10092

2021 年，中国农业农村部会同国家卫生健康委员会、国家市场监督管理总局发布新版《食品安全国家标准 食品中农药最大残留限量》（GB 2763—2021），规定了 564 种农药在 376 种（类）食品中 10092 项最大残留限量。2021 版标准涵盖农药品种和限量数量大幅增加。与 2019 版相比，新版标准中农药品种增加 81 个，增幅为 16.8%；农药残留限量增加 2985 项，增幅为 42%；农药品种和限量数量达到国际食品法典委员会相关标准的近 2 倍，全面覆盖中国批准使用的农药品种和主要植物源性农产品。在 2021 版标准中，设定了 29 种禁用农药 792 项限量值、20 种限用农药 345 项限量值；针对蔬菜、水果等鲜食农产品，制定、修订了 5766 项残留限量，占目前限量总数的 57.1%；为加强进口农产品监管，制定了 87 种未在中国登记使用农药的 1742 项残留限量。2021 版标准制定基于中国农药登记残留试验、市场监测、居民膳食消费、农药毒理学等数据制定，遵照 CAC 通行做法开展风险评估，广泛征求了专家、社会公众、相关部门和机构等利益相关方的意见，并接受了世界贸易组织成员的评议。采用的风险评估原则、方法、数据等要求与 CAC 和发达国家接轨，并同步发布了《食品安全国家标准 植物源性食品中 331 种农药及其代谢物残留量的测定 液相色谱—质谱联用法》（GB

23200.121—2021）等 4 项农药残留检测方法标准，有效解决了部分农药残留标准"有限量、无方法"问题，农药残留限量配套检测方法标准更加完善。

随着社会经济发展的脚步，中国在农药残留限量方面的研究及标准修订的速度也在持续加快。2022 年 11 月 11 日，国家卫生健康委员会、农业农村部和国家市场监督管理总局联合发布《食品安全国家标准 食品中 2，4-滴丁酸钠盐等 112 种农药最大残留限量》（GB 2763.1—2022），该标准是《食品安全国家标准 食品中农药最大残留限量》（GB 2763—2021）的增补版，自 2023 年 5 月 11 日起正式实施。2024 年 7 月，农业农村部组织拟订了《食品中 2 甲 4 氯异辛酯等 83 种农药最大残留限量（征求意见稿）》和《动物源产品中胺苯吡菌酮等 57 种农药最大残留限量（征求意见稿）》标准文本，公开征求修改意见后即将纳入新的农药最大残留限量标准中。

11.2 兽药残留

联合国粮农组织和世界卫生组织食品中兽药残留联合立法委员会曾给出兽药残留的定义：兽药残留是指动物产品的任何可食部分所含兽药的母体化合物及（或）其代谢物，以及与兽药有关的杂质。所以，兽药残留既包括原药，也包括药物在动物体内的代谢产物和兽药生产中所伴生的杂质。

在动物源食品中较容易引起兽药残留量超标的兽药主要有抗生素类、磺胺类、激素和 β - 兴奋剂类和其他兽药四大类。大量、频繁地用到抗生素，能够使动物机体中的耐药致病菌很容易感染人类；而且抗生素药物残留可使人体中细菌产生耐药性，扰乱人体微生态而产生各种毒副作用。目前，在畜产品中容易造成残留量超标的抗生素主要有氯霉素、四环素、土霉素、金霉素等。磺胺类药物主要通过输液、口服、创伤外用等用药方式或作为饲料添加剂而残留在动物源食品中。近年来，动物源食品中磺胺类药物残留量超标现象十分严重，多在猪、禽、牛等动物中发生。在养殖业中常见使用的激素和 β - 兴奋剂类主要有性激素类、皮质激素类和盐酸克伦特罗等。目前许多研究已经表明，盐酸克伦特罗、己烯雌酚等激素类药物在动物源食品中的残留超标可极大危害人类健康。其中，盐酸克伦特罗很容易在动物源食品中造成残留，健康人摄入盐酸克伦特罗超过 20 μg 就有药效，5~10 倍的摄入量则会导致中毒。另外，呋喃唑酮和硝呋烯腙常用于猪或鸡的饲料中来预防疾病，它们在动物源食品中应为零残留，即不得检出，是中国食品动物禁用兽药。苯并咪唑类能在机体各组织器官中蓄积，并在投药期的肉、蛋、奶中有较高残留。

11.2.1 国际食品法典委员会兽药残留委员会

联合国粮农组织和世界卫生组织于 1963 年共同建立了国际食品法典委员会。作为政府间组织，国际食品法典委员会主要负责国际食品标准的制定、修订工作，其下设的分委员会国际食品法典委员会兽药残留委员会（CCRVDF）负责制定食品中兽药最大残留限量标准。该委员会以科学依据为基础，采用风险分析的原理，对已登记使用的药品进行风险评估，当发现该药品对人体具有潜在危险且可能导致国际贸易问题时才制定限量标准。

CAC 兽药残留标准的制定，主要是在对兽药进行风险分析的基础上进行的。为保障标准制定的公平性和科学性，CAC 作出明确规定，兽药残留限量标准必须由来自各国的独立身份科学家进行研制，而不能来自政府或兽药公司。此外，CAC 对食品种类进行细致的分类，对动物不同身体部位的兽药残留的限量值分别作出了不同的规定，同时还配备了相应的残留标志物以及取样及检验方法，具有很强的可操作性和实用性。《食品中兽药最大残留限量标准》（CAC/MRL2—2015）是最主要的兽药残留限量标准。该标准涉及 72 种兽药，其涵盖的限量指标总体数量 597 项，涉及 66 种食品。目前 CAC 兽药残留限量标准只涉及畜禽及初级制品和水产品及初级制品两大类食品。

11.2.2 欧盟

2009 年 5 月 6 日，欧盟发布 EU 470/2009 号条例，该条例制定了建立动物源性食品中药理活性物质残留限量的共同体程序，替代 EEC 2377/90 号条例成为欧盟管理兽药残留最核心的一部法规，对欧盟所有成员国有约束力。该法规对食用动物的用药进行严格管理，对动物源性食品中药理活性物质残留建立残留限量或行动参考点进行监控。

EEC 2377/90 号条例中与残留限量要求直接相关的 4 个附录目前仍然适用，即附录 Ⅰ "已制定最大残留限量的药理活性物质及其限量"，共 119 种药物；附录 Ⅱ "免除制定最大残留限量的物质"，共 528 种；附录Ⅲ "已制定临时最大残留限量标准的药理活性物质及其限量"（尚未完成全部安全性评估，但无证据表明该限量会对消费者产生危害），附录Ⅳ "不制定残留限量标准的物质（禁用）" 10 种。此外，欧盟还列出了不受 EU 470/2009 号条例限制的物质清单。根据该条例，各成员国不得禁止或阻止符合附录Ⅰ、Ⅱ、Ⅲ要求的食品在本国流通。

2009 年 12 月 22 日，欧盟又发布了（EU）No 37/2010 号条例，将 EEC 2377/90 号条例的附件内容整合为两个列表，包括将 EEC 2377/90 号条例原附录Ⅰ、Ⅱ、Ⅲ整合为 "允许使用的药物列表"，同时按照药物的治疗效果分类，如抗感染类、抗寄生虫类等，而将原附录Ⅳ整合为 "禁用药物列表"。由于欧盟地区畜牧业非常发达，其自主开发出很多特有的药物品种，其所能使用的兽药种类比其他地区多，另外欧盟委员会根据毒理学试验和科学评估的结果不定期修订兽药最大残留限值，相应的法规修订一年会发布多达 4 次以上。

11.2.3 美国

美国联邦法规是美国联邦政府的行政部门和机构在联邦登记上发布的永久性和完整的法规汇编。美国有较完善的兽药法规，其兽药残留限量标准由美国食品药品监督管理局负责制定，并在美国联邦法规《食品中新兽药残留的容许量》（21 CFR Part 556）中公布。美国政府每年都要对联邦法规中各篇内容进行修订，第 21 篇的修订版一般在每年的 4 月 1 日发布。在联邦法规第 21 篇中规定的 108 种兽用物质共分为三类：第一类为不需要设定限量的物质，如各种激素类药物；第二类为不得检出的物质，如各类杀虫剂；第三类为制定了最大残留限量新型动物药品 97 种，如抗生素、抗组胺类药物等。

美国禁用的兽药发布在联邦法规第 21 篇第 530.41 部分，目前美国禁止用于食用动物的兽药包括盐酸克伦特罗、己烯雌酚、氯霉素、氟喹诺酮类（沙星类），硝基呋喃类中的呋喃唑酮、呋喃西林、头孢菌素（头孢匹林除外）、地美硝唑、异丙硝唑、其他硝基咪唑类糖肽类抗生素、金刚烷（只能用于治疗禽流感),神经氨酸酶抑制剂（只能用于治疗禽流感）。针对农产品分类，美国环境保护署通过其发布的《农兽药残留限量法规》(40 CFR Part 180)对农兽药残留所涉及的产品进行分类。每年，美国环境保护署还会在联邦公报上发布公告，适时修订农药残留限量标准对应的产品分类法规，公告会在发布之日起 60 日后生效。

11.2.4 日本

日本于 1943 年通过立法颁布实施了《药事法》。根据《药事法》规定，管理范围包括人用药品、类药品、兽药、化妆品、医疗器械。授权主管部门为厚生省，厚生省下设立药事局，负责药品监督管理工作。日本的药事管理分为中央级、都道府县级和市町村级三级。中央政府厚生省药事局是权力机构,地方政府则为政策的贯彻执行机构。厚生省设置中央药事委员会，主要负责审查、研究、讨论国家重要的药学事务。它下设 12 个委员会，即药典委员会、药品委员会、兽药委员会、生物制品委员会、抗生素委员会、放射性药品委员会、化妆品和准药品委员会、医疗器械委员会、药品安全委员会、有害物质及特殊化学品委员会、非处方药委员会和药效再评价委员会。都道府县设地方药事委员会，作为咨询机构，负责调查、讨论有关药品（包括医疗器械）的重要事项。

基于《食品卫生法》的相关规定，日本从 2006 年起实施农兽药肯定列表制度，由日本厚生劳动省负责制定和发布，列表内容可在厚生劳动省在线数据库进行查询。日本实施农兽药肯定列表制度的法律依据是《食品卫生法2003修订案》中第十一条第三款："任何食品，只要含有《农药取缔法》中规定的农药活性原料，或含有'确保饲料安全及品质改善法律'中规定的饲料添加剂，或含有《药事法》中规定的兽药[包括由活性成分发生化学变化而产生的物质，但不包括经日本厚生劳动省确定不会对人体健康造成负面影响的任何物质（豁免物质）]，并且其含量超过了厚生劳动省在听取药事和食品安全委员会的意见后确定的不会对身体健康产生负面影响的水平（一律标准），就不得生产、进口、加工、使用、制备、销售或者为销售而存储，但食品中已建立最大残留限量标准的化学物质除外。"对于已建立最大残留限量标准的化学物质，其在食品中的含量不得超过最大残留限量标准，对于未制定限量标准的农业化学品，其含量不得超过厚生劳动省确定的一律标准，但经厚生劳动省确定的豁免物质不受此限制。

日本农兽药肯定列表对动物源食品中所有可能存在的物质残留进行了限定，不仅包括兽药，还涵盖了农药、饲料添加剂等物质。日本农兽药肯定列表对兽药残留限量数值会根据实际情况不定期地发布修订信息，至今已发布了200余条。在《食品、添加剂等的规格标准》中的食品通用规格部分，日本规定了食品原材料及部分加工食品的农兽药残留限量标准，规定了食品中不得含有抗生素或化学合成的抗菌剂，同时列举出了所有食品中不得检出的农兽药清单。

日本对食品中农兽药的残留限量标准分为残留限量、不得检出、豁免物质、一律标准四类。

1. 残留限量

当某种农兽药在某种食品中有具体残留限量值规定时，检出值不得超过残留限量要求。例如，嘧菌酯在大米（含糙米）中MRL ≤ 0.2mg/kg，如果在大米（含糙米）中检出嘧菌酯，其检出值不得超过 0.2mg/kg。

2. 不得检出

食品"不得检出物质清单"中列出的物质。目前该清单中包括 2，4，5-滴等 24 种物质。此外，对于抗生素或化学合成的抗菌剂，原则上食品中不得含有任何抗生素或化学合成的抗菌剂，另有规定可以使用的除外。例如，氧氟沙星在鸡肉、鸡脂肪、鸡肝、鸡肾及鸡的其他可食部位中规定了残留限量值，在这 5 种食品中检出氧氟沙星时，只要检出值不超过限量值即可；对于其他食品，不得检出氧氟沙星。

3. 豁免物质

指厚生劳动大臣认定的，即使食物中含有也不会对人体产生危害的物质（即"对象外物质清单"中的物质）。目前该清单中包括植酸钙等 78 种物质。

4. 一律标准

对未涵盖在上述标准中的所有其他农兽药制定一个统一限量标准，即 0.01mg/kg。一般认为，低于该浓度的残留不会对人体产生危害。

日本政府实施的农兽药肯定列表制度对所有农业化学品制定了残留限量标准，其中"暂定限量标准"中明确的农兽药及饲料添加剂由 200 余种增加到 700 余种，限量标准由 1 万余条增加到 5 万余条，对其他尚不能确定具体"暂定限量标准"的农药，均设定 0.01mg/kg 的"一律标准"。

11.2.5 韩国

韩国食品中兽药残留限量标准由韩国食品药品安全部负责制定和发布，均收录在韩国《食品法典》中。韩国《食品法典》涵盖了 124 种兽药品种，其中有 7 种规定在动物性食品中不得检出，其他 117 种兽药在不同食品中均规定了最大残留限量。

对于兽药残留限量标准，在动物源性畜禽产品、水产品及其制品中禁用兽药 12 种，包括克仑特罗、孔雀石绿等。对于没有制定具体残留限量标准的动物源副产品如内脏、骨头等可食用组织，可采用同种动物肉（肌肉）

或海产品（鱼）的残留限量标准。对于没有制定具体残留限量标准的加工食品，可根据原料的许可限量判断加工食品的残留是否合格，如干燥或其他处理过程导致水含量发生变化，则确定限量时要考虑水含量。对于某种特定动物产品，如果韩国标准及 CAC 标准均未制定兽药残留限量标准，则可适用类似动物相同部位的最低 MRLs。例如，如果未制定某种兽药在牛、马或鸡产品中的残留限量标准，则可采用同种兽药在反刍动物、哺乳动物及家禽相关部分的最低 MRLs。对于蜂王浆和蜂胶，可采用蜂蜜的标准。对于韩国及 CAC 未制定标准的兽药、抗生素、合成抗生素，其在畜禽和水产品及蜂蜜（包括蜂王浆和蜂胶）中的限量为 0.03mg/kg。

11.2.6 中国

中国畜禽及畜禽产品中兽药残留限量标准在 1999 年以前仅涉及 45 种兽药，涉及兽药的标准与国外存在一定差距。为加强兽药残留监控工作，保证动物性食品卫生安全，根据《兽药管理条例》规定，原农业部组织修订了《动物性食品中兽药最大残留限量》标准，并于 2002 年 12 月 24 日以 235 号公告发布。《动物性食品中兽药最大残留限量》标准大量采用了 CAC、欧盟等标准，其中包括不需要制定最大残留限量的药物 86 种，可用于食品动物但需要制定最大残留限量的兽药 94 种，可用于食品动物但不得检出的麻醉药、镇静药、激素类药物和抗生素类兽药 9 种，禁止用于所有食品动物的抗菌药、激素和有机磷类药物 31 种。

2015 年，中国发布《中华人民共和国兽药典（2015 年版）》，共收录兽药 1634 个品种，其中化学药品 752 个，中兽药 751 个，兽用生物制品 131 个。2019 年，农业农村部与国家卫生健康委员会、国家市场监督管理总局联合发布《食品安全国家标准 食品中兽药最大残留限量》（GB 31650—2019），该标准于 2020 年 4 月 1 日起实施。此次发布的食品中兽药最大残留限量标准规定了 267 种（类）兽药在畜禽产品、水产品、蜂产品中的 2191 项残留限量及使用要求，基本覆盖了中国常用兽药品种和主要食品动物及组织，标志着中国兽药残留标准体系建设进入新阶段。该标准遵照国际通行做法，开展了相关风险评估，广泛征求了行业、专家、消费者、社会公众、相关机构的意见，并接受了世界贸易组织成员的评议。与农业部公告第 235 号《动物性食品中兽药最大残留限量》相比，该标准充分考虑了中国动物性食品生产、消费实际和现行兽药残留限量标准实施中的关键问题，规定的兽药品种增加了 76 种，残留豁免品种增加 66 种，残留限量增加 643 项。该标准全面采用 CAC 和欧盟、美国等发达国家或地区的最严标准，对农业部公告第 235 号涉及的残留标志物、日允许摄入量、残留限量值、使用要求等重要技术参数进行了全面修订，设定的残留限量值与 CAC 兽药残留限量值一致率达 90% 以上；对氧氟沙星等 10 多种存在食品安全隐患的兽药品种予以淘汰或改变用途。

11.2.7 澳大利亚与新西兰

澳大利亚新西兰食品标准体系是在澳大利亚、新西兰与澳大利亚领土及大陆地区建立实施统一标准的协议结果。该体系依据澳大利亚和新西兰政府 1995 年 12 月签订的条约建立，其宗旨是发展联合的澳大利亚新西兰食品标准。在澳大利亚内部，该体系的依据是 1991 年澳大利亚联邦采用统一食品标准的协定。该体系由澳洲各地区与新西兰的食品立法部门依据澳大利亚新西兰食品监管法案（1991，简称 ANZFA 法案）加以执行。ANZFA 法案建立了食品联合管理手段的发展机制，同时也规定了由澳大利亚新西兰食品管理局（Australia New Zealand Food Authority）负责制定与维护澳大利亚新西兰食品标准与法规。尽管食品标准是由澳大利亚新西兰食品管理局制定的，但负责食品标准的强制执行和检查检验的是澳大利亚各州和领地政府部门以及新西兰政府。每个政府内的卫生机构都有一个或多个食品监督部门，他们的任务是保证所有的食品都符合食品标准。2005 年，澳大利亚和新西兰联合颁布了《澳新食品标准法典》，在 ANZFA 法案的基础上，逐渐形成了比较完善的食品安全和食品标准法律法规体系。该法典适用于澳大利亚各州，部分适用于新西兰。

澳大利亚对农药和兽药的管理由国家初级产业部长理事会(PIMC)负责。该理事会由来自澳大利亚联邦政府、各州和领地政府以及新西兰的农业部长组成。国家初级产业部长理事会向产品安全和诚信委员会（PSIC）咨询有关农药和兽药化学品方面的管理建议。产品安全和诚信委员会成员来自澳大利亚联邦政府、州和领地政府的初级工业部门或农业部门、澳大利亚联邦科学与工业组织（CSIRO）及澳大利亚农药和兽药管理局，还有来自工作场所关系部长理事会、澳大利亚卫生部长理事会和环境保护与遗产理事会的代表。产品安全和诚信委员会还与一些国家级的代表农药和兽药业界、农业界、职业的和研究性的公共机构以及社区卫生、消费者和环境利益等方面的非政府组织合作。澳大利亚的其他一些政府机构也帮助澳大利亚农药和兽药管理局对农药和兽药化学品进行评估评价：化学品安全办公室（卫生与老龄化处），负责毒理学和工作人员安全方面的评价；环境和遗产处，就产品是否会对环境造成危害及如何避免危害提供评价意见；州和领地初级工业部门或农业部门，环境保护当局和独立的评审员，负责针对产品控制有害生物和疾病的能力提出意见。

澳大利亚农药和兽药管理局负责国家级的农药和兽药登记计划，负责制定食品中农药和兽药的最大残留限量的标准。1992年，澳大利亚农药和兽药管理局发布了《农兽用化学品法典（最大残留限量标准）条例》，涵盖了124种兽药品种，其中有7种规定在动物性食品中不得检出，其他117种兽药在不同食品中均规定了最大残留限量。

在澳新食品标准局制定的食品标准法典中包含了仅适用于澳大利亚的初级生产和加工以及食品卫生标准，澳大利亚农业、渔业和林业部也参与了国家食品计划、食品链策略和食品监管改革和发展规定，包括部分食品标准的制定。澳大利亚基因技术管理办公室参与转基因有机物标准的管理，涉及用于生产食品的转基因作物和动物。澳大利亚农药和兽药管理局对植物和动物中农药和兽药的使用进行了严格规定，然后由澳新食品标准局制定仅适用于澳大利亚的最大残留限量，收录在《澳新食品标准法典》中。新西兰的相关部门规定了仅适用于新西兰的这些部分的标准。新西兰的农林部 1999 年通过的《动物产品法案》和 1997 年通过的《农药及兽药法案》是适用于新西兰范围的标准。

新西兰农用化合物（包括农药和兽药）最大残留限量标准由新西兰食品安全局根据《食品法案》制定并发布了《动物产品公告——动物源性食品中兽药残留限量标准》。该标准由注意事项、农用化合物最大残留限量表、植物用化合物最大残留限量豁免表、动物用化合物最大残留限量豁免表 4 部分组成，农用化合物最大残留限量可通过数据库查询。需要注意的是，对具体限量标准未涉及的农用化合物残留，新西兰设定了 0.1mg/kg 的默认标准（default MRL）。

11.2.8 加拿大

加拿大的《食品药品法》和《食品药品条例》是加拿大管理食品、药物、化妆品、设备、管制药物和限制药物的主要两部法律。加拿大卫生部负责保护人类和动物健康及加拿大食品供应的安全。加拿大卫生部通过兽药处评估和监控用于食用动物和伴侣动物的兽药的安全性、质量和有效性，制定标准并促进谨慎使用兽药。兽药处在国家和国际层面开展工作，与其他司法管辖区和主要利益相关者团体合作，包括药品制造商、兽医、牲畜生产商和饲料制造商。

2002 年，加拿大发布《动物性食品中兽药最大残留限量》，为防治饲养食用动物疾病的 16 种兽药最大残留限量作了强制措施的规定。兽药处针对食品中兽药最大残留限量清单，列出了使用兽药治疗的食用动物的组织或食品中可以安全残留的残留水平，生效日期与 2013 年实施的《食品兽药最大残留限量市场授权》中引用的特定 MRL 的公布日期相对应。后经多次修订补充，共规定了 110 种（类）兽药在畜禽产品、水产品、蜂产品中的 1069

项残留限量及使用要求。

11.3 其他残留类

11.3.1 重金属类污染物

　　重金属一般指密度大于 5，大部分在化学元素周期表中属于过渡元素的金属及其离子。砷（As）虽属非金属，但其性质与重金属类似而被归于重金属。镉（Cd）、汞（Hg）、铅（Pb）、砷（As）、铜（Cu）、锌（Zn）、铬（Cr）、镍（Ni）等重金属及其化合物在工业和农业上被普遍使用，其在环境中移动性小，残留性高，容易造成污染。而且重金属污染具有累积性、食物链传递性和不易降解性。因此，重金属污染是比有机物污染等污染更为严重的问题。食品中污染物是食品在生产（包括农作物种植、动物饲养）、加工、包装、贮存、运输、销售等过程中产生的或由环境污染带入的、非有意加入的化学性危害物质。例如，有害元素（如铅、镉、汞、砷）和工业化学品污染（如多氯联苯），食品生产、加工和烹调过程中形成的有机污染物（如苯并 [a] 芘、N-二甲基亚硝胺、3-氯-1，2-丙二醇），食品包装材料带来的污染（如锡），自然界的真菌在生长繁殖过程中产生的有毒代谢产物（如黄曲霉毒素、脱氧雪腐镰刀菌烯醇）等。

　　食品中污染物是影响食品安全的重要因素之一，是食品安全管理的重点内容。国际上通常将常见的食品污染物在各种食品中的限量要求，统一制定公布为食品污染物限量标准。如 CAC 制定的《食品和饲料中污染物和毒素通用标准》，涉及食品污染物、毒素和放射性核素限量规定；欧盟委员会、澳新食品标准局等都专门制定了食品中特定金属和非金属污染物、天然毒素限量。中国《食品安全国家标准 食品中真菌毒素限量》（GB 2761—2017）规定了食品中真菌毒素的限量要求，《食品安全国家标准 食品中污染物限量》（GB 2762—2022）规定了除生物毒素和放射性物质以外的化学污染物限量要求。

1. 国际食品法典委员会

国际食品法典委员会关于食品中重金属限量的规定主要集中在《食品和饲料中污染物和毒素通用标准》（CODEX STAN 193—1995）。该标准自发布以后经过多次修订。

重金属限量标准涉及的标准包括:《预防和减少苹果汁中棒曲霉素污染的操作规程以及苹果汁操作规程》（CAC/RCP 050—2003），《预防和减少谷物中霉菌毒素，包括赭曲霉毒素 A、玉米赤霉烯酮、伏马菌素、单端孢霉烯族毒素污染的操作规程》（CAC/RCP 051—2003），《预防和减少花生中黄曲霉毒素的操作规程》（CAC/RCP 055—2004），《预防和减少食品中铅污染的操作规程》（CAC/RCP 056—2004），《树生坚果中黄曲霉毒素污染物的预防和减少操作规程》（CAC/RCP 059—2005），《预防和减少罐装食品中锡污染的操作规程》（CAC/RCP 060—2005），《减少并遏制细菌耐药性的操作规程》（CAC/RCP 061—2005），《预防和减少食品和饲料中二噁英和二噁英类多氯联苯污染的操作规程》（CAC/RCP 062—2006），《预防和减少酒类中赭曲霉毒素 A 污染的操作规程》（CAC/RCP 063—2007）。

2. 美国

美国法规对食品中污染物的要求体现在美国食品药品监督管理局发布的符合性政策指南《工业指南：人类食品和动物饲料中有毒或有害物质的作用水平》中，美国食品药品监督管理局对食品和饲料中的不可避免的污染物制定了行动水平（Action level），超过限值的会被采取法律行动（如撤架、召回等）。其中，对重金属铅、镉、汞提出了限量要求。另外，《瓶装水》（21 CFR Part 165.110）法规中对瓶装水中的污染物提出了限量要求。美国食品中重金属的限量标准见表 11-2。

表 11-2　美国食品中重金属的限量标准

重金属	限量要求（mg/kg）	产品种类
汞	1	面米制品
汞	0.5	鲱鱼油
甲基汞	1	鱼、贝类、甲壳类水生动物
砷	3	菜籽油
砷	0.1	鲱鱼油
砷	0.01	瓶装水
砷	76	甲壳类动物
砷	86	双壳贝类
镉	3	甲壳类动物
镉	4	双壳贝类
铬	12	甲壳类动物
铬	13	双壳贝类
铅	0.1	儿童糖果
铅	0.005	瓶装水
铅	10	乳制品
铅	10	菜籽油
铅	1.5	甲壳类动物
铅	1.7	双壳贝类
镍	70	甲壳类动物
镍	80	双壳贝类
镍	0.1	瓶装水
钡	2	瓶装水
镉	0.005	瓶装水
铬	0.1	瓶装水
锌	5	瓶装水
铜	1	瓶装水

重金属	限量要求（mg/kg）	产品种类
铊	0.002	瓶装水
锑	0.006	瓶装水
铁	0.3	瓶装水

3. 欧盟

2006 年，欧盟委员会颁布条例（EC）No 1881/2006，制定食品中某些污染物的最高限量，详细规定了欧盟水产品、谷物、蔬菜、水果、牛奶等食品中铅、镉、汞、锡重金属的限量。该条例于 2007 年 3 月 1 日实施。随后，欧盟分别发布委员会条例（EC）No 629/2008、委员会条例（EU）No 105/2010、委员会条例（EU）No 420/2011 及其勘误和委员会条例（EU）No 488/2014，修订（EC）No 1881/2006，调整铅、镉、汞、锡等重金属在各类食品中的含量。其中最新的一次修订为委员会条例（EU）No 488/2014，就镉在食品中的最高限量进行修订。

2007 年，欧盟发布委员会条例（EC）No 333/2007，制定了食品中的铅、镉、汞、无机锡的官方控制的采样与分析方法——氯丙醇（3-MCPD）的取样和分析方法。2011 年，欧盟发布了委员会条例（EU）No 836/2011，修订了条例（EC）No 333/2007。

欧盟食品中重金属的限量标准见表 11-3。

表 11-3 欧盟食品中重金属的限量标准

重金属	食品名称	限量（mg/kg）
铅	未加工牛奶、热处理牛奶、奶制品加工中的用奶	0.02
铅	婴幼儿配方食品	0.02
铅	牛、羊、猪和家禽的肉（不包括下水）	0.10
铅	牛、羊、猪和家禽的下水	0.50

续表

重金属	食品名称	限量（mg/kg）
铅	鱼肉	0.30
铅	甲壳类动物，不包括蟹肉、龙虾和类似大甲壳类水产品的头部和喉部	0.50
铅	双壳贝类	1.5
铅	去掉内脏的头足类动物	1.0
铅	谷物、豆荚和豆类	0.20
铅	蔬菜，不包括芸薹属蔬菜、叶类蔬菜、新鲜药草和菌类。 土豆只适用于去皮土豆	0.10
铅	芸薹属蔬菜、叶类蔬菜和以下菌类：双孢蘑菇（普通蘑菇）、平菇、香菇	0.30
铅	水果，不包括浆果和小水果	0.10
铅	浆果和小水果	0.20
铅	油和脂肪，包括乳脂	0.10
铅	果汁、浓缩果汁、果汁饮料	0.05
铅	酒（包括气泡酒，不包括烈性酒）、苹果酒、梨酒、水果酒	0.20
铅	芳香葡萄酒、芳香葡萄酒饮料和芳香葡萄酒制成的鸡尾酒	0.20
铅	食品补充剂	3.0
镉	牛、羊、猪和家禽的肉（不包括下水）	0.05
镉	马肉，不包括下水	0.20
镉	牛、羊、猪、家禽和马的肝脏	0.50
镉	牛、羊、猪、家禽和马的肾脏	1.0
镉	鱼肉，不包括以下鱼种的肉：鲣、斑带重牙鲷、花鳗鲡、唇鲻、竹荚鱼及金枪鱼、鲭鲭（鲭鲭属）、沙丁鱼、鳎鱼、凤尾鱼、旗鱼	0.05
镉	以下水产品的肉： 鲣、斑带重牙鲷、花鳗鲡、唇鲻、竹荚鱼及金枪鱼、鲭鲭（鲭鲭属）、沙丁鱼、鳎鱼	0.10

续表

重金属	食品名称	限量（mg/kg）
镉	金枪鱼肉	0.20
镉	凤尾鱼、旗鱼肉	0.30
镉	甲壳类动物，不包括蟹肉、龙虾和类似大甲壳类水产品的头部和喉部	0.50
镉	双壳贝类	1.0
镉	去除内脏的头足类动物	1.0
镉	谷物，除了糠麸、小麦和大米	0.10
镉	糠麸、小麦和大米	0.20
镉	大豆	0.20
镉	蔬菜、水果，除了菜叶、新鲜的香草、真菌、茎状类蔬菜、块根类蔬菜和马铃薯	0.05
镉	茎状类蔬菜、块根类蔬菜和马铃薯，除了块根芹。对马铃薯，最大残留限量只适用于去皮马铃薯	0.10
镉	菜叶、新鲜的香草和以下真菌：蘑菇（普通的蘑菇）、平菇（糙皮侧耳）、香菇（花菇）	0.20
镉	真菌，不包括蘑菇（普通的蘑菇）、平菇（糙皮侧耳）、香菇（花菇）	1.0
镉	食品补充剂，不包括主要由海藻或海藻制品构成的补充剂食	1.0
镉	食品补充剂，主要由海藻或海藻制品构成	3.0
汞	以下鱼的肉：琵琶鱼、大西洋鲇鱼、鲣、鳗鲡、锯鳞鱼、鳕鱼、大比目鱼、岬羽鼬、枪鱼、鲽鱼、鲻鱼、粉鳕鳗鲕、梭子鱼、普通鲣鱼、细鳕、葡萄牙角鲨鱼、虹鱼、雄鲦、安哥拉带鱼、铜盆鱼类、鲭鱼、鲟鱼、旗鱼、剑鱼、金枪鱼	1.0
汞	食品补充剂	0.10
锡	罐装食品，不包括罐装饮料	200
锡	罐装饮料，包括罐装水果汁和罐装蔬菜汁	100
锡	罐装婴儿食品，罐装婴幼儿谷物加工食品，不包括干制和粉状食品	50
锡	罐装婴幼儿配方食品（包括婴幼儿配方牛奶），不包括干制和粉状食品	50
锡	罐装专供婴儿的医用特殊膳食食品，不包括干制和粉状食品	50

4. 韩国

韩国对食品中污染物限量的要求主要集中在韩国《食品法典》第二章第5条《食品通用标准和规范》中。2014年10月21日，韩国食品药品安全部发布了《食品通用标准和规范》修订提案，实行日期为2014年11月4日。

韩国食品中重金属的限量标准见表11-4。

表11-4　韩国食品中重金属的限量标准

农产品中重金属限量标准		
产品名称 ＼ 重金属	铅（mg/kg）	镉（mg/kg）
谷类（糙米除外）	0.2	0.1（小麦，大米是0.2以下）
薯类	0.1	0.1
豆类	0.2	0.1（大豆是0.2以下）
水果类	0.1（苹果、橘子、浆果类是0.2以下）	0.05
叶菜类	0.3	0.2
叶茎菜类	0.1	0.05
根菜类	0.1（人参、山养参、桔梗、沙参是2.0以下）	0.1（洋葱是0.5以下，人参、山养参、桔梗、沙参是2.0以下）
果菜类	0.1（辣椒、南瓜是0.2以下）	0.05（辣椒、南瓜是0.1以下）
蘑菇类	0.3（香菇、平菇、杏鲍菇、松茸、金针菇、木耳）	0.3（香菇、平菇、杏鲍菇、松茸、金针菇、木耳）
芝麻	0.3	0.2

续表

畜产品中重金属限量标准		
重金属 产品名称	铅（mg/kg）	镉（mg/kg）
家禽肉	0.1	—
猪肝	0.5	0.5
猪肉	0.1	0.05
猪肾	0.5	1.0
肝	0.5	0.5
牛肉	0.5	0.05
牛肾	0.5	1.0
原奶及牛奶类	0.02	

水产品中重金属限量标准				
重金属 产品名称	铅（mg/kg）	镉（mg/kg）	汞（mg/kg）	甲基汞（mg/kg）
鱼类	0.5	0.1（淡水及洄游鱼类）；0.2（海洋鱼类）	0.5（深海鱼类、金枪鱼类及旗鱼类除外）	1.0（深海鱼类、金枪鱼类及旗鱼类在内）
软体类	2.0（有内脏的章鱼）	2.0（有内脏的章鱼3.0）	0.5	—
甲壳类	1.0（有内脏的花蟹类或属于花蟹科的蟹2.0）	1.0（有内脏的花蟹类或属于花蟹科的蟹5.0）	—	—
海藻类	—	0.3（包括紫菜、调味紫菜等）	—	—

5. 日本

日本关于重金属限量的规定有《食品中其他化学物质规格》（厚生省告示第 370 号）、《食品中环境污染物》、《有毒天然物质暂定条例值》等，其中涉及农食产品中的重金属限量标准见表 11-5。

表 11-5　日本食品中重金属限量标准

项目	米（玄米）（mg/kg）	菠菜（mg/kg）	西红柿（mg/kg）	马铃薯（mg/kg）	黄瓜（mg/kg）	桃子（mg/kg）	夏蜜柑（mg/kg）	夏蜜柑的外果皮（mg/kg）	日本梨（mg/kg）	苹果（mg/kg）	草莓（mg/kg）	葡萄（mg/kg）	清凉饮料水（mg/L）	矿泉水（mg/L）
镉及其化合物（Cd）	1.0	—	—	—	—	—	—	—	—	—	—	—	0.01	0.01
汞	—	—	—	—	—	—	—	—	—	—	—	—	0.005	0.005
铅及其化合物（Pb）	—	5.0	1.0	1.0	1.0	1.0	1.0	5.0	5.0	5.0	1.0	1.0	0.1	0.05
六价铬	—	—	—	—	—	—	—	—	—	—	—	—	0.05	0.05
锌	—	—	—	—	—	—	—	—	—	—	—	—	1.0	5
铁	—	—	—	—	—	—	—	—	—	—	—	—	0.3	—
铜	—	—	—	—	—	—	—	—	—	—	—	—	1.0	1
锰	—	—	—	—	—	—	—	—	—	—	—	—	0.3	2
钡	—	—	—	—	—	—	—	—	—	—	—	—	—	1
钙、镁等（硬度）	—	—	—	—	—	—	—	—	—	—	—	—	300	—

6. 中国

中国《食品安全国家标准 食品中污染物限量》（GB 2762—2022）规定了除生物毒素和放射性物质以外的化学污染物限量要求。中国对食品中放射性物质限量另行制定相关要求。

《食品安全国家标准 食品中污染物限量》（GB 2762—2022）对铅、镉、汞、砷、锡、镍、铬等指标进行了限量。该标准有食品分类系统，分为水果及其制品、蔬菜及其制品（包括薯类，不包括食用菌）、食用菌及其制品、谷物及其制品（不包括焙烤制品）、豆类及其制品、藻类及其制品、坚果及籽类、肉及肉制品、水产动物及其制品、乳及乳制品、蛋及蛋制品、油脂及其制品、调味品、饮料类、酒类、食糖及淀粉糖、淀粉及淀粉制品（包括谷物、豆类和块根植物提取的淀粉）、焙烤食品、可可制品、巧克力和巧克力制品以及糖果、冷冻饮品、特殊膳食食品、其他类（除上述食品以外的食品）共23大类，大类下面细分为具体的食品品种。

11.3.2 微生物

食品安全标准可以视为一种"底线"或"基准"，但它绝不是"最低"的标准，而是确保食品安全所必须达到的最低合格水平。微生物标准是定义产品中微生物的可接受水平，此可接受水平是基于单位质量、体积、面积或批次产品中的微生物和它们的毒素及代谢物的数量。由于在食品生产、包装、运输和其他操作中不可避免地会染上微生物，而通过良好的卫生操作，可以将微生物的污染降到最低限度。因此，微生物标准作为风险管理的工具，可以用来支持良好卫生规范（GHP）以及危害分析与关键控制点系统，有效促进食品安全。由于消费者购买即食食品后不再进行灭菌处理，因此不同的国家与地区规定了食品中指示菌和致病菌限量，以确保食品安全。

1. 国际食品法典委员会

国际食品法典委员会制定的标准《制定及应用食品微生物标准的原则》（CAC/GL 21—1997）规定了微生物标准的定义、食品微生物标准组成、食品微生物标准的目的和应用、综合考虑制定和应用微生物标准的有关准则，标准中还有微生物概况、抽样计划、抽样方法等有关内容。对于即食食品中的菌落总数、大肠杆菌、肠杆菌科等微生物指示菌，国际食品法典委员会强调过程控制，仅对即食食品中单核细胞增生李斯特氏菌规定了限量。

国际食品法典委员会对即食食品和非即食食品中的微生物限量指标见11-6、表11-7。

表11-6　国际食品法典委员会（CAC）对即食食品微生物限量指标

即食食品种类	微生物指标	采样方案及限量标准		
		n	c	m
适合单核细胞增生李斯特氏菌生长的即食食品	单核细胞增生李斯特氏菌	5	0	25g 中不得检出
不适合单核细胞增生李斯特氏菌生长的即食食品	单核细胞增生李斯特氏菌	5	0	100CFU/g

注：n 为同一批次产品应采集的样品件数；c 为最大可允许超出 m 值的样品数；m 为微生物可接受水平的限量值。

表11-7　国际食品法典委员会对非即食食品中的微生物限量指标

产品名	微生物	限量	单位
母乳强化剂	沙门氏菌	n=60,c=0,m=0/25	/g
母乳强化剂	中温好氧菌	n=5,c=2,m=500,M=5000	/g
母乳强化剂	霉菌和酵母	n=30,c=0,m=0/10	/g
天然矿泉水	嗜温好氧异养菌平板计数	n=5,c=0,m=100	CFU/mL
天然矿泉水	总大肠菌群	n=5,c=0,m=n.d. in 250 mL	无
特殊医学用途婴儿配方食品	沙门氏菌	n=60,c=0,m=0/25	/g
特殊医学用途婴儿配方食品	霉菌和酵母	n=30,c=0,m=0/10	/g
特殊医学用途婴儿配方食品	肠杆菌科细菌	n=10,c=2,m=0/10,M= Not Applicable	/g

续表

产品名	微生物	限量	单位
特殊医学用途婴儿配方食品	中温好氧菌	n=5,c=2,m=500,M=5000	/g
母乳强化剂	肠杆菌科细菌	n=10,c=2,m=0/10,M=Not Applicable	/g
婴儿配方奶粉	肠杆菌科细菌	n=10,c=2,m=0/10,M= Not Applicable	/g
婴儿配方奶粉	霉菌和酵母	n=30,c=0,m=0/10	/g
婴儿配方奶粉	沙门氏菌	n=60,c=0,m=0/25	/g
天然矿泉水	肠球菌	n=5,c=0,m=n.d. in 250 mL	无
天然矿泉水	大肠杆菌	n=5,c=0,m=n.d. in 250 mL	无
天然矿泉水	孢子形成的亚硫酸盐还原厌氧菌	n=5,c=0,m=n.d. in 50 mL	无
天然矿泉水	铜绿假单胞菌	n=5,c=0,m=n.d. in 250 mL	无

注：n 为同一批次产品应采集的样品件数；c 为最大可允许超出 m 值的样品数；m 为微生物可接受水平的限量值。

2. 欧盟

2005 年 11 月 15 日，欧盟委员会发布了（EC）No 2073/2005《食品微生物标准》，并于 2006 年 1 月 1 日正式实施，该法规规定了严格的食品微生物指标要求，并取代了 93/51/EEC。该法规参照 CAC 的标准制定和实施原则，以及国际食品微生物标准委员会（ICMSF）的分级采样方案，对食源性细菌及其毒素和代谢物制定了食品安全限量标准。

欧盟法规《食品微生物标准》[（EC）No 2073/2005] 规定了严格的食品微生物指标要求，适用产品范围为：肉及可食用肉类内脏，鱼及甲壳类，软体动物及其他水生无脊椎动物（但不包括活鱼），乳制品，禽蛋，天然蜂蜜，可食用动物源性产品，可食用蔬菜，可食用水果和坚果，人造黄油，鱼类、甲壳类、软体类或其他水生无脊椎动物的肉类半成品，粮谷、面粉、淀粉或乳类半成品，蔬菜、水果、坚果半成品，软体动物可食用半成品。

在该法规中，欧盟对微生物的定义为：指细菌、病毒、酵母、霉菌、海藻、寄生原生动物、微观寄生虫及它们的毒素和代谢物。微生物学的标准是定义产品中微生物的可接受水平。

根据欧盟法规，过程卫生标准是指产品生产过程可接受的标准，此标准不适用于市场上的产品，标准设定了污染值，超过此值，就应采取措施确保过程的卫生并符合欧盟食品法规。食品生产者要保证食品符合欧盟法规《食品微生物标准》[（EC）No 2073/2005] 附录 I 中相关的微生物学的标准，为了达到此目的，食品生产者在生产、处理和分发的各个阶段都须采取措施，此措施作为基于 HACCP 标准和卫生学规则基础上的规程的一部分，保证供应、处理、原材料加工及食品的生产过程都应满足卫生学标准。对食品的销售、存贮和使用作出预测，以使食品的整个货架期都满足食物安全标准。

欧盟致病菌指标涉及 4 种致病菌（单核细胞增生李斯特氏菌、沙门氏菌、克罗诺杆菌属、产志贺毒素大肠埃希氏菌）、1 种指示菌（大肠埃希氏菌）、1 种肠毒素（葡萄球菌肠毒素）、1 种代谢物（组胺）。在控制食品中微生物污染方面，欧盟强调对食品生产过程的控制，对终产品中微生物指标特别是卫生指示菌的要求在监管中则多由企业自行管理。欧盟法规《食品微生物标准》[（EC）No 2073/2005] 附录中包含安全标准、过程卫生标准、采样标准，在 5 类 24 种产品中都有过程卫生标准的要求，相关限量设置要求针对产品不同特性采用不同的采样方案，针对不同的环节设定相应的限量要求，针对不同的应用环节附有相应的纠正措施，从养殖到屠宰加工、从工艺温度控制到取样检验过程都有完整的配套法规来保证符合要求。

3. 美国

2023 年 3 月 22 日，美国食品药品监督管理局发布官方食源性微生物危害检查指南，指导美国食品药品监督管理局检查人员开展《联邦食品、药品和化妆品法》《美国农产品安全条例》等符合性检查、执法活动。指南适用范围涵盖美国农产品安全条例管辖范围内的除芽菜以外的所有果蔬产品种植场。内容包括指南背景、种植场要求概述、检查实施、优先检查事项（包括国外种植场优先检查事项）、产品进口控制、样品采集、实验室检测、产品召回等不符合处置、报告、记录要求等，自 2023 年 5 月 22 日起实施。

　　美国食品微生物标准的制定是基于对食品安全和公共健康的保护。食品微生物污染可能导致食品中毒，对人体健康造成威胁。因此，美国食品药品监督管理局和美国农业部等相关部门通过制定食品微生物标准，对食品中的微生物污染进行监管。在美国，食品微生物标准通常包括对细菌、霉菌、酵母菌和病毒等微生物的限制标准。例如，对干肉类制品、乳制品、水果和蔬菜等食品，美国食品微生物标准通常规定了大肠杆菌、沙门氏菌、霉菌毒素等微生物的限量标准，以确保食品的安全性和卫生质量。

　　此外，美国食品微生物标准还对食品加工、储存和运输过程中的卫生条件和控制措施提出了要求。食品生产企业需要建立健全食品安全监管体系，加强对原料、生产环境和生产工艺的监控，确保食品生产过程中对微生物的控制和预防。在实际生产中，食品生产企业需要严格遵守美国食品微生物标准的要求，加强对食品生产过程中微生物的监测和检测，及时发现和控制食品中的微生物污染，确保食品的安全性和卫生质量。总的来说，美国食品微生物标准的制定和执行，对保障食品安全、保护公共健康起着重要作用。

　　美国食品药品监督管理局和环境保护署制定的鱼和渔业产品安全控制标准对即食水产品的微生物水平进行了规定，检测结果不应超出规定水平，微生物指标包括产肠毒素大肠埃希氏菌（ETEC）、单核细胞增生李斯特氏菌、霍乱弧菌、副溶血性弧菌和创伤弧菌（表 11-8）。

表 11-8　美国即食水产品微生物限量要求

微生物	限量要求
产肠毒素大肠埃希氏菌	1×10^3 CFU/g，热不稳定毒素（LT）或热稳定毒素（ST）阳性
单核细胞增生李斯特氏菌	不得检出
霍乱弧菌	不得检出产毒素的 O1 群或非 O1 群
副溶血性弧菌	$\geq 10^4$ CFU/g（神奈川试验阳性或阴性）
创伤弧菌	不得检出

4. 韩国

韩国对即食食品的微生物指标进行了规定，检验项目包括大肠杆菌、菌落总数、金黄色葡萄球菌、沙门氏菌、副溶血性弧菌和蜡样芽孢杆菌，其中菌落总数和蜡样芽孢杆菌为定量检测，其他项目为定性检测（表11-9）。

表 11-9　韩国即食食品微生物限量要求

微生物指标	标准	备注
大肠杆菌	阴性	限用于即食食品和新鲜的即食食品
菌落总数	≤ 100000 CFU/g	限用于待烹调食品
金黄色葡萄球菌	阴性	
沙门氏菌	阴性	
副溶血性弧菌	阴性	
蜡样芽孢杆菌	≤ 1000 CFU/g	限用于即食食品和新鲜的即食食品

5. 日本

日本《食品、添加剂等的规格标准》按照食品类别规定了各类食品中微生物限量及相应的检测方法。《乳及乳制品的成分规格等相关省令》里规定了各类乳及乳制品中微生物的限量及相应的检查方法。日本食品微生物限量规定见表11-10。

表 11-10　日本食品微生物限量规定

食品	其他信息	微生物 / 代谢物	颁布数值若非指定，均用 CFU/g 或 CFU/mL	取样计划	应用要求	法定状态
饮用水	由泉水制得，灌装密封于容器	需氧微生物 @30℃	>20	无信息	无信息	强制性
饮用水	由泉水制得，灌装密封于容器	肠球菌属	未检出	无信息	无信息	强制性
饮用水	由泉水制得，灌装密封于容器	致病微生物	未检出	无信息	无信息	强制性

食品	其他信息	微生物/代谢物	颁布数值若非指定，均用CFU/g或CFU/mL	取样计划	应用要求	法定状态
饮用水	由泉水制得，灌装密封于容器	铜绿假单胞菌	未检出	无信息	无信息	强制性
饮用水	由泉水制得，灌装密封于容器	亚硫酸盐还原芽孢形成厌氧微生物	未检出	无信息	无信息	强制性
鱼	冷冻新鲜生食	需氧微生物@30℃	<100000	无信息	无信息	强制性
鱼	冷冻新鲜生食	大肠菌群	未检出	无信息	无信息	强制性
鱼糕	不含鱼糜	大肠菌群	未检出	无信息	无信息	强制性
冷冻食品	加热后食用	需氧微生物@30℃	<3000000	无信息	无信息	强制性
冷冻食品	加热后食用及冷冻前立即加热	需氧微生物@30℃	<100000	无信息	无信息	强制性
冷冻食品	食用前无须加热	需氧微生物@30℃	<100000	无信息	无信息	强制性
冷冻食品	加热后食用及冷冻前立即加热	大肠菌群	未检出	无信息	无信息	强制性
冷冻食品	食用前无须加热	大肠菌群	未检出	无信息	无信息	强制性
冷冻食品	加热后食用，不含冷冻前立即加热食品	大肠埃希氏菌	未检出	无信息	无信息	强制性
冰		需氧微生物@30℃	<100	无信息	无信息	强制性
冰		大肠菌群	未检出	无信息	无信息	强制性
冰糕	调味	需氧微生物@30℃	<10000	无信息	无信息	强制性
冰糕	调味	大肠菌群	未检出	无信息	无信息	强制性
肉制品	指定（加热）	梭菌	<1000	无信息	无信息	强制性
肉制品	干燥	大肠埃希氏菌	未检出	无信息	无信息	强制性
肉制品	指定（加热）	大肠埃希氏菌	<100	无信息	无信息	强制性
肉制品	指定（加热）	沙门氏菌	未检出	无信息	无信息	强制性
肉制品	指定（加热）	金黄色葡萄球菌	<1000	无信息	无信息	强制性
肉制品	干燥	水活度	<0.87	无信息	无信息	强制性
肉制品	加热，容器包装后巴氏消毒	梭菌	<1000	无信息	无信息	强制性
肉制品	加热，容器包装后巴氏消毒	大肠菌群	未检出	无信息	无信息	强制性

续表

食品	其他信息	微生物／代谢物	颁布数值若非指定，均用 CFU/g 或 CFU/mL	取样计划	应用要求	法定状态
肉制品	（未加热）	大肠埃希氏菌	<100	无信息	无信息	强制性
肉制品	加热，容器包装后巴氏消毒	大肠埃希氏菌	未检出	无信息	无信息	强制性
肉制品	（未加热）	沙门氏菌	未检出	无信息	无信息	强制性
肉制品	加热，容器包装后巴氏消毒	沙门氏菌	未检出	无信息	无信息	强制性
肉制品	（未加热）	金黄色葡萄球菌	<1000	无信息	无信息	强制性
肉制品	加热，容器包装后巴氏消毒	金黄色葡萄球菌	<1000	无信息	无信息	强制性
章鱼	煮沸	需氧微生物 @30℃	<10000	无信息	无信息	强制性
章鱼	煮沸	大肠菌群	未检出	无信息	无信息	强制性
牡蛎	生食	需氧微生物 @30℃	<50000	无信息	无信息	强制性
牡蛎	生食	大肠埃希氏菌	<230/100g	无信息	无信息	强制性
贝类	冷冻食品	需氧微生物 @30℃	<100000	无信息	无信息	强制性
贝类	冷冻食品	大肠菌群	未检出	无信息	无信息	强制性
软饮类	粉状	需氧微生物 @30℃	<3000	无信息	无信息	强制性
软饮类	含乳酸菌，粉状	需氧微生物 @30℃	<3000	无信息	无信息	强制性
软饮类	粉状	大肠菌群	未检出	无信息	无信息	强制性
软饮类	含乳酸菌，粉状	大肠菌群	未检出	无信息	无信息	强制性
软饮类		大肠菌群	未检出	无信息	无信息	强制性
软饮类	仅由矿泉水生产	肠球菌属	未检出	无信息	无信息	强制性
软饮类	仅由矿泉水生产	铜绿假单胞菌	未检出	无信息	无信息	强制性
鲸鱼肉制品		大肠菌群	未检出	无信息	无信息	强制性

6. 中国

2021 年 9 月 7 日，国家卫生健康委员会和国家市场监督管理总局联合发布两项食品中致病菌限量的食品安全国家标准《食品安全国家标准 预包装食品中致病菌限量》（GB 29921—2021）和《食品安全国家标准 散装即食食品中致病菌限量》（GB 31607—2021），两项标准分别于 2021 年 11 月 22

日、2022 年 3 月 7 日起实施。两项标准共同构成了中国对食品中致病菌的限量标准。

《食品安全国家标准 预包装食品中致病菌限量》(GB 2763—2021)适用于预包装食品,不适用于执行商业无菌要求的食品、包装饮用水、饮用天然矿泉水。涵盖了乳制品、肉制品、水产制品、即食蛋制品、粮食制品、即食豆类制品、巧克力类及可可制品、即食果蔬制品、饮料、冷冻饮品、即食调味品、坚果与籽实类食品、特殊膳食用食品 13 类食品类别;未规定致病菌限量的食品类别包括非即食生鲜类食品、微生物风险较低的食品或食品原料(如食用盐、味精、食糖、植物油、乳糖、蒸馏酒及其配制酒、发酵酒及其配制酒、蜂蜜及蜂蜜制品、花粉、食用油脂制品、食醋等)。

《食品安全国家标准 散装即食食品中致病菌限量》(GB 31607—2021)适用于散装即食食品,不适用于餐饮服务中的食品、执行商业无菌要求的食品、未经加工或处理的初级农产品。其中 4.1 条款规定:预先包装但需要计量称重的散装即食食品中致病菌限量按照《食品安全国家标准 预包装食品中致病菌限量》(GB 2763—2021)相应食品类别执行。散装即食食品分为热处理散装即食食品、部分或未经热处理的散装即食食品、其他散装即食食品三类。

《食品安全国家标准 预包装食品中致病菌限量》(GB 2763—2021)包括沙门氏菌、单核细胞增生李斯特氏菌、致泻大肠埃希氏菌、金黄色葡萄球菌、副溶血性弧菌、克罗诺杆菌属(阪崎肠杆菌)6 种致病菌指标和限量;《食品安全国家标准 散装即食食品中致病菌限量》(GB 31607—2021)中包括沙门氏菌、副溶血性弧菌、单核细胞增生李斯特氏菌、金黄色葡萄球菌及蜡样芽孢杆菌 5 种致病菌指标和限量。

微生物监控的内容在《食品生产通用卫生规范》(GB 14881—2013)中进行了明确,标准附录"食品加工过程的微生物监控程序指南"针对食品生产过程中较难控制的微生物污染因素,向食品生产企业提供了指导性较强的监控程序建立指南。企业应依据食品安全法规和标准，结合生产实际情况确定微生物监控指标限值、监控时点和监控频次。企业在通过清洁、消毒措施做好食品加工过程微生物控制的同时，还应当通过对微生物监控的方式验证和确认所采取的清洁、消毒措施能够有效达到控制微生物的目的。微生物监控包括环境微生物监控和加工中的过程监控。监控指标主要以指示微生物（如菌落总数、大肠菌群、霉菌酵母菌或其他指示菌）为主，配合必要的致病菌。监控对象包括食品接触表面，与食品或食品接触表面邻近的接触表面，加工区域内的环境空气，加工中的原料、半成品，以及产品、半成品经过工艺杀菌后微生物容易繁殖的区域。

11.3.3 过敏原

过敏原，又称致敏原，是指能够诱发机体发生过敏反应的抗原物质。食品过敏原是指普通食品中正常存在的天然或人工添加物质，被过敏体质人群消耗后能够诱发过敏反应。过敏原产生的过敏反应包括呼吸系统、肠胃系统、中枢神经系统、皮肤、肌肉和骨骼等不同形式的临床症状，有时可能产生过敏性休克（Anaphylactic Shock），甚至危及生命。现在大约有 160 种食品含有可以导致过敏反应的食品过敏原，常见的食品有：奶类、树果类、菜籽、豆类、蛋类、巧克力、香辛料、鲜果、海产品等，其中有 8 类食物经常引起过敏反应，占总过敏案例 90% 以上，它们分别为：蛋、牛奶、鱼类、甲壳类动物、花生、大豆、核果类食物及小麦，最近几年转基因食品过敏原也引起了人们的注意。

食物过敏主要为 I 型超敏反应，其中 IgE 抗体起重要作用，所以又称 IgE 依存型。食物过敏往往只发生在敏感人群，是一个由来已久但又没得到有效解决的食品卫生问题。食物过敏至今尚无有效疗法，各过敏原引发过敏反应的最低量尚无定论。在许多情况下，极微量的过敏原即可造成严重后果。目前，预防食物过敏的唯一途径是严防有过敏体质的人接触过敏原。

各个国家 / 地区法规中对食品中过敏原成分的法规要求不一，对各个国

家 / 地区过敏原成分进行简单统计，如表 11-11 所示。

表 11-11　各个国家 / 地区过敏原成分统计表

国家 / 地区	过敏原成分种类	标示要求
中国 （8 种）	含麸质的谷物及其制品	推荐标示
	甲壳类及其制品	
	鱼类及其制品	
	蛋类及其制品	
	花生及其制品	
	大豆及其制品	
	乳及其制品（包括乳糖）	
	坚果及其制品	
日本 （27 种）	虾、蟹、小麦、荞麦、鸡蛋、牛奶、花生	强制标示 （7 种）
	鲍鱼、墨鱼、鲑鱼子、橘子、腰果、猕猴桃、牛肉、核桃、芝麻、大马哈鱼、鲭鱼、大豆、鸡肉、香蕉、猪肉、松茸、桃子、山药、苹果、明胶	推荐标示 （20 种）
韩国 （18 种）	蛋类（仅限家禽类）、牛奶、荞麦、花生、大豆、小麦、鲭鱼、蟹、虾、猪肉、桃子、西红柿、亚硫酸盐残留量超过 10mg/kg 时（以 SO_2 计）、核桃、鸡肉、牛肉、鱿鱼、贝类（牡蛎、鲍鱼、海虹等）	强制标示
加拿大 （10 种）	蛋类、奶、芥末、花生	强制标示
	海产品（鱼、甲壳类、贝类）	
	芝麻、大豆、亚硫酸盐、树生坚果、小麦及其他含麸质的谷物	
美国 （8 种）	奶、鸡蛋、小麦、花生、大豆	强制标示
	鱼类（如鲈鱼、比目鱼或鳕鱼）	
	甲壳贝类（如蟹、龙虾或虾）	
	树生坚果类（如杏仁、美洲山核桃或胡桃）	

续表

国家/地区	过敏原成分种类	标示要求
欧盟 （14种）	含有麸质的谷类（以下除外：小麦基葡萄糖浆，包括右旋糖；小麦基麦芽糊精；大麦基葡萄糖浆；用于生产蒸馏酒精或食用酒精的谷物）	强制标示
	甲壳类及其制品	
	蛋及其制品	
	鱼类及其制品（以下除外：用于胡萝卜素和类胡萝卜素配制剂的鱼明胶；用作葡萄酒和啤酒澄清剂的鱼胶或明胶）	
	大豆及其制品（以下除外：精炼大豆油脂；大豆中提取的天然VE、天然D-α-VE、天然D-α-VE酯、天然D-α-VE琥珀酸盐；从大豆中提取的源自植物甾醇类和植物甾醇类酯的植物油；从大豆中提取的菜油甾醇中生产植物甾烷醇酯）	
	奶及其制品（以下除外：用于生产蒸馏酒精或食用酒精的乳清；乳糖醇）	
	坚果及其制品（以下除外：用于生产蒸馏酒精或食用酒精的坚果）	
	芹菜及其制品	
	芥末及其制品	
	芝麻及其制品	
	花生及其制品	
	浓度大于 10 mg/kg 或 10mg/L 的二氧化硫及亚硫酸盐（以 SO_2 计）	
	羽扇豆及其制品	
	软体动物及其制品	
澳新 （10种）	含有麸质的谷类、甲壳类、蛋类、鱼类、奶、花生、大豆、芝麻籽、树生坚果类、亚硫酸盐浓度大于等于 10 mg/kg（以 SO_2 计）	强制标示
中国香港 （8种）	含有麸质的谷及其制品	强制标示
	甲壳类动物及其制品	
	蛋类及其制品	
	鱼类及其制品	
	花生大豆及其制品	
	奶类及其制品	
	树生坚果及其制品	
	浓度大于 10 mg/kg 的亚硫酸盐（以 SO_2 计）	
中国台湾 （6种）	虾及其制品、蟹及其制品、杧果及其制品、花生及其制品、奶类及其制品、蛋类及其制品	强制标示

11.4 食品添加剂

国际食品法典委员会发布的《食品添加剂通用法典标准》（CODEX STAN 192—1995）对食品添加剂的定义为，其本身通常不作为食品消费，不用作食品中常见的配料物质，无论其是否具有营养价值，在食品中添加该物质的原因是出于生产、加工、制备、处理、包装、装箱、运输或储藏等的食品工艺需求（包括感官），或者期望它或其副产品（直接或间接地）成为食品的一个成分，或影响食品的特性。该定义的范围不包括污染物，或为了保持或提高食物的营养质量而添加的物质。食品添加剂大多属于化学合成物或动植物提取物，在食品安全中扮演着重要角色。合理地使用食品添加剂能改善食物品质，增加食品色、香、味，增强食品的防腐保鲜能力，延长货架期，满足食品加工工艺的需要。世界各国都十分重视食品添加剂产品质量和使用的安全管理，制定了相应的法律法规，建立了食品添加剂产品质量标准和食品添加剂使用标准。随着对食品添加剂研究的不断深入，更多安全可靠的食品添加剂被列入新批准的名单，而某些已获批准的品种也会因安全问题被取消和禁用。

11.4.1 食品添加剂法典委员会

国际食品法典委员会下设食品添加剂法典委员会（CCFA）。食品添加剂法典委员会的主要职责是制定或认可各个食品添加剂的允许最大使用量；对食品添加剂联合专家委员会（JECFA）通过的各种食品添加剂的标准、试验方法、安全性评价等进行审议和认可后，再提交国际食品法典委员会复审公布；提出需要食品添加剂联合专家委员会进行安全性评价的优先食品添加剂名单。食品添加剂联合专家委员会的职责是为 FAO/WHO 及其成员政府和国际食品法典委员会提供服务。食品添加剂联合专家委员会每年召开两次会议，每次会议只涉及食品添加剂、污染物、天然毒素或食品中的 1 种兽药残留。食品添加剂联合专家委员会已评估了 1500 余种食品添加剂、约

40 种污染物和天然毒素以及 90 种兽药残留。食品添加剂联合专家委员会对食品香料的安全评价采用与直接使用食品添加剂不同的评价方法，到目前为止已评价了约 900 种食品香料。食品添加剂联合专家委员会所评估的食品添加剂及香料内容可从粮农组织网站上获得。

《食品添加剂通用法典标准》（CODEX STAN 192—1995）颁布于 1995 年，从 1995 年至 2003 年每 2 年修订 1 次，2004 年以后，每年修订 1 次，每年 7、8 月进行换版。2019 年 8 月，国际食品法典委员会发布了最新版本的《食品添加剂通用法典标准》。该标准将食品添加剂分为 26 类，包括酸度调节剂、抗结剂、消泡剂、抗氧化剂、漂白剂、疏松剂、碳酸化剂、载体、着色剂、护色剂、乳化剂、固化剂、增味剂、面粉处理剂、发泡剂、胶凝剂、抛光剂、水分保持剂、包装气体、防腐剂、推进剂、膨松剂、螯合剂、稳定剂、甜味剂和增稠剂；列入 INS 编码系统（食品添加剂国际编码系统）的有 625 种。《食品添加剂通用法典标准》规定了添加剂使用总原则、进入食品中的食品添加剂残留物说明、食品分类系统释义、标准的重审和修订等内容，对添加剂的使用起到了很好的指导和规范作用。在对食品添加剂和食品类别标准化编码处理的基础上，建立了两套编排格式：一套是不同食品添加剂允许使用的食品类别及使用量，另一套是不同食品品种允许使用的添加剂品种及使用量。

11.4.2 国际食用香料工业组织的《实践法规》

国际食用香料工业组织（IOFI）现有 20 余个成员。1978 年，国际食用香料工业组织制定了《实践法规》，1985 年，该法规出版第二版，并以英语、法语、德语、意大利语、西班牙语等多种文字发行。国际食用香料工业组织的食品香料法规为混合体系，即对于已知毒性的天然香料规定其在食品香精或最终食品中的最高限量，对于天然和天然等同香料采用"否定表"形式加以限制，而对人造香料则用"肯定表"来规定。列入此"肯定表"的约有 400 种人造香料。

11.4.3 欧盟

2010 年，欧盟《食品添加剂法规》[（EC）No 1333 /2008] 开始实施，该法规规定了主题、范围和定义；明确了 11 类物质不属于食品添加剂；规定了欧盟食品添加剂列表内容、适用原则；食品添加剂的功能类型；食品中食品添加剂的使用规定；对食品中食品添加剂的标识等。《食品添加剂法规》[（EC）No 1333 /2008] 将食品添加剂分为甜味剂、着色剂、防腐剂、抗氧化剂、载体、酸、酸度调节剂、抗结剂、消泡剂、膨松剂、乳化剂、乳化盐、固化剂、增味剂、发泡剂、胶凝剂、抛光剂（包括润滑剂 ）、水分保持剂、改性淀粉、包装气体、推进剂、疏松剂、螯合剂、稳定剂、增稠剂、面粉处理剂共 26 类 400 种。

11.4.4 美国

美国联邦法规第 21 篇为食品和药物行政法规，色素、食品添加剂、香料位于"食品和药品"中的第 170~178 部分。以每个品种为一小节，包括规格标准、使用规定以及标签标识要求。第 70~74 部分、第 80~82 部分是关于色素的法规规定。第 73、74、82 部分规定了允许使用的色素添加剂名单、每种色素添加剂的化学规格、使用和限制规定、标签要求和鉴定要求。第 71 部分描述了新的色素添加剂或者已批准的色素添加剂新的使用范围及上市前的批准程序。第 80 部分规定了色素添加剂的鉴定内容。第 170~186 部分包括食品添加剂一般性条款（通则、包装和标识、安全性评估等）、申请、品种名单、认证等内容。

美国《食品添加剂补充法案》（1958）规定了食品添加剂的允许使用范围、最大允许用量和标签表示方法，由美国食品药品监督管理局和美国农业部贯彻实施。食品药品监督管理局食品添加剂安全办公室的申请审查部主要负责在食品中具有功能作用的食品添加剂上市前的审批工作。出售食品添加剂之前需经毒理学试验，要求生产者证实其使用安全性，食品添加剂的使用安全责任由制造商承担。凡是新的食品添加剂，在得到美国食品药品监督管理局批准之前，绝对不能生产和使用。

美国法规将食品添加剂分为抗氧化剂、抗结剂和自由流动剂、非营养甜味剂、营养性甜味剂、表面活性剂、面粉处理剂、pH 调节剂、着色剂和护色剂、保湿剂、稳定剂和增稠剂、成型助剂、固化剂、乳化剂和乳化盐、表面光亮剂、润滑和脱模剂、膨松剂、风味增强剂、熏制和腌渍剂、抗微生物剂、熏蒸剂、气雾推进剂、充气剂和气体、组织改良剂、面团增强剂、酶类、营养增补剂、香味料及其辅料、加工助剂、螯合剂、溶剂和载体、增效剂、氧化剂和还原剂、干燥剂共 33 类。

11.4.5 日本

根据日本《食品卫生法》，按用途将食品添加剂分为酸味剂、抗结剂、消泡剂、防霉剂、抗氧化剂、防黏着剂、漂白剂、胶母糖基础剂、固色剂、助色剂、膳食补充剂、乳化剂、成膜剂、香料、面粉处理剂、食用着色剂、水分保持剂、杀虫剂、非营养甜味剂、防腐剂、品质保持剂、疏松剂、调味剂、溶剂或萃取剂、杀菌剂、增稠剂或稳定剂及杂项（混合吸收剂、酿造剂、发酵调节剂、过滤助剂、加工助剂、品质改良剂）共 27 大类。

1996 年 4 月 16 日，日本厚生省公布了一批即存食品添加剂名单。名单内的品种不受《食品卫生法》的约束，因此继续允许这些食品添加剂的经销、制造、进口等营销活动。不包括应用化学反应原理获得的物质或用化学手段合成的化合物，大多为天然植物提取物。《日本食品添加剂公定书》（JSFA）于 1957 年着手编写，1960 年正式发行第一版，已进行过数次修正。2022 年 7 月 12 日，日本厚生劳动省发布《食品添加剂公定书（第九版增补 2）》，对食品添加剂法规进行了最新修订。该法规是日本食品添加剂的标准文件，日本《食品卫生法》的技术法规规定了各种试验方法，并对 400 种食品添加剂规定了质量标准。《食品添加剂公定书(第九版增补 2)》涉及的食品用香料不多，规定了质量规格的不足 100 种（氨基酸、酸味剂除外）。

11.4.6 韩国

韩国《食品添加剂法典》规定了在各类食品中可以使用的食品添加剂，食品添加剂的使用限量、使用范围、使用用途等都必须遵守该规定，该法典包括了食品添加剂和食品接触表面清洁溶液两大类。《食品添加剂法典》将食品添加剂分为 3 类：天然食品添加剂、合成食品添加剂及混合食品添加剂。目前的《食品添加剂法典》中包括了 211 种天然食品添加剂，436 种合成食品添加剂，7 类混合食品添加剂（分别为含有谷氨酸钠的配料、面条中使用的碱性食品添加剂、防腐剂、糖精钠、预制的焦油染料、发酵粉、稀释的食品添加剂）；食品接触表面清洁溶液包括乙醇、次氯酸水、过氧化氢、过氧乙酸等 12 种制剂。《食品添加剂法典》规定食品添加剂的使用不能掩盖原料的质量，或者掩盖食品加工过程的不卫生。食品添加剂应仅在有技术作用情况下使用，不应对消费者造成健康风险，不应误导消费者。一些列于一般认为安全的物质的食品添加剂可豁免限制。

韩国法规《食品等的标示标准》明确规定了食品必须标示食品添加剂，内容包括：《食品等的标示标准》规定用于生产加工食品时直接使用并添加的食品添加剂，应一同标示其名称与用途。食品添加剂应标示《食品添加剂法典》中公布的名称或者简称。混合制剂类食品添加剂应标示公布的混合制剂类的具体名称，并用括号标示构成混合制剂的所有食品添加剂名称等，食品添加剂的名称可用简称代替。

11.4.7 中国

为贯彻落实《中华人民共和国食品安全法》及其实施条例，加强食品添加剂的监管，中国在安全性评价和标准方面制定了《食品添加剂新品种管理办法》《食品添加剂新品种申报与受理规定》《食品安全国家标准 食品添加剂使用标准》（GB 2760—2024）、《食品安全国家标准 食品营养强化剂使用标准》（GB 14880—2012）等。

在生产环节，国家制定了今《食品生产许可审查通则（2022 版）》。在流通环节，国家制定了《关于进一步加强整顿流通环节违法添加非食用物质和滥用食品添加剂工作的通知》和《关于对流通环节食品用香精经营者进行市场检查的紧急通知》。在餐饮服务环节，国家出台了《食品生产经营监督检查管理办法》、《餐饮服务食品安全监督抽检规范》和《餐饮服务食品安全责任人约谈制度》，严格规范餐饮服务环节食品添加剂使用行为。

《食品安全国家标准 食品添加剂使用标准》（GB 2760—2014）将食品用香料、胶基糖果中基础剂物质、食品工业用加工助剂也包括在内，规定了300 余种各类食品添加剂、150 种加工助剂，以及 1800 余种食品用香料的使用原则、允许使用的食品添加剂品种、使用范围及最大使用量或残留量。其修订版本《食品安全国家标准 食品添加剂使用标准》（GB 2760—2024）于 2025 年 2 月 8 日正式实施。营养强化剂的使用应符合《食品安全国家标准 食品营养强化剂使用标准》（GB 14880—2012）的规定，该标准包括食品营养强化剂的主要目的、使用品种、使用范围、使用要求、使用量等内容。根据《食品安全国家标准 食品营养强化剂使用标准》（GB 14880—2012），营养强化剂是指为了增加食品的营养成分（价值）而加入食品中的天然或人工合成的营养素和其他营养成分。目前，允许使用的食品营养强化剂约200 种。

11.5 企业注册与产品认证

11.5.1 欧盟

欧盟实行由一个独立部门进行统一管理的食品安全管理模式。欧盟食品安全局是欧盟食品安全管理的独立机构，独立地对直接或间接与食品安全有关的事件提出科学建议，成员国和欧盟共同执行食品安全管理政策。欧盟委员会也参与对欧盟的食品安全管理。食品产业受成员国有关机构的监督，但这些机构同时受欧盟的管理。自 2006 年 1 月 1 日起，欧盟有关食品安全的一系列法规全面生效，食品安全的监督管理将成为一个统一、透明的整体。

法规要求欧盟的每个成员国在 2007 年 1 月 1 日建立和实施对于食品和饲料的国家控制计划。一些国家如德国、丹麦和瑞典等均以欧盟食品安全指令为原则和指导，释义和制定本国的食品安全法规和部门具体执行指南，形成层次分明的法规体系。GLOBALGAP（欧盟良好农业规范）认证，是对农产品安全生产的一种商业保证，重点关注农业生产过程中的行为规范。该认证原名为 EUREPGAP，是由欧洲零售商协会（Euro-Retailer Produce Working Group, EUREP）于 1997 年发展起来的，其目的在于促进良好农业操作的发展。EUREPGAP 从 2007 年 9 月 7 日起改名为 GLOBALGAP，以适应全球对 GAP 认证的需求。

欧盟的食品安全法规体系主要有两个层次：一是以食品基本法及后续补充发展的法规为代表的食品安全领域的原则性规定；二是在以上法规确立的原则指导下的一些具体的措施和要求。从 2000 年颁布的《食品安全白皮书》到 2002 年生效的《通用食品法》[（EC）No 178/2002]，欧盟在食品安全立法领域确定了一系列基本的原则和理念，并在这些原则和理念的基础上建立起了一个较为完善的食品安全法律体系。如 2004 年 4 月，欧盟公布了 4 个补充的法规，涵盖了 HACCP、可追溯性、饲料和食品控制，以及从第三国进口食品的官方控制等方面的内容。它们被称为"食品卫生系列措施"，包括《食品卫生法规》[（EC）No 852/2004]、《供人类消费的动物源性食品具体卫生规定》[（EC）No 853/2004]、《人类消费用动物源性食品官方控制组织细则的特殊规定》[（EC）No 854/2004] 和《确保对食品饲料以及动物卫生与动物福利法规遵循情况进行验证的官方控制》[（EC）No 882/2004]。这 4 个法规都于 2006 年 1 月 1 日起生效。除了这些基础性的规定，欧盟还在食品卫生、人畜共患病、动物副产品、残留和污染、对公共卫生有影响的动物疫病的控制和根除、食品标签、农药残留、食品添加剂、食品接触材料、转基因食品、辐照食物等方面制定了具体的法律。

目前，中国农产食品出口到欧洲，欧洲的大部分客户要求供应商必须要做 GLOBALGAP 认证。GLOBALGAP 认证属于非强制性认证，但 GLOBALGAP 认证在欧洲地区已得到全面推行，美国、加拿大、日本等国家也相继参照执行。实施了此认证的企业，进入欧盟市场将更加方便。

11.5.2 美国

美国在遭遇"9·11"恐怖袭击后，于 2002 年颁布了《公共健康安全与生物恐怖应对法》，并且同时制定了食品进口企业的注册制度和预申报制度。

食品进口企业注册制度要求美国本国和对美国出口的外国食品及饲料生产、加工、包装、仓储企业必须在美国食品药品监督管理局进行登记注册，未登记的外国食品及饲料将在入境港口遭到扣留。关于美国的食品进口企业注册制度，需要注意以下几方面：

1. 外国企业必须指定一家美国代理商作为负责其注册事宜的代理商，选择代理商时可以选择在美国拥有实际商业活动场所的个人或机构。美国食品药品监督管理局将视代理商为外国企业的全权代表，并且将由美国代理商递交的资料视为由外国企业亲自递交的资料。一个外国企业只能指定一家美国注册代理商。

2. 如果外国企业生产的食品要由美国境外的其他企业进行加工或包装，该外国企业可免于注册。若上述进行加工或包装的企业，仅限于在包装物上贴标签或进行其他微不足道的加工，则原企业必须进行注册。同时，对此产品进行微不足道的加工的企业亦须进行注册。

3. 可免于注册的企业：农场、零售部门、餐馆、为消费者制作食品或直接提供食品的非营利性食品机构、不从事食品加工的渔船、完全由美国农业部根据《联邦肉类检查法》、《禽产品检查法》和《蛋制品检查法》所管辖的企业。

4. 按照美国食品进口企业注册和预申报制度规定，必须向美国食品药品监督管理局注册的外国食品企业范围包括：酒和含酒类饮料；婴儿及儿童食品；面包糕点类；饮料；糖果类（包括口香糖）；麦片和即食麦片类；奶酪和奶酪制品；巧克力和可可类食品；咖啡和茶叶产品；食品用色素；减肥常规食品和药用食品、肉替代品；补充食品（即中国的健康食品、维生素类药品以及中草药制品）；调味品；鱼类和海产品；往食品里置放和直接与食品接触的材料物质及制品；食品添加剂和安全的配料类食用品；食用代糖；水果和水果产品；食用胶、乳酶、布丁和馅；冰激凌和相关食品；仿奶制品；通心粉和面条；肉、肉制品和家禽产品；奶、黄油和干奶制品；正餐食品和卤汁、酱类和特色制品；干果和果仁；带壳蛋和蛋制品；点心（面粉、肉和蔬菜类）；辣椒、特味品和盐等；汤类；软饮料和罐装水；蔬菜和蔬菜制品；菜油（包括橄榄油）；蔬菜蛋白产品（方肉类食品）；全麦食品和面粉加工的食品、淀粉等；主要或全部供人食用的产品。

食品进口企业预申报制度要求所有向美国出口的食品，必须在每批货物抵达美国口岸前提前 8 小时至 5 日内向美国食品药品监督管理局通报。通过陆路公路运输，在抵达前 2 小时通报；通过空运或陆路铁路运输，在抵达前 4 小时通报；通过水路运输，抵达前 8 小时通报。任何具有所需信息知识的个人、经纪人、进口企业和美国代理商都可以提交预申报。

国外企业进行预申报时必须提供的信息有：提交人的姓名，公司名称、地址、电话号码、传真、电子邮件地址；传送者的身份，包括姓名，公司名称、地址、电话号码、传真、电子邮件地址；入境类型和海关边界保护局的识别号码；食品的标识，包括完整的 FDA 产品编码，普通或常规名称或市场名称，从最小包装体积到最大容器描述食品的量，批号、编码号或其他可适用的食品标识信息；制造商的身份；种植者的身份；生产国；托运商的身份，除了食品通过国际邮件方式进口；食品的托运国。如果食品通过国际邮件进口，须提供邮寄的预期日期和邮寄国；预期的抵达信息（地点、日期、时间）或者如果食品通过国际邮件进口，美国收件人的姓名，地址；进口商、所有者和最终收货人的身份。

11.5.3 日本

1. 进口申报

进入日本市场的进口食品和相关产品（包括食品添加剂、食品设备、食品容器或食品包装物）必须根据日本《食品卫生法》的规定，进行进口申报（import notification）。日本《食品卫生法》第27款规定："向日本进口用于销售或商业用的食品、食品添加剂、食品设备、食品容器或食品包装物，应该通报日本厚生劳动省。"进入日本市场的食品必须递交进口申报，进口食品和相关产品若没有进口申报，均不得在日本市场进行销售。

根据厚生劳动省进口申报要求，进口食品和相关产品的进口申报必须履行一定的进口申报程序后方可通关。填写进口食品和相关产品的"进口食品申报表"，提供申报程序要求的所有相关信息。包括进口食品的种类、出口国当地政府颁发的"卫生/健康证"。向检疫所提交信息完整的申报表。申报表的递交可通过书面递交，也可通过网上在线递交。申报递交后，检疫所的检查人员检查相关信息是否符合《食品卫生法》的相关规定。在对申报表进行检查时，检查人员根据申报表提供的出口国、进口食品种类、生产商、生产地、成分和原材料、生产方式和添加剂等信息，主要检查进口食品和相关产品是否符合《食品卫生法》规定的生产标准，食品添加剂的使用是否符合相关标准，是否含有有毒有害物质，生产者或生产地是否在过去发生过卫生安全问题。在检查申报文件过程中，若发现进口货物在过去存在很多违法记录，则确定货物需要进行检查，通过对货物进行检查来确定货物是否符合相关法律。如果发现货物符合规定，当初递交申报文件的检疫所将对进口商颁发通知证书；如果发现货物不符合规定，检疫所将通知进口商，货物将不得进口。

2. 有机农产品JAS认证

经日本或国外认证机构认证的国外生产商或加工商所生产或加工的产品，都可附有JAS认证标签进入日本市场流通。但对于有机农产品和有机农产品加工品，需获得由授权的日本认证机构认证的进口商再重贴 JAS 标签。

被日本认可的有机制度和标准与日本 JAS 有机制度等效的国家，这些国家的认证机构可根据自己国家的有机制度和标准对食品和农产品进行认证，并颁发有机食品和农产品相关证明出口证书。获得认证的有机食品和农产品与 JAS 认证的有机食品和农产品等效。经日本 JAS 认证机构认证的进口商进口有机食品和农产品，必须重贴 JAS 有机标签，才可在日本市场流通。

2007 年 3 月后，被日本认可的有机制度和标准与日本 JAS 有机制度等效的国家共有 20 个，分别是：爱尔兰、美国、阿根廷、意大利、英国、澳大利亚、奥地利、荷兰、希腊、瑞士、瑞典、西班牙、丹麦、德国、新西兰、芬兰、法国、比利时、葡萄牙、卢森堡。

11.5.4 韩国

韩国政府从 2003 年 10 月 10 日起，对进口食品等实行事前确认登记制度，事前确认登记的程序如下：由出口国政府提交企业申请材料，经韩方事前进行现场检查，确认企业生产或加工的食品符合韩国食品卫生法的规定，韩国主管部门予以注册登记。

国外进口食品生产加工商首先提交事前确认登记的申请表，韩国食品药品监督管理局对所提交的申请进行审查，并组织进行现场调查，结束后韩国食品药品监督管理局向食品生产加工商通报授权号。进口商必须在货物运往韩国前填写"进口商品申报表格"，供韩国食品药品监督管理局或国家检疫所检核；食品药品监督管理局进行实地审查，检查方式以检查进口食品的指引性文件为依据。检查方式包括：文件检查、感官检查、化验检查和抽样检查；如果进口食品符合韩国的标准，食品药品监督管理局会发出进口证明书。进口商完成食品的清关工作后，便可在韩国国内分销出售。

　　若产品不符合韩国的标准，食品药品监督管理局则通知进口商违规的性质。进口商决定是否销毁该批产品或将产品退回。若违例事项可予以纠正，进口商作出纠正后，可申请再度接受检核。

　　韩国对全部畜产品实施进口检疫认可制度，由出口国提出申请和提交相应的家畜传染病疫情资料，韩国有关机构进行评估认可，非世界动物卫生组织会员国需接受韩国实地检疫调查，达成双边检疫协定，生产国可对韩国出口。进口农产品的农药、重金属、激素残留主要通过进口抽检进行控制，如抽检不合格率较高（无明确规定），可随时对出口国和对象农产品实施临时精密检验，即在一定期限内对进口农产品实施逐批检验措施，从而达到控制进口的目的。

　　凡经事前确认的食品在进口申报时只需接受书面资料审查，可免于实验室检查。该项制度主要针对加工食品、食品添加剂和食品容器包装等。

　　韩国进口食品事前确认登记制度并不是对每个出口商都是强制性的，而是韩国食品药品安全部对出口商的推荐性制度。2007 年 9 月发布的《韩国进口食品事前确认登记制度》为出口到韩国的食品出口商提供了详细全面的有关该制度的解释。

11.5.5 中国

　　中国对进口食品的法律主要涉及《中华人民共和国食品安全法》及其实施条例和《中华人民共和国进出口食品安全管理办法》，对进口食品开展了境外国家食品安全监管体系评估和审查、境外生产企业注册、进出口商备案和合格保证、进境动植物检疫审批、随附合格证明检查、单证审核、现场查验、监督抽检、进口和销售记录检查等系列管理措施。

　　中国对进口食品的境外生产企业实施注册管理，并公布获得注册的企业名单。进口食品境外生产企业注册方式包括所在国家（地区）主管当局推荐注册和企业申请注册，需要办理注册的进口食品类别包括：肉与肉制品、肠衣、水产品、乳品、燕窝与燕窝制品、蜂产品、蛋与蛋制品、食用油脂和油料、包馅面食、食用谷物、谷物制粉工业产品和麦芽、保鲜和脱水蔬菜以及干豆、调味料、坚果与籽类、干果、未烘焙的咖啡豆与可可豆、特殊膳食食品、保健食品。

食品进口商应当建立食品进口和销售记录制度，如实记录食品名称、净含量／规格、数量、生产日期、生产或者进口批号、保质期、境外出口商和购货者名称、地址及联系方式、交货日期等内容，并保存相关凭证。记录和凭证保存期限不得少于食品保质期满后6个月；没有明确保质期的，保存期限为销售后2年以上。食品进口商应当建立境外出口商、境外生产企业审核制度，重点审核：制定和执行食品安全风险控制措施情况；保证食品符合中国法律法规和食品安全国家标准的情况。

一般贸易渠道进口食品的包装和标签、标识应当符合中国法律法规和食品安全国家标准；依法应当有说明书的，还应当有中文说明书。对于进口鲜冻肉类产品，内外包装上应当有牢固、清晰、易辨的中英文或者中文和出口国家（地区）文字标识，标明以下内容：产地国家（地区）、品名、生产企业注册编号、生产批号；外包装上应当以中文标明规格、产地、目的地、生产日期、保质期限、储存温度等内容，必须标注目的地为中华人民共和国，加施出口国家（地区）官方检验检疫标识。对于进口水产品内外包装上应当有牢固、清晰、易辨的中英文或者中文和出口国家（地区）文字标识，标明以下内容：商品名和学名、规格、生产日期、批号、保质期限和保存条件、生产方式（海水捕捞、淡水捕捞、养殖）、生产地区（海水捕捞海域、淡水捕捞国家或者地区、养殖产品所在国家或者地区），涉及的所有生产加工企业（含捕捞船、加工船、运输船、独立冷库）名称、注册编号及地址（具体到州／省／市），必须标注目的地为中华人民共和国。进口保健食品、特殊膳食用食品，中文标签必须印制在最小销售包装上，不得加贴。

11.6 食品标签

11.6.1 国际食品法典委员会

有关食品标签的工作是由国际食品法典委员会下属的食品标签法典委员会（CCFL）负责执行。其职责是起草、审议并修改各种有关食品标签、产品声称的使用规定，并且研究国际食品法典委员会提出的具体标签及广告宣传等问题。食品标签法典委员会将食品标签划分为营养成分标示和营养健康声称两部分内容。

目前国际食品法典委员会有关食品标签的标准、指南有《声称通用指南》（CAC/GL 1—1979）、《营养和健康声称使用指南》（CAC/GL 23—1997）、《营养标签指南》（CAC/GL 2—1985）、《特殊膳食用预包装食品标签和声称通用标准》（CODEX STAN 146—1985）、《有机食品生产、加工、标识和销售指南》（CAC/GL 32—1999）、《预包装食品标签通用标准》（CODEX STAN 1—1985）、《"清真"术语使用通用导则》（CAC/GL 24—1997）。

11.6.2 欧盟

欧盟有关食品标签的法规采取了两种立法体系，"横向"体系的法规，规定了适用于多种食品的标签通用要求。"纵向"体系的法规，针对的是各种特定食品，比如果汁、牛肉、食糖、蜂蜜、酒类等食品的标签的法规。

1.欧盟食品标签横向法规（适用于多种食品的标签通用要求）

对欧洲议会和理事会条例（EU）No 1169/2011 的勘误，该条例关于向消费者提供食品信息，修订欧洲议会和理事会条例（EC）No 1924/2006 和（EC）No 1925/2006，并废除委员会指令 87/250/EEC、理事会指令 90/496/EEC、委员会指令 1999/10/EC、欧洲议会和理事会指令 2000/13/EC、委员会指令 2002/67/EC 和 2008/5/EC 以及委员会条例（EC）No 608/2004（1）（OJL304，22.11.2011）。

欧洲议会和理事会条例《食品的营养与保健声称要求》[（EC）No

1924/2006]。

欧洲议会和理事会条例《关于食品中维生素、矿物质和其他特定物质的添加》[（EC）No 1925/2006]。

欧洲议会和理事会条例（EC）No 107/2008，就委员会执行权，修订关于食品的营养与保健声称要求的条例（EC）No 1924/2006。

欧洲议会和理事会条例（EC）No 108/2008，修订关于食品中维生素、矿物质和其他特定物质的添加的条例（EC）No 1925/2006。

欧洲议会和理事会条例（EC）No 109/2008，修订关于食品的营养与保健声称要求的条例（EC）No 1924/2006。

委员会条例（EC）No 353/2008，制定欧洲议会和理事会条例（EC）No 1924/2006 第 15 条的健康声明批准应用的执行规定（内容与 EEA 相关）。

委员会条例（EC）No 1169/2009，修订条例（EC）No 353/2008，该条例就欧洲议会和理事会条例（EC）No 1924/2006 第 15 条中规定的内容，确定批准卫生要求的应用实施规则。

委员会条例（EC）No 1170/2009，就添加到食品，包括食品增补剂中的维生素和矿物质及其组成的清单，修订欧洲议会和理事会指令 2002/46/EC 以及欧洲议会和理事会条例（EC）No 1925/2006。

委员会条例（EU）No 116/2010，就营养要求列表，修订欧洲议会和理事会条例（EC）No 1924/2006。

委员会实施条例（EU）No 307/2012，为应用关于食品中维生素、矿物质和其他特定物质添加的欧洲议会和理事会条例（EC）No 1925/2006 的第 8 条制定实施规则。

委员会条例（EU）No 1161/2011，就可添加到食品中的矿物质清单，修订欧洲议会和理事会指令 2002/46/EC、欧洲议会和理事会条例（EC）No 1925/2006、委员会条例（EC）No 953/2009。

委员会实施条例（EU）No 489/2012，为应用关于食品中维生素、矿物质和其他特定物质添加的欧洲议会和理事会条例（EC）No 1925/2006 的第 16 条制定实施规则。

委员会条例（EU）No 1047/2012，就营养要求列表，修订条例（EC）No 1924/2006。

委员会实施决定 2013/63/EU，采用实施欧洲议会和理事会条例（EC）No 1924/2006 的第 10 条制定健康声明具体条件的指导方针。

委员会实施条例（EU）No 1337/2013，确定了欧洲议会和理事会条例（EU）No 1169/2011 的实施规则，包括原产国或鲜、冷和冻的猪肉、绵羊肉、山羊肉以及家禽肉的原产地的指标。

2. 欧盟食品标签纵向法规（针对特定食品的标签法规）

婴幼儿食品、特殊医疗用途食品以及关于为控制体重的减肥替代物的法规：欧洲议会和理事会条例（EU）No 609/2013，婴幼儿食品、特殊医疗用途食品以及关于为控制体重的减肥替代物，并废除理事会指令 92/52/EEC，委员会指令 96/8/EC、1999/21/EC、2006/125/EC 和 2006/141/EC，欧洲议会和理事会指令 2009/39/EC 以及委员会条例（EC）No 41/2009 和（EC）No 953/2009。

奶类产品的法规：理事会指令 2001/114/EC，关于供人类消费的某些部分或完全脱水保存的牛乳；理事会指令 2007/61/EC，修订关于供人类消费的某些部分或完全脱水保存的牛乳的指令 2001/114/EC。

辐照食品的法规：欧洲议会和理事会指令 1999/3/EC，建立采用电离辐射处理食品和食品配料清单。

含奎宁和咖啡因食品的标签法规：2002/67/EC 关于含奎宁及咖啡因的食品标识规定。

含甾醇类物质的食品的标签法规：608/2004/EC 关于添加植物甾醇类、植物甾醇酯、植物甾烷醇和/或植物甾烷醇酯的食品和食品配料标签的法规。

麸质食品标签法规：（EC）No 41/2009 关于麸质不耐受人群可用食品的

成分和标签；（EU）No 828/2014：向消费者提供食品中不含或减少麸质信息的要求。

牛肉标签法规：（EC）No 1760/2000 建立识别和登记活牛以及牛和牛肉产品标签体系并废除 EC 820/97；（EC）No 1825/2000 关于牛肉和牛肉制品标签申请的欧盟议会及理事会条例（EC）No 1760/2000 的实施细则；（EC）No 820/97 建立识别和登记活牛以及牛和牛肉产品标签体系。

酒类标签法规：（EEC）No 1601/91 加香葡萄酒，加香葡萄酒饮料和加香葡萄鸡尾酒的定义、说明和宣传的通用规定；（EC）No 110/2008 关于烈性酒的定义、说明、宣传、标签和地理标志保护；（EU）No 716/2013 制定关于烈性酒的定义、说明、宣传、标签和地理标志保护的（EC）No 110/2008 号条例的适用规则；（EU）No 1239/2014 修订条例（EU）No 716/2013，为关于烈性酒的定义、说明、宣传、标签和地理标志保护的（EC）No 110/2008 制定实施细则；（EU）No 251/2014：关于加香葡萄酒的定义、说明、宣传、标签和地理标志保护，并废止理事会条例（EEC）No 1601/91。

果汁标签法规：2001/112/EC 关于人类消费的果汁及类似产品的理事会指令；2009/106/EC 修订关于人类消费的果汁及类似产品的理事会指令 2001/112/EC。

水果果酱、果冻、柑橘酱和甜栗子酱标签法规：2001/113/EC 关于供人类食用的水果果酱、果冻、柑橘酱和甜栗子酱的理事会指令。

可可和巧克力产品标签法规：2000/36/EC 关于供人类食用可可和巧克力产品的欧洲议会和理事会指令。

咖啡提取物和菊苣提取物标签法规：1999/4/EC 关于咖啡提取物和菊苣提取物的欧洲议会和理事会指令。

食糖标签法规：2001/111/EC 关于某些供人类使用的糖类。

蜂蜜标签法规：2001/110/EC 关于蜂蜜的理事会指令（Relating to honey）。

速冻食品标签法规：89/108/EEC 关于供人类消费的速冻食品的成员国相似法案。

转基因食品标签法规：（EC）No 1139/98 关于对某些转基因物质食品进行强制性标签，指令 79/112/EEC 中规定食品除外；（EC）No 1830/2003 关于转基因生物体的可溯性和标签及由转基因生物体生产的食品和饲料产品的可溯性，并对指令 2001/18/EC 进行修改；（EC）No 1829/2003 转基因食品和饲料；（EC）No 50/2000 关于食品或食品配料中添加含有转基因成分的添加剂和调味料的标签要求。

有机食品标签法规：（EEC）No 2092/91 农产品的有机生产及其在农产品和食品上的标识；（EC）No 834/2007 关于有机生产及有机产品标签并撤销法规（EEC）No 2092/91；（EC）No 889/2008 为关于有机生产、标签和控制的有机生产及有机产品的标签的理事会条例（EC）No 834/2007 制定实施细则；（EU）No 344/2011 修订条例（EC）No 889/2008 并为关于有机生产、标签和控制的有机生产及有机产品的标签的理事会条例（EC）No 834/2007 制定实施细则。

11.6.3 美国

美国食品药品监督管理局对美国在售食品包装标签的要求主要参照《联邦食品、药品和化妆品法》及《完好包装和标记法》两部联邦法律。而这两部法律的具体实施条例，和美国食品包装安全管理一样，也在美国联邦法规中得到了具体落实，相关章节主要为第 21 篇第 101 部分，少部分内容在第 102、155、156 部分，以及第 19 篇第 134 部分等中体现。此外，为了满足公众健康需求，又添加了《营养成分标签和教育法》，要求绝大多数食品必须具有营养成分标签，并要求所张贴的食品标签必须含有营养素含量说明，以及一些健康信息以符合具体要求。近年来，由于食品过敏事件频发，对食品过敏原标签的要求也越发重要，美国因而出台了《食品过敏原标识和消费者保护法规》。

1. 生产商信息

预包装食品标签应标示生产商、包装商或代理商的名字和地址（街道地址、城市、州和邮政编码），该产品如果不是由标签上所述名称的公司所生产的，则必须标明产品与公司关系（例如：为××生产、由××经销）的修饰词语。若公司名和地址未列在目前城市通讯录或电话号码簿上，则标明街道地址、城市名、州（若是美国以外的其他国家，还需注明国名）、邮政编码（或其他国家的邮编）。

2. 原产国信息

进口至美国的产品应在醒目位置清晰地标示原产国的英文名称，在原产国家的名称前面加上"Made in"，"Product of"或其他相似词语。食品原产国应标注在紧靠公司名称和地址的地方，字体大小与标注公司名称和地址的字体相当。

3. 致敏原信息

美国《食品致敏原标识及消费者保护法案》（2004）（FALCPA）规定了8种强制标识的过敏原（除豁免外）：奶、鸡蛋、鱼类（如鲈鱼、比目鱼或鳕鱼）、甲壳贝类（如蟹、龙虾或虾）、树生坚果类（如杏仁、美洲山核桃或胡桃）、小麦、花生、大豆。食品致敏原可紧接标示于原料清单之后（标示含有……），或涵盖于配料清单内，如面粉（来自小麦）。

4. 营养标签

美国营养标签已有20多年的历史，为了确保消费者能够获得食品的最新、最准确的营养信息，FDA新法规《食品标签：营养和补充剂事实标签的修订》（81 FR 33741）确定了最新的预包装食品营养标签格式。对于年度销售额超过1000万美元的企业，必须在2020年1月1日之前进行更改，年度销售额低于1000万美元的制造商必须在2021年1月1日之前进行更改。"营养成分表"可与配料表、名称与地址（指生产商、包装商、代理商的名称和地址）共同标于主要展示面板（PDP）。此三项也可标于信息版面，如果在主要展示面板和信息版面均无处可标，可将"营养成分表"标于消费者可视的任一面。

法定营养素标注一般顺序：总热量、饱和脂肪酸的热量、总脂肪酸、饱和脂肪酸、反式脂肪酸、多不饱和脂肪酸、单不饱和脂肪酸、胆固醇、钠、氟化物、总碳水化合物、膳食纤维、可溶性纤维、不溶性纤维、总糖、添加糖、糖醇、蛋白质、维生素 D、钙、铁、钾。自愿性标注维生素和矿物质的一般顺序：维生素 A、维生素 C、维生素 E、维生素 K、硫胺素、核黄素、烟酸、维生素 B_6、叶酸、维生素 B_{12}、生物素、泛酸、磷、碘、镁、锌、硒、铜、锰、铬、钼、氯化物、胆碱。

5. 其他要求

标签的其他部分可能包括日期、批次、贮存条件、产品使用说明、警告语、通用产品代码（UPC）等，只要总体标签没有误导性即可。除婴儿配方食品外，美国联邦法规不强制要求产品标注日期，婴儿配方食品必须标注"Use By"的字样。

11.6.4 日本

日本对食品标签的规定，主要依据《食品标识法》，该法规于 2013 年制定，2015 年 4 月 1 日施行，监管部门为日本消费者厅。《食品标识法》颁布之前，日本有关的规定主要通过《农林产品标准化和正确标签法》、《食品卫生法》及《健康增进法》对食品标签进行规范，过程十分繁复，《食品标识法》将原本的《农林产品标准化和正确标签法》、《食品卫生法》及《健康增进法》中有关食品标签的条款整合汇总归一，对食品标签进行统一的规定。

《食品标识法》共含 23 条法规条款，分为总则、食品标识标准、不合规标签管制措施、标签权利受侵害时申请侵害停止权的手续及处罚条例五部分，对标签合规要求、监管、检查、处罚以及相关部门职责作了系统规定，其中第 4 条第 1 项对设立食品标识标准重要性作了阐述，并规定食品销售时必须标识食品名称、过敏原、保存方法、消费期限或赏味期限、原料、添加剂、营养成分与能量、原产地、食品相关责任人这些事项。消费者厅为了便于管理上述标识事项，在《食品标识法》第 4 条基础上制定了《食品标识标准》。

《食品标识标准》详细规定了加工食品、生鲜食品、食品添加剂标签标识要求，分总则、加工食品标识细则、生鲜食品标识细则、食品添加剂标识细则及其他事项五部分，因《食品标识标准》食品品类较多，此处以直接提供给消费者的加工食品为对象进行标签梳理。

《食品标识标准》第 8 条与第 9 条规定了标签标识基本要求，规定内容包括标签文字必须是日文，标签文字大小不得小于 8 磅，若标签可标识版面面积小于 $150cm^2$，文字大小不得小于 5.5 磅，且文字必须易于辨认与识读，标签内容必须符合《食品标识标准》的规定，且内容真实、准确，不得以虚假、夸大的方式欺骗消费者，也不得使用文字、图形等方式误导消费者，标签不得以直接或间接方式使用语言、图形、照片等误导消费者将购买商品与另一商品性质混淆，另外，《食品标识标准》还对功能食品、婴幼儿食品、转基因食品等特殊食品另行设立了要求，为这些产品标识标签时该如何达到合规要求提供了充分的依据。除上述通用标识规范外，《食品标识标准》还对果酱、酱油、香肠等 44 类产品及功能食品等的标签合规要求等进行了规定。

直接提供给消费者的加工食品，强制要求标识商品名称、保存方法、消费期限或赏味期限、原料名称、添加剂、净含量、营养成分与能量、食品责任人信息、生产地信息、过敏原、含有 L- 苯丙氨酸的内容、GMO 相关事项，并对如何标识进行了详细规定，除在《食品标识标准》中明确写明可省略标识的食品种类外，其余食品只要包装可标识版面面积不小于 $30cm^2$，都不得省略上述强制标识事项，若可标识版面面积小于 $30cm^2$，则必须标识商品名称、保存方法、消费期限或赏味期限、责任人信息与过敏原。

《食品标识标准》第 6 条与第 7 条规定了自愿标识事项，主要包括来自个别产地的特色原材料，蛋白质、脂质、碳水化合物、钠与能量除外的非强制标识营养成分，不含糖、不含钠食品含量声称，饱和脂肪酸含量、膳食纤维含量等 10 项，其中饱和脂肪酸含量与膳食纤维含量虽然属于自愿标识事项，但属国家建议企业标识事项。

11.6.5 韩国

韩国对食品标签的相关管理工作主要是由韩国食品药品安全部负责，食品药品安全部定期制定并执行食品相关标签的标准。韩国《食品等的标示标准》，全面详细描述了韩国的食品标签要求，包括对进口食品标签的要求。所有进口的食品必须附有韩文的标签。标贴可被使用，但不应轻易地被移去，亦不得遮盖原来的标签。

食品标签必须强制标注的内容包括：食品名称、配料表、净含量 / 沥干物、原产国、日期标示和贮藏指南、食用方法（仅适用于冷冻食品）和保质期。茶、饮料、特殊营养食品、健康补充食品等应标示食品类型；需标示除人工添加的水之外的五种以上成分或配料的含量，四种及四种以下时可只标主要成分；容器、包装材料的标示要求；其他说明和警示性标注内容（辐照食品、饮料酒、含苯丙氨酸的食品、易腐食品等）。

属于立即制作、加工并销售的食品，可将标示事项（只标注食品名称、厂名、制造时间、保管和处理方法）标示在陈列架（箱）或其他标示牌上，可免于单个产品的标签。散装销售食品如果冻、糖果等，需在大包装上标示品名、生产厂商、生产时间等。

质量和体积要求使用国际单位制。标示内容应清晰且在指定的位置上，其中，食品名称、类型、重量、容量和件数，必须在容器或包装的主标示面上一起标示。其他的项目不作特别要求。对容易影响食品卫生的内包装（如干果类、糖块类、巧克力类、口香糖等），可以标示在最小销售包装或容器上。主标示面上的食品名称用 7 磅以上 22 磅以下的印刷字；食品类型、重量、容量及件数用 12 磅以上印刷字；制造日期、流通期限、配料名、成分及含量等使用 7 磅以上印刷字；厂名、厂址、营养成分、其他标示用 6 磅以上印刷字。

配料成分的标注要求。首先应注明《食品等的标示标准》中规定的主要成分，然后按质量降序列出其他四种或更多的成分；除个别情况外无须标注成分含量；无分类名称的使用规定；加工用水不需要标出。

净含量和固形物（沥干物）的标注。应按内容物的状态，用重量、容量或个数（件）来标示。内容物为固体或半固体，用重量标示；液体，用容量标示；固体和液体的混合物（包括不能直接饮用的液体），用重量或容量标示；如用个数（件）标示其内容物时，应在括号内标示重量或容量。使用之前，需要丢弃的液体（按产品的特性，自然产生的液体除外）的食品，须标示固形物的重量。

原产国、制造者、经销者名称和地址的标注。需标注的责任者范围包括：制造商、进口商、经销商；进口食品必须注明原产国，但是，外国的制造厂名，以外文标示时，不必再用韩文标示；除制造厂家之外，如果要把商品分销商或流通专门销售商的销售商名称及所在地一并标示时，应使用不大于制造厂名标示字体的印刷字标示销售商名称和所在地。《食品等的标示标准》规定的标示事项之外的销售商商号或商标，应使用不大于制造厂名字体的印刷字。原产国必须强制性标注，如果进口食物成分比例很小时可免标注。

在标注流通期限时，需要特殊使用或保存条件的食品应一起标示贮藏指南。例如，需要冷冻或冷藏流通时，须注明"冷冻保存"或"冷藏保存"，并标示保持质量所需的冷冻或冷藏温度。易腐食品、需烹调或加热食用的产品以及冷冻食品需标注贮藏指南；冷冻食品需标注食用方法。

11.6.6 中国

食品标签是指食品包装上的文字、图形、符号及一切说明物。食品标签主要功能作为食品综合信息的载体，能够向消费者传递该产品的基本信息。中国现行的食品标签法律法规和标准主要有《中华人民共和国食品安全法》、《食品安全国家标准　预包装食品标签通则》（GB 7718—2025）、《食品安全国家标准　预包装食品营养标签通则》（GB 28050—2025）、《食品安全国家标准 预包装特殊膳食用食品标签》（GB 13432—2013）等。

其中，《中华人民共和国食品安全法》对食品标签作出总体要求：预包装食品的包装上应当有标签，标签应当标明产品规格、净含量、生产日期、成分或者配料表，生产者的名称、地址、联系方式，保质期，产品标准代号、贮存条件、所使用的食品添加剂在国家标准中的通用名称、生产许可证编号，法律、法规或者食品安全标准规定应当标明的其他事项。专供婴幼儿和其他特定人群的主辅食品，其标签还应当标明主要营养成分及其含量。食品安全国家标准对标签标注事项另有规定的，从其规定。食品经营者销售散装食品，应当在散装食品的容器、外包装上标明食品的名称、生产日期或者生产批号、保质期，以及生产经营者的名称、地址、联系方式等内容。生产经营转基因食品应当按照规定显著标示。食品的标签、说明书不得含有虚假内容，不得涉及疾病预防、治疗功能。食品标签、说明书应当清楚、明显，生产日期、保质期等事项应当显著标注，容易辨识。

《食品安全国家标准　预包装食品标签通则》（GB 7718—2025）对预包装食品标签提出了基本要求。预包装食品标签的所有内容应清晰、醒目、持久，以便消费者在购买时易于辨认和识读。预包装食品标签的所有内容应当通俗易懂、准确，并有科学依据，不得标示封建迷信、黄色、贬低其他食品或违背科学营养常识的内容。标签必须真实，不得误导消费者，预包装食品标签不得以虚假、使消费者误解或欺骗性的文字、图形等方式介绍食品，也不得利用字号大小或色差误导消费者。标签必须不得引起混淆，预包装食品标签不得以直接或间接暗示性的语言、图形、符号，导致消费者将购买的食品或食品的某一性质与另一产品混淆。标签必须不可分离，预包装食品的标签不得与包装物（容器）分离。预包装食品标签内容应使用规范的汉字，但不包括注册商标；可以同时使用拼音或少数民族文字，但不得大于相应的汉字；可以同时使用外文，但应与汉字有对应关系（进口食品的制造者和地址，国外经销者的名称和地址、网址除外）；所有外文不得大于相应的汉字（国外注册商标除外）。

《食品安全国家标准 预包装食品标签通则》（GB 7718—2025）适用于直接提供给消费者的预包装食品标签和非直接提供给消费者的预包装食品标签。

食品营养标签属于食品标签的一部分，按照国际食品法典委员会给出的定义，营养标签是指向消费者提供食品营养特性的一种描述，包括营养成分标识和营养补充信息。中国预包装食品营养标签须符合《食品安全国家标准 预包装食品营养标签通则》（GB 28050—2025）的规定。

保健食品是指根据中国相关规定，取得保健食品许可并带有国家允许使用的保健食品标记的一类食品，其标签标识应遵循保健食品的相关标示要求。《食品安全国家标准 预包装食品营养标签通则》（GB 28050—2025）要求预包装食品必须标示营养标签内容，既有利于宣传普及食品营养知识，指导公众科学选择膳食，又能促进消费者合理平衡膳食和身体健康，同时又能规范企业正确标示营养标签，科学宣传有关营养知识，促进食品产业健康发展。该标准适用于预包装食品营养标签上营养信息的描述和说明，不适用于保健食品及预包装特殊膳食用食品的营养标签标示。

特殊膳食用食品是指为了满足特殊的身体或生理状况和（或）满足疾病、紊乱等状态下的特殊膳食需求，专门加工或配方的食品，主要包括婴幼儿配方食品、婴幼儿辅助食品、特殊医学用途配方食品及其他特殊膳食用食品。这类食品的适宜人群、营养素和（或）其他营养成分的含量要求等有一定特殊性，对其标签内容如能量和营养成分、食用方法、适宜人群的标示等有特殊要求。《食品安全国家标准 预包装特殊膳食用食品标签》（GB 13432—2013）适用于预包装特殊膳食用食品的标签，包括营养标签。该标准涵盖了对预包装特殊膳食用食品标签的一般要求，如食品名称、配料表、生产日期、保质期等，以及营养标签要求，包括营养成分表、营养成分含量声称和功能声称。该标准明确了特殊膳食用食品的定义和分类，符合定义和分类的产品其标签标示应符合该标准的规定。

《食品安全国家标准　食品营养强化剂使用标准》（GB 14880—2012）规定的营养强化剂的使用量，指的是在生产过程中允许的实际添加量，该使用量是考虑到所强化食品中营养素的本底含量，人群营养状况及食物消费情况等因素，根据风险评估的基本原则而综合确定的因不同食品原料本底所含的各种营养素含量差异较大，而且不同营养素在产品生产和货架期的衰减与损失也不尽相同，所以强化的营养素在终产品中的实际含量可能高于或低于本标准规定的该营养强化剂的使用量。

在上述标准中，《食品安全国家标准　预包装食品标签通则》（GB 7718—2025）规定了预包装食品（包括特殊膳食用食品）标签的基本标示要求。《食品安全国家标准　预包装特殊膳食用食品标签》（GB 13432—2013）规定了特殊膳食用食品标签中具有特殊性的标识要求。预包装特殊膳食用食品标签应按照《食品安全国家标准　预包装食品标签通则》（GB 7718—2025）和《食品安全国家标准　预包装特殊膳食用食品标签》（GB 13432—2013）执行。对于符合《食品安全国家标准　预包装特殊膳食用食品标签》（GB13432—2013）含量声称要求的预包装特殊膳食用食品，如果对能量和（或）营养成分进行功能声称，其功能声称用语应选择《食品安全国家标准　预包装食品营养标签通则》（GB 28050—2025）中规定的功能声称标准用语。

《食品安全国家标准　预包装食品标签通则》（GB 7718—2025）中配料的定量标示与营养标签之间既有联系又有区别。营养标签作为食品标签的一部分，主要向消费者展示食品营养信息。《食品安全国家标准　预包装食品标签通则》（GB 7718—2025）的"3项基本要求"的全部内容同样适用于营养标签，如"应清晰、醒目、持久""应使消费者购买时易于辨认和识读""应通俗易懂，有科学依据，不得标示封建迷信、色情、贬低其他食品或违背营养科学常识的内容"等。

《食品安全国家标准 预包装食品标签通则》（GB 7718—2025）中提到的配料与成分如果不属于《食品安全国家标准 预包装食品营养标签通则》（GB 28050—2025）规定的营养成分，则应该按照《食品安全国家标准 预包装食品标签通则》（GB7718—2025）的要求，如实标示该配料的添加量或含量，"无淀粉火腿"需要标注"淀粉"的添加量或含量；如果某成分属于《食品安全国家标准 预包装食品标签通则》（GB 7718—2025）规定的营养成分，则按照该标准的要求在营养成分表中标示该营养成分含量即可。例如，"无糖食品"只需要在营养成分表中标示"糖"含量即可，无须另外标注糖的添加量或含量。

《食品安全国家标准 预包装食品营养标签通则》（GB 28050—2025）适用于预包装食品营养标签上营养信息的描述和说明。《食品安全国家标准 预包装特殊膳食用食品标签》（GB 13432—2013）则进一步明确适用于预包装特殊膳食用食品的标签（含营养标签）。《食品安全国家标准 预包装食品标签通则》（GB 7718—2025）规定："所有预包装食品营养标签强制标示的内容包括能量、核心营养素的含量值及其占营养素参考值（NRV）的百分比。"因此核心营养素占营养素参考值的百分比是普通预包装食品营养成分表中不可缺少的部分（没有 NRV 的营养素除外），必须强制标示。《食品安全国家标准 预包装特殊膳食用食品标签》（GB 13432—2013）规定"可依据适宜人群，标示每100g（克）和（或）每100mL（毫升）和（或）每份食品中的能量和营养成分含量占《中国居民膳食营养素参考摄入量》中的推荐摄入量（RNI）或适宜摄入量（AI）的质量百分比。无推荐摄入量（RNI）或适宜摄入量（AI）的营养成分，可不标示质量百分比，或者用'—'等方式标示"，而且是可选择内容。

《食品安全国家标准 预包装食品营养标签通则》（GB 28050—2025）中

营养声称包括"含量声称"和"比较声称"，当某种营养成分含量标示值符合标准中含量要求和限制条件时，可对该成分进行含量声称或比较声称。而《食品安全国家标准 预包装特殊膳食用食品标签》（GB 13432—2013）中没有比较声称，其能量和营养成分的含量声称包括三个条件："能量或营养成分在产品中的含量达到相应产品标准的最小值或允许强化的最低值时，可进行含量声称""某营养成分在产品标准中无最小值要求或无最低强化量要求的，应提供其他国家和（或）国际组织允许对该营养成分进行含量声称的依据""含量声称用语包括'含有''提供''来源''含''有'等"。对于《食品安全国家标准 预包装食品营养标签通则》（GB 28050—2025）中没有列出功能声称标准用语的营养成分，应提供其他国家和（或）国际组织关于该物质功能声称用语的依据。

另外，《食品安全国家标准 预包装食品营养标签通则》（GB 28050—2025）中特别规定，使用了营养强化剂的预包装食品，在营养成分表中还应标示强化后食品中该营养成分的含量值及其占营养素参考值（NRV）的百分比。对于《食品安全国家标准 预包装食品营养标签通则》（GB 28050—2025）中未列出但《食品安全国家标准 食品营养强化剂使用标准》（GB 14880—2012）允许强化的营养物质，其标示顺序应按照《食品安全国家标准 预包装食品营养标签通则》（GB 28050—2025）的规定位于标准中所列营养素之后。

第十二章

中国食品进出口贸易情况分析

12.1 食品贸易总体情况

2023 年，中国进出口食品总额 2847.46 亿美元，同比增长 0.7%。其中，出口食品总额 765.18 亿美元，同比增长 0.60%；进口食品总额 2082.28 亿美元，同比增长 0.7%。

从 2021—2023 年进出口总额情况来看，出口食品持续保持增长状态，但是增速趋于放缓，出口基本保持稳定，变化规模不大；而进口食品受新冠疫情影响明显，2021 年进口总额同比大幅下跌，2022—2023 年进口总额基本持平，尚未恢复到疫情前进口规模（图 12-1、图 12-2）。

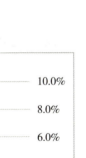

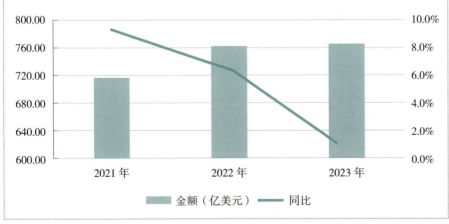

图 12-1　2021—2023 年中国出口食品情况

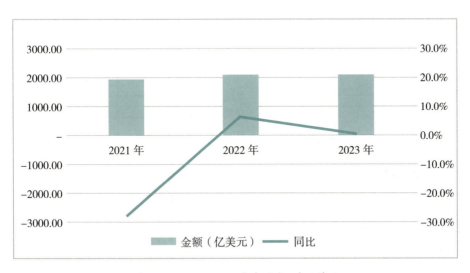

图 12-2　2021—2023 年中国进口食品情况

12.2 产品结构情况

12.2.1 食品出口结构

2023 年，中国食品出口额排名前五的产品分别为水产品、蔬菜及其制品、乳品、保鲜和脱水蔬菜以及干豆、食用油脂和油料，出口额分别为 211.64 亿美元、74.02 亿美元、48.80 亿美元、38.83 亿美元和 28.79 亿美元，分别占食品贸易出口总额的 28.01%、9.80%、6.46%、5.14% 和 3.81%，同比分别下降 11.58%、增长 7.05%、增长 15.17%、下降 10.39%、下降 8.19%（表12-1）。在 30 个出口品类中，16 个品类同比增长，14 个品类同比下降，酒类、干果、饼干糕点面包出口额增速较快，同比超过 20%，而茶叶类、水果制品、水产品、保鲜和脱水蔬菜以及干豆出口额同比降幅超过 10%。

表 12-1　2023 年中国食品出口主要品类统计表（按金额）

品类	金额（亿美元）	金额同比	金额占比
水产品	211.64	−11.58%	28.01%
蔬菜及其制品	74.02	7.05%	9.80%
乳品	48.80	15.17%	6.46%
保鲜和脱水蔬菜以及干豆	38.83	−10.39%	5.14%
食用油脂和油料	28.79	−8.19%	3.81%
肉与肉制品	27.29	−2.21%	3.61%
保健食品	20.44	7.94%	2.70%
粮食制品以及其他产品	19.89	−0.40%	2.63%
饮料及冷冻饮品	19.07	−0.65%	2.52%
酒类	17.61	39.32%	2.33%
茶叶类	17.41	−13.88%	2.30%
坚果与籽类	14.51	11.28%	1.92%
坚果及籽类制品	11.84	5.88%	1.57%
糖果、巧克力	11.08	10.28%	1.47%
干果	10.19	26.42%	1.35%
糖类	10.09	18.84%	1.34%

12.2.2 食品进口结构

2023 年，中国食品进口额排名前五的产品分别为肉与肉制品、水产品、乳品、食用油脂和油料、酒类，进口额分别为 274.75 亿美元、195.20 亿美元、188.85 亿美元、136.87 亿美元和 46.48 亿美元，分别占食品贸易进口总额的 13.10%、9.30%、9.00%、6.52% 和 2.22%，同比分别下降 13.00%、增长 0.20%、下降 5.38%、增长 2.65%、增长 4.73%（表 12–2）。在 30 个进口品类中，17 个品类同比增长，13 个品类同比下降，保鲜和脱水蔬菜以及干豆、饮料及冷冻饮品进口额增速较快，同比超过 20%，而蛋与蛋制品、食用谷物、粮食制品以及其他产品、肉与肉制品、蜂产品进口额同比降幅超过 10%。

表 12–2　2023 年中国食品进口主要品类统计表（按金额）

品类	金额（亿美元）	金额同比	金额占比
肉与肉制品	274.75	−13.00%	13.10%
水产品	195.20	0.20%	9.30%
乳品	188.85	−5.38%	9.00%
食用油脂和油料	136.87	2.65%	6.52%
酒类	46.48	4.73%	2.22%
糖类	35.09	5.89%	1.67%
粮食制品以及其他产品	28.56	−13.82%	1.36%
坚果与籽类	19.83	−2.76%	0.95%
保健食品	14.30	5.79%	0.68%
食用谷物	14.08	−46.25%	0.67%
饮料及冷冻饮品	12.49	27.86%	0.60%
冷冻水果	11.81	19.76%	0.56%

12.3 区域分布及变化情况

12.3.1 出口区域分布及变化

2023 年，中国食品出口到 219 个国家（地区）。

按出口金额,排名前十的国家(地区)分别为中国香港、日本、美国、韩国、越南、马来西亚、泰国、印度尼西亚、菲律宾和中国台湾,合计占中国食品出口总额的 63.85%(表 12-3)。

表 12-3 2023 年中国食品主要出口目的国(地)统计表(按金额)

序号	国家 / 地区	金额(亿美元)	金额同比	金额占比
1	中国香港	103.30	-1.07%	13.47%
2	日本	86.09	-6.17%	11.23%
3	美国	58.00	-9.89%	7.57%
4	韩国	46.10	-4.01%	6.01%
5	越南	45.08	-1.84%	5.88%
6	马来西亚	44.02	-1.12%	5.74%
7	泰国	42.59	-6.17%	5.56%
8	印度尼西亚	24.04	13.71%	3.14%
9	菲律宾	22.82	-7.04%	2.98%
10	中国台湾	17.41	-8.61%	2.27%

按出口重量,排名前十的国家(地区)分别为越南、中国香港、韩国、日本、泰国、马来西亚、印度尼西亚、美国、菲律宾和俄罗斯,合计占中国食品出口量的 62.19%(表 12-4)。

表 12-4 2023 年中国食品主要出口目的国(地)统计表(按重量)

序号	国家(地区)	重量(万吨)	重量同比	重量占比
1	越南	377.89	22.88%	9.90%
2	中国香港	369.68	-0.03%	9.69%
3	韩国	316.49	3.21%	8.29%
4	日本	294.05	-1.74%	7.71%
5	泰国	204.22	11.18%	5.35%
6	马来西亚	189.78	10.67%	4.97%
7	印度尼西亚	185.35	4.31%	4.86%
8	美国	181.03	-7.65%	4.74%
9	菲律宾	144.03	3.41%	3.77%
10	俄罗斯	111.10	23.72%	2.91%

12.3.2 进口区域分布及变化

2023 年，中国从 177 个国家（地区）进口食品。

按进口金额，排名前十的国家（地区）分别为巴西、美国、泰国、澳大利亚、新西兰、加拿大、印度尼西亚、俄罗斯、越南和法国，合计占中国食品进口总额的 74.21%（表 12-5）。

表 12-5　2023 年中国食品主要进口来源国（地）统计表（按金额）

序号	国家 / 地区	金额（亿美元）	金额同比	金额占比
1	巴西	568.53	13.36%	27.10%
2	美国	295.48	−16.04%	14.08%
3	泰国	125.41	4.54%	5.98%
4	澳大利亚	97.07	9.98%	4.63%
5	新西兰	94.85	−15.09%	4.52%
6	加拿大	93.18	44.13%	4.44%
7	印度尼西亚	83.64	0.84%	3.99%
8	俄罗斯	82.85	44.46%	3.95%
9	越南	59.48	10.77%	2.84%
10	法国	56.19	18.52%	2.68%

按进口重量，排名前十的国家（地区）分别为巴西、美国、加拿大、澳大利亚、泰国、俄罗斯、印度尼西亚、乌克兰、阿根廷和越南，合计占中国食品进口量的 86.86%（表 12-6）。

表 12-6　2023 年中国食品主要进口来源国（地）统计表（按重量）

序号	国家 / 地区	重量（万吨）	重量同比	重量占比
1	巴西	8880.37	45.37%	38.61%
2	美国	3937.53	−24.07%	17.12%
3	加拿大	1350.13	67.30%	5.87%
4	澳大利亚	1253.51	31.70%	5.45%
5	泰国	1199.16	−12.00%	5.21%
6	俄罗斯	858.20	141.05%	3.73%
7	印度尼西亚	731.04	31.10%	3.18%
8	乌克兰	661.36	11.23%	2.88%
9	阿根廷	584.14	−33.10%	2.54%
10	越南	522.82	−5.07%	2.27%

12.4 部分省份变化情况

12.4.1 出口变化

2023 年，中国出口食品最多的三个省份为山东省、福建省和广东省，出口金额分别为 174.30 亿美元、107.35 亿美元和 98.96 亿美元，同比分别增长 0.97%、下降 11.48% 和下降 0.72%（表 12-7）。

表 12-7　2023 年中国部分省份出口食品统计表

省份	金额（亿美元）	金额同比	金额排名	重量（万吨）	重量同比	重量排名
山东省	174.30	0.97%	1	1022.59	4.61%	1
福建省	107.35	−11.48%	2	271.51	4.15%	3
广东省	98.96	−0.72%	3	498.42	6.78%	2
浙江省	45.86	5.63%	4	175.96	9.46%	6
辽宁省	40.82	1.83%	5	187.65	18.78%	5
江苏省	31.89	2.66%	6	172.06	7.22%	7
湖北省	31.85	3.48%	7	53.00	5.32%	19
湖南省	25.36	23.68%	8	99.61	23.44%	11
河南省	24.51	9.07%	9	68.19	20.25%	17
广西壮族自治区	18.95	−3.19%	10	119.01	12.60%	9
云南省	18.73	−12.56%	11	190.13	15.37%	4
河北省	17.50	−1.09%	12	109.04	4.66%	10
上海市	15.68	15.14%	13	77.98	34.41%	14
新疆维吾尔自治区	13.22	38.90%	14	94.08	28.73%	12
内蒙古自治区	12.79	28.66%	15	90.31	25.74%	13
北京市	12.42	−12.55%	16	157.06	−32.96%	8
安徽省	11.33	0.48%	17	51.14	−0.33%	20
天津市	11.32	25.48%	18	73.51	39.70%	15
贵州省	8.07	11.98%	19	6.40	266.75%	29
黑龙江省	7.90	−0.68%	20	70.91	38.66%	16
四川省	7.73	−0.92%	21	27.72	13.36%	22
吉林省	7.48	−0.26%	22	61.38	10.87%	18
江西省	5.49	1.29%	23	49.22	36.61%	21
海南省	5.40	−3.14%	24	19.57	14.43%	25
陕西省	3.65	17.28%	25	20.86	6.71%	23
甘肃省	3.13	24.83%	26	20.17	20.62%	24
山西省	1.83	9.02%	27	10.79	−4.13%	26
宁夏回族自治区	1.79	25.66%	28	9.96	86.00%	27

省份	金额（亿美元）	金额同比	金额排名	重量（万吨）	重量同比	重量排名
重庆市	1.11	−8.28%	29	6.77	13.05%	28
青海省	0.10	−29.91%	30	0.18	2.91%	31
西藏自治区	0.05	102.78%	31	0.66	93.89%	30

12.4.2 进口变化

2023 年，中国进口食品最多的三个省份为上海市、广东省和北京市，进口金额分别为 297.94 亿美元、292.33 亿美元和 235.52 亿美元，同比分别增长 1.35%、下降 2.57% 和增长 9.13%（表 12-8）。

表 12-8　2023 年中国部分省份进口食品统计表

省份	金额（亿美元）	金额同比	金额排名	重量（万吨）	重量同比	重量排名
上海市	297.94	1.35%	1	2098.37	8.03%	4
广东省	292.33	−2.57%	2	1903.92	3.03%	5
北京市	235.52	9.13%	3	4525.81	14.79%	1
山东省	206.40	−1.74%	4	2145.59	15.15%	3
江苏省	199.86	−2.13%	5	2813.29	9.72%	2
浙江省	135.82	10.58%	6	742.45	20.23%	9
福建省	135.64	−4.25%	7	1815.34	−1.22%	6
天津市	99.04	−9.32%	8	994.25	22.88%	8
广西壮族自治区	77.69	19.65%	9	1115.10	24.26%	7
辽宁省	60.51	5.15%	10	696.91	21.14%	11
河北省	53.93	−6.41%	11	741.16	−4.80%	10
湖南省	49.69	11.13%	12	564.39	30.06%	13
云南省	36.24	12.56%	13	574.40	−0.32%	12
安徽省	34.87	−24.72%	14	345.67	−18.29%	15
黑龙江省	34.41	8.51%	15	535.40	51.09%	14
重庆市	19.95	−10.38%	16	101.75	15.72%	23
海南省	17.49	16.56%	17	238.85	7.78%	16
湖北省	16.54	18.16%	18	105.63	25.73%	22
四川省	16.13	21.20%	19	135.94	52.32%	18
河南省	15.72	19.37%	20	109.38	3.42%	21
吉林省	13.25	−23.15%	21	84.39	−16.23%	24
内蒙古自治区	10.16	10.63%	22	125.26	67.59%	20
陕西省	9.87	−1.82%	23	135.79	4.52%	19
新疆维吾尔自治区	9.42	43.96%	24	148.53	133.11%	17

续表

省份	金额（亿美元）	金额同比	金额排名	重量（万吨）	重量同比	重量排名
贵州省	7.70	148.68%	25	34.57	188.06%	27
江西省	5.87	0.18%	26	77.42	14.81%	25
甘肃省	2.69	77.16%	27	46.39	95.95%	26
山西省	2.23	−9.99%	28	30.74	84.35%	28
宁夏回族自治区	0.69	102.85%	29	10.92	180.88%	29
青海省	0.33	38.14%	30	0.86	61.44%	30
西藏自治区	0.03	115.42%	31	0.09	228.47%	31

12.5 主要国家（地区）出口食品情况

12.5.1 出口越南主要产品变化情况

2023 年，中国出口越南的食品主要为干果 33.24 万吨，同比增长 43.88%，糖果、巧克力 25.15 万吨，同比增长 67.39%，调味品 17.87 万吨，同比增长 48.02%，保鲜和脱水蔬菜以及干豆 15.79 万吨，同比增长 17.38%，糖类 9.72 万吨，同比增长 30.52%，水产品 8.57 万吨，同比增长 15.26%，乳品 6.59 万吨，同比增长 46.90%，粮食制品以及其他产品 3.28 万吨，同比下降 16.79%，蔬菜及其制品 3.08 万吨，同比增长 2.85%，谷物制粉工业产品和麦芽 2.95 万吨，同比下降 50.05%（表 12-9）。

表 12-9　2023 年中国出口越南主要产品统计表

品类	重量（万吨）	重量同比	金额（亿美元）	金额同比
干果	33.24	43.88%	3.65	30.53%
糖果、巧克力	25.15	67.39%	1.31	54.42%
调味品	17.87	48.02%	0.15	26.35%
保鲜和脱水蔬菜以及干豆	15.79	17.38%	4.18	−24.01%
糖类	9.72	30.52%	0.54	15.95%
水产品	8.57	15.26%	5.04	−1.42%
乳品	6.59	46.90%	1.87	10.72%
粮食制品以及其他产品	3.28	−16.79%	0.41	−14.39%
蔬菜及其制品	3.08	2.85%	2.09	15.05%
谷物制粉工业产品和麦芽	2.95	−50.05%	0.20	−43.16%

12.5.2 出口中国香港主要产品变化情况

2023 年，中国内地出口中国香港的食品主要为饮料及冷冻饮品 85.27 万吨，同比增长 3.88%，肉与肉制品 26.61 万吨，同比下降 2.32%，乳品 25.23 万吨，同比增长 9.88%，水产品 21.37 万吨，同比下降 6.70%，蛋与蛋制品 13.25 万吨，同比增长 20.42%，粮食制品以及其他产品 9.87 万吨，同比下降 1.57%，酒类 9.34 万吨，同比增长 20.84%，谷物制粉工业产品和麦芽 7.48 万吨，同比下降 2.36%，蔬菜及其制品 6.55 万吨，同比下降 10.99%，保鲜和脱水蔬菜以及干豆 5.92 万吨，同比增长 4.81%（表 12-10）。

表 12-10　2023 年中国内地出口中国香港主要产品统计表

品类	重量（万吨）	重量同比	金额（亿美元）	金额同比
饮料及冷冻饮品	85.27	3.88%	7.37	3.59%
肉与肉制品	26.61	−2.32%	9.60	−6.97%
乳品	25.23	9.88%	11.04	61.74%
水产品	21.37	−6.70%	17.52	−13.24%
蛋与蛋制品	13.25	20.42%	2.46	13.56%
粮食制品以及其他产品	9.87	−1.57%	1.85	8.60%
酒类	9.34	20.84%	3.65	18.50%
谷物制粉工业产品和麦芽	7.48	−2.36%	0.48	2.19%
蔬菜及其制品	6.55	−10.99%	9.41	−15.41%
保鲜和脱水蔬菜以及干豆	5.92	4.81%	3.18	4.99%

12.5.3 出口韩国主要产品变化情况

2023 年，中国出口韩国的食品主要为蔬菜及其制品 51.10 万吨，同比增长 2.76%，水产品 45.71 万吨，同比增长 1.92%，保鲜和脱水蔬菜以及干豆 39.73 万吨，同比增长 8.21%，调味品 34.59 万吨，同比增长 27.54%，饮料及冷冻饮品 24.90 万吨，同比下降 0.78%，食用谷物 13.33 万吨，同比下降 32.29%，糖类 8.16 万吨,同比增长 17.43%,粮食制品以及其他产品 7.77 万吨,同比下降 4.34%，糖果、巧克力 6.88 万吨，同比增长 28.46%，包馅面食 6.05 万吨，同比增长 0.01%（表 12-11）。

表 12-11　2023 年中国出口韩国主要产品统计表

品类	重量（万吨）	重量同比	金额（亿美元）	金额同比
蔬菜及其制品	51.10	2.76%	5.48	2.27%
水产品	45.71	1.92%	17.32	−5.37%
保鲜和脱水蔬菜以及干豆	39.73	8.21%	4.59	−5.23%
调味品	34.59	27.54%	0.30	8.32%
饮料及冷冻饮品	24.90	−0.78%	0.65	−3.71%
食用谷物	13.33	−32.29%	1.17	−35.73%
糖类	8.16	17.43%	0.61	15.62%
粮食制品以及其他产品	7.77	−4.34%	1.16	1.54%
糖果、巧克力	6.88	28.46%	0.70	−11.93%
包馅面食	6.05	0.01%	0.87	2.60%

12.5.4 出口日本主要产品变化情况

2023 年，中国出口日本的食品主要为蔬菜及其制品 76.18 万吨，同比增长 1.00%，水产品 51.55 万吨，同比下降 6.05%，肉与肉制品 20.10 万吨，同比下降 11.12%，保鲜和脱水蔬菜以及干豆 13.34 万吨，同比下降 8.28%，水果制品 8.69 万吨，同比下降 9.11%，食用谷物 7.24 万吨，同比增长 18.50%，坚果及籽类制品 6.76 万吨，同比下降 2.61%，粮食制品以及其他产品 6.68 万吨，同比增长 10.22%，乳品 5.89 万吨，同比下降 2.18%，饮料及冷冻饮品 5.61 万吨，同比增长 2.27%（表 12-12）。

表 12-12　2023 年中国出口日本主要产品统计表

品类	重量（万吨）	重量同比	金额（亿美元）	金额同比
蔬菜及其制品	76.18	1.00%	15.17	3.41%
水产品	51.55	−6.05%	32.02	−10.94%
肉与肉制品	20.10	−11.12%	8.58	−13.64%
保鲜和脱水蔬菜以及干豆	13.34	−8.28%	5.36	−5.67%
水果制品	8.69	−9.11%	1.26	−7.42%
食用谷物	7.24	18.50%	0.88	25.64%
坚果及籽类制品	6.76	−2.61%	2.10	−0.83%
粮食制品以及其他产品	6.68	10.22%	1.52	1.91%
乳品	5.89	−2.18%	1.78	−6.49%
饮料及冷冻饮品	5.61	2.27%	1.09	24.14%

12.5.5 出口泰国主要产品变化情况

2023 年，中国出口泰国的食品主要为水产品 21.77 万吨，同比下降 13.37%，谷物制粉工业产品和麦芽 15.74 万吨，同比增长 21.07%，糖类 12.92 万吨，同比增长 104.77%，保鲜和脱水蔬菜以及干豆 9.41 万吨，同比增长 4.91%，糖果、巧克力 6.93 万吨，同比增长 27.46%，干果 5.41 万吨，同比下降 17.44%，乳品 5.28 万吨，同比增长 10.48%，蔬菜及其制品 5.14 万吨，同比增长 22.62%，粮食制品以及其他产品 5.02 万吨，同比下降 16.75%，水果制品 1.79 万吨，同比下降 14.30%（表 12-13）。

表 12-13　2023 年中国出口泰国主要产品统计表

品类	重量（万吨）	重量同比	金额（亿美元）	金额同比
水产品	21.77	−13.37%	15.59	−21.03%
谷物制粉工业产品和麦芽	15.74	21.07%	1.11	47.34%
糖类	12.92	104.77%	0.73	88.76%
保鲜和脱水蔬菜以及干豆	9.41	4.91%	2.63	−20.66%
糖果、巧克力	6.93	27.46%	0.66	11.99%
干果	5.41	−17.44%	0.64	−32.42%

续表

品类	重量（万吨）	重量同比	金额（亿美元）	金额同比
乳品	5.28	10.48%	2.45	73.87%
蔬菜及其制品	5.14	22.62%	1.44	54.74%
粮食制品以及其他产品	5.02	−16.75%	0.98	12.90%
水果制品	1.79	−14.30%	0.21	−15.04%

12.5.6 出口马来西亚主要产品变化情况

2023 年，中国出口马来西亚的食品主要为水产品 17.45 万吨，同比下降 3.98%，保鲜和脱水蔬菜以及干豆 13.18 万吨，同比下降 0.16%，食用油脂和油料 8.07 万吨，同比下降 44.77%，糖果、巧克力 7.78 万吨，同比增长 20.57%，调味品 7.17 万吨，同比增长 47.09%，蔬菜及其制品 6.16 万吨，同比增长 13.20%，乳品 5.02 万吨，同比增长 0.71%，干果 4.96 万吨，同比下降 21.67%，糖类 4.61 万吨，同比增长 52.11%，粮食制品以及其他产品 3.93 万吨，同比下降 24.50%（表 12-14）。

表 12-14　2023 年中国出口马来西亚主要产品统计表

品类	重量（万吨）	重量同比	金额（亿美元）	金额同比
水产品	17.45	−3.98%	17.53	−6.93%
保鲜和脱水蔬菜以及干豆	13.18	−0.16%	3.11	−22.24%
食用油脂和油料	8.07	−44.77%	0.90	−60.01%
糖果、巧克力	7.78	20.57%	0.67	4.59%
调味品	7.17	47.09%	0.14	40.63%
蔬菜及其制品	6.16	13.20%	2.95	17.25%
乳品	5.02	0.71%	3.10	82.77%
干果	4.96	−21.67%	0.54	−32.49%
糖类	4.61	52.11%	0.27	27.00%
粮食制品以及其他产品	3.93	−24.50%	0.58	−5.15%

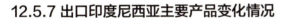

12.5.7 出口印度尼西亚主要产品变化情况

2023 年，中国出口印度尼西亚的食品主要为糖类 20.14 万吨，同比增长 151.75%，水产品 13.59 万吨，同比增长 23.39%，糖果、巧克力 13.29 万吨，同比增长 3.10%，食用油脂和油料 12.78 万吨，同比增长 199.74%，干果 8.54 万吨，同比增长 4.32%，乳品 7.07 万吨，同比增长 13.60%，粮食制品以及其他产品 4.48 万吨，同比下降 65.78%，坚果及籽类制品 4.32 万吨，同比下降 14.02%，蔬菜及其制品 2.55 万吨，同比增长 3.99%，保鲜和脱水蔬菜以及干豆 2.01 万吨，同比下降 9.12%（表 12–15）。

表 12–15　2023 年中国出口印度尼西亚主要产品统计表

品类	重量（万吨）	重量同比	金额（亿美元）	金额同比
糖类	20.14	151.75%	1.05	111.62%
水产品	13.59	23.39%	2.93	−1.91%
糖果、巧克力	13.29	3.10%	1.02	−4.56%
食用油脂和油料	12.78	199.74%	1.36	120.77%
干果	8.54	4.32%	0.94	−5.29%
乳品	7.07	13.60%	1.91	7.27%
粮食制品以及其他产品	4.48	−65.78%	0.60	−41.07%
坚果及籽类制品	4.32	−14.02%	0.88	−14.38%
蔬菜及其制品	2.55	3.99%	0.36	16.15%
保鲜和脱水蔬菜以及干豆	2.01	−9.12%	0.62	−12.89%

12.5.8 出口美国主要产品变化情况

2023 年，中国出口美国的食品主要为食用油脂和油料 83.79 万吨，同比增长 1517.43%，水产品 42.36 万吨，同比下降 9.62%，蔬菜及其制品 23.30 万吨，同比增长 15.04%，水果制品 20.23 万吨，同比下降 22.00%，保鲜和脱水蔬菜以及干豆 15.65 万吨，同比下降 7.60%，乳品 8.36 万吨，同比增长 0.48%，保健食品 8.11 万吨，同比增长 26.74%，饮料及冷冻饮品 8.02 万吨，同比下降 50.07%，粮食制品以及其他产品 7.78 万吨，同比下降 8.42%，糖类 5.67

万吨，同比增长 11.57%（表 12–16）。

表 12-16　2023 年中国出口美国主要产品统计表

品类	重量（万吨）	重量同比	金额（亿美元）	金额同比
食用油脂和油料	83.79	1517.43%	7.93	953.80%
水产品	42.36	−9.62%	21.71	−19.25%
蔬菜及其制品	23.30	15.04%	6.18	−0.64%
水果制品	20.23	−22.00%	2.73	−22.21%
保鲜和脱水蔬菜以及干豆	15.65	−7.60%	5.05	−7.71%
乳品	8.36	0.48%	4.90	−14.19%
保健食品	8.11	26.74%	5.11	0.86%
饮料及冷冻饮品	8.02	−50.07%	1.51	−32.30%
粮食制品以及其他产品	7.78	−8.42%	1.78	−0.67%
糖类	5.67	11.57%	0.80	10.81%

12.5.9 出口菲律宾主要产品变化情况

2023 年，中国出口菲律宾的食品主要为水产品 22.12 万吨，同比下降 6.19%，糖类 17.70 万吨，同比增长 6.50%，调味品 11.64 万吨，同比增长 6.64%，乳品 10.79 万吨，同比增长 30.78%，蔬菜及其制品 8.80 万吨，同比增长 13.25%，粮食制品以及其他产品 8.32 万吨，同比下降 29.97%，糖果、巧克力 7.79 万吨，同比增长 10.76%，干果 6.86 万吨，同比增长 30.24%，坚果及籽类制品 3.28 万吨，同比增长 12.34%，酒类 2.55 万吨，同比增长 732.35%（表 12–17）。

表 12-17　2023 年中国出口菲律宾主要产品统计表

品类	重量（万吨）	重量同比	金额（亿美元）	金额同比
水产品	22.12	−6.19%	7.99	−25.09%
糖类	17.70	6.50%	1.10	5.58%
调味品	11.64	6.64%	0.11	−16.02%
乳品	10.79	30.78%	1.67	9.25%

品类	重量（万吨）	重量同比	金额（亿美元）	金额同比
蔬菜及其制品	8.80	13.25%	1.15	37.46%
粮食制品以及其他产品	8.32	−29.97%	1.07	−0.83%
糖果、巧克力	7.79	10.76%	0.77	−10.06%
干果	6.86	30.24%	0.63	10.71%
坚果及籽类制品	3.28	12.34%	0.68	10.14%
酒类	2.55	732.35%	0.36	97.18%

12.5.10 出口俄罗斯主要产品变化情况

2023 年，中国出口俄罗斯的食品主要为蔬菜及其制品 13.74 万吨，同比增长 9.06%，干果 7.08 万吨，同比增长 231.71%，水产品 6.43 万吨，同比增长 7.81%，保健食品 5.61 万吨，同比增长 333.76%，粮食制品以及其他产品 5.15 万吨，同比下降 17.68%，乳品 4.46 万吨，同比增长 10.46%，保鲜和脱水蔬菜以及干豆 2.83 万吨，同比增长 22.59%，食用谷物 2.47 万吨，同比增长 57.42%，糖类 2.42 万吨，同比增长 16.78%，酒类 2.17 万吨，同比增长 89.71%（表 12–18）。

表 12–18　2023 年中国出口俄罗斯主要产品统计表

品类	重量（万吨）	重量同比	金额（亿美元）	金额同比
蔬菜及其制品	13.74	9.06%	2.32	−0.75%
干果	7.08	231.71%	0.68	115.86%
水产品	6.43	7.81%	3.06	−15.05%
保健食品	5.61	333.76%	0.57	88.08%
粮食制品以及其他产品	5.15	−17.68%	1.05	−12.21%
乳品	4.46	10.46%	1.26	2.34%
保鲜和脱水蔬菜以及干豆	2.83	22.59%	0.74	19.02%
食用谷物	2.47	57.42%	0.13	44.68%
糖类	2.42	16.78%	0.27	30.75%
酒类	2.17	89.71%	0.22	71.69%

12.6 主要国家（地区）进口食品情况

12.6.1 进口巴西主要产品变化情况

2023 年，中国进口巴西的食品主要为糖类 335.19 万吨，同比下降 19.78%，肉与肉制品 229.52 万吨，同比增长 8.82%，食用油脂和油料 17.06 万吨，同比下降 36.29%，饮料及冷冻饮品 7.92 万吨，同比增长 0.42%，水产品 0.57 万吨，同比下降 14.32%（表 12-19）。

表 12-19　2023 年中国进口巴西主要产品统计表

品类	重量（万吨）	重量同比	金额（亿美元）	金额同比
糖类	335.19	−19.78%	19.18	−3.22%
肉与肉制品	229.52	8.82%	90.29	−11.07%
食用油脂和油料	17.06	−36.29%	2.63	−39.50%
饮料及冷冻饮品	7.92	0.42%	1.36	35.04%
水产品	0.57	−14.32%	0.37	−15.56%

12.6.2 进口美国主要产品变化情况

2023 年，中国进口美国的食品主要为肉与肉制品 90.50 万吨，同比下降 8.77%，乳品 37.84 万吨，同比下降 2.62%，水产品 29.31 万吨，同比增长 3.13%，坚果与籽类 15.87 万吨，同比增长 33.28%，糖类 13.71 万吨，同比增长 32.81%，粮食制品以及其他产品 5.69 万吨，同比下降 0.58%，坚果及籽类制品 2.80 万吨，同比下降 25.19%，酒类 1.67 万吨，同比增长 0.31%（表 12-20）。

表 12-20　2023 年中国进口美国主要产品统计表

品类	重量（万吨）	重量同比	金额（亿美元）	金额同比
肉与肉制品	90.50	−8.77%	37.55	−16.26%
乳品	37.84	−2.62%	17.31	−8.03%
水产品	29.31	3.13%	11.83	2.15%
坚果与籽类	15.87	33.28%	7.30	37.14%

续表

品类	重量（万吨）	重量同比	金额（亿美元）	金额同比
糖类	13.71	32.81%	1.31	−4.00%
粮食制品以及其他产品	5.69	−0.58%	1.15	10.47%
坚果及籽类制品	2.80	−25.19%	2.18	−25.26%
酒类	1.67	0.31%	0.95	7.63%

12.6.3 进口加拿大主要产品变化情况

2023 年，中国进口加拿大的食品主要为肉与肉制品 24.55 万吨，同比增长 44.40%，食用油脂和油料 12.20 万吨，同比下降 46.39%，水产品 11.64 万吨，同比增长 12.59%，乳品 0.74 万吨，同比下降 18.41%，粮食制品以及其他产品 0.51 万吨，同比增长 171.80%（表 12−21）。

表 12−21　2023 年中国进口加拿大主要产品统计表

品类	重量（万吨）	重量同比	金额（亿美元）	金额同比
肉与肉制品	24.55	44.40%	5.12	43.47%
食用油脂和油料	12.20	−46.39%	1.59	−58.54%
水产品	11.64	12.59%	13.41	9.31%
乳品	0.74	−18.41%	1.85	−0.11%
粮食制品以及其他产品	0.51	171.80%	0.03	−22.64%

12.6.4 进口澳大利亚主要产品变化情况

2023 年，中国进口澳大利亚的食品主要为肉与肉制品 43.86 万吨，同比增长 23.74%，乳品 21.68 万吨，同比下降 23.05%，坚果与籽类 6.53 万吨，同比下降 16.98%，粮食制品以及其他产品 3.84 万吨，同比下降 12.40%，食用油脂和油料 3.25 万吨，同比增长 239.05%，水产品 1.92 万吨，同比增长 4.58%，饮料及冷冻饮品 0.63 万吨，同比增长 55.18%，糖果、巧克力 0.61 万吨，同比下降 31.27%，糖类 0.59 万吨，同比增长 138.89%，保健食品 0.40 万吨，同比增长 11.96%（表 12−22）。

表 12-22　2023 年中国进口澳大利亚主要产品统计表

品类	重量（万吨）	重量同比	金额（亿美元）	金额同比
肉与肉制品	43.86	23.74%	24.45	0.11%
乳品	21.68	−23.05%	18.41	1.33%
坚果与籽类	6.53	−16.98%	2.58	−32.78%
粮食制品以及其他产品	3.84	−12.40%	0.29	−13.39%
食用油脂和油料	3.25	239.05%	1.29	9.11%
水产品	1.92	4.58%	2.82	10.47%
饮料及冷冻饮品	0.63	55.18%	0.07	35.90%
糖果、巧克力	0.61	−31.27%	0.17	−39.13%
糖类	0.59	138.89%	0.05	52.81%
保健食品	0.40	11.96%	0.88	27.44%

12.6.5 进口泰国主要产品变化情况

2023 年，中国进口泰国的食品主要为粮食制品以及其他产品 217.14 万吨，同比下降 20.49%，糖类 175.42 万吨，同比增长 47.05%，饮料及冷冻饮品 23.51 万吨，同比增长 89.27%，肉与肉制品 12.09 万吨，同比增长 39.17%，乳品 9.96 万吨，同比下降 2.16%，水产品 8.44 万吨，同比增长 13.10%，保健食品 2.26 万吨，同比下降 43.29%，坚果及籽类制品 1.07 万吨，同比增长 42.73%，食用油脂和油料 0.61 万吨，同比下降 6.93%，糖果、巧克力 0.60 万吨，同比下降 69.12%（表 12-23）。

表 12-23　2023 年中国进口泰国主要产品统计表

品类	重量（万吨）	重量同比	金额（亿美元）	金额同比
粮食制品以及其他产品	217.14	−20.49%	12.62	−18.46%
糖类	175.42	47.05%	9.40	62.83%
饮料及冷冻饮品	23.51	89.27%	2.39	84.59%
肉与肉制品	12.09	39.17%	5.25	34.77%
乳品	9.96	−2.16%	2.66	6.56%

续表

品类	重量（万吨）	重量同比	金额（亿美元）	金额同比
水产品	8.44	13.10%	5.22	9.42%
保健食品	2.26	−43.29%	0.35	−19.51%
坚果及籽类制品	1.07	42.73%	0.55	47.85%
食用油脂和油料	0.61	−6.93%	0.09	−18.77%
糖果、巧克力	0.60	−69.12%	0.06	−59.25%

12.6.6 进口俄罗斯主要产品变化情况

2023 年，中国进口俄罗斯的食品主要为食用油脂和油料 227.45 万吨，同比增长 169.57%，水产品 127.69 万吨，同比增长 36.11%，肉与肉制品 15.79 万吨，同比下降 0.29%，谷物制粉工业产品和麦芽 14.87 万吨，同比增长 378.53%，酒类 3.01 万吨，同比下降 1.91%，糖果、巧克力 2.26 万吨，同比增长 69.94%，调味品 1.29 万吨，同比增长 229.23%，乳品 1.25 万吨，同比增长 72.93%，粮食制品以及其他产品 1.08 万吨，同比增长 333.04%，坚果与籽类 0.80 万吨，同比下降 63.40%（表 12–24）。

表 12–24　2023 年中国进口俄罗斯主要产品统计表

品类	重量（万吨）	重量同比	金额（亿美元）	金额同比
食用油脂和油料	227.45	169.57%	25.76	99.40%
水产品	127.69	36.11%	29.02	4.98%
肉与肉制品	15.79	−0.29%	5.84	4.51%
谷物制粉工业产品和麦芽	14.87	378.53%	0.58	334.69%
酒类	3.01	−1.91%	0.25	−10.82%
糖果、巧克力	2.26	69.94%	0.55	40.92%
调味品	1.29	229.23%	0.06	122.29%
乳品	1.25	72.93%	0.22	45.22%
粮食制品以及其他产品	1.08	333.04%	0.07	184.00%
坚果与籽类	0.80	−63.40%	0.77	−57.07%

12.6.7 进口印度尼西亚主要产品变化情况

2023 年，中国进口印度尼西亚的食品主要为食用油脂和油料 675.33 万吨，同比增长 25.05%，水产品 38.66 万吨，同比增长 4.62%，粮食制品以及其他产品 11.85 万吨，同比增长 423.74%，饼干、糕点、面包 5.01 万吨，同比下降 2.87%，饮料及冷冻饮品 4.45 万吨，同比增长 25.31%，经烘焙的咖啡豆、可可豆及其制品 3.81 万吨，同比增长 12.27%，保鲜和脱水蔬菜以及干豆 2.78 万吨，同比增长 90.58%，糖类 1.77 万吨，同比增长 329.75%，特殊膳食食品 1.75 万吨，同比下降 2.95%，乳品 1.11 万吨，同比下降 25.81%（表 12-25）。

表 12-25 2023 年中国进口印度尼西亚主要产品统计表

品类	重量（万吨）	重量同比	金额（亿美元）	金额同比
食用油脂和油料	675.33	25.05%	62.08	-8.83%
水产品	38.66	4.62%	10.99	0.73%
粮食制品以及其他产品	11.85	423.74%	0.96	174.13%
饼干、糕点、面包	5.01	-2.87%	1.32	-3.44%
饮料及冷冻饮品	4.45	25.31%	0.79	24.05%
经烘焙的咖啡豆、可可豆及其制品	3.81	12.27%	1.60	18.08%
保鲜和脱水蔬菜以及干豆	2.78	90.58%	0.71	74.02%
糖类	1.77	329.75%	0.12	382.38%
特殊膳食食品	1.75	-2.95%	0.77	-3.92%
乳品	1.11	-25.81%	0.42	-18.03%

12.6.8 进口乌克兰主要产品变化情况

2023 年，中国进口乌克兰的食品主要为食用油脂和油料 71.67 万吨，同比增长 112.23%，肉与肉制品 1.08 万吨，同比增长 6.71%，乳品 0.93 万吨，同比增长 224.58%，酒类 0.81 万吨，同比增长 15.71%，粮食制品以及其他产品 0.39 万吨，同比下降 22.31%（表 12-26）。

表 12-26 2023 年中国进口乌克兰主要产品统计表

品类	重量（万吨）	重量同比	金额（亿美元）	金额同比
食用油脂和油料	71.67	112.23%	8.40	86.02%
肉与肉制品	1.08	6.71%	0.47	−16.72%
乳品	0.93	224.58%	0.18	199.77%
酒类	0.81	15.71%	0.04	−15.42%
粮食制品以及其他产品	0.39	−22.31%	0.05	14.62%

12.6.9 进口阿根廷主要产品变化情况

2023 年，中国进口阿根廷的食品主要为肉与肉制品 56.46 万吨，同比下降 1.25%，食用油脂和油料 20.46 万吨，同比增长 40.11%，水产品 5.64 万吨，同比增长 29.56%，乳品 2.28 万吨，同比下降 6.91%，饮料及冷冻饮品 0.34 万吨，同比下降 5.64%（表 12-27）。

表 12-27 2023 年中国进口阿根廷主要产品统计表

品类	重量（万吨）	重量同比	金额（亿美元）	金额同比
肉与肉制品	56.46	−1.25%	22.81	−22.53%
食用油脂和油料	20.46	40.11%	2.60	18.57%
水产品	5.64	29.56%	3.13	39.58%
乳品	2.28	−6.91%	0.48	−27.13%
饮料及冷冻饮品	0.34	−5.64%	0.06	2.00%

12.6.10 进口越南主要产品变化情况

2023 年，中国进口越南的食品主要为粮食制品以及其他产品 120.53 万吨，同比下降 32.92%，水产品 30.88 万吨，同比下降 33.12%，饮料及冷冻饮品 12.28 万吨，同比增长 46.16%，糖类 10.73 万吨，同比增长 10.25%，乳品 5.11 万吨，同比下降 5.11%，坚果与籽类 4.65 万吨，同比增长 8.78%，坚果及籽类制品 2.46 万吨，同比增长 0.36%，经烘焙的咖啡豆、可可豆及其制品 1.63 万吨，同比增长 1.91%，调味料 1.47 万吨，同比增长 42.60%，蔬菜及其制品 0.93 万吨，同比增长 28.32%（表 12-28）。

表 12-28　2023 年中国进口越南主要产品统计表

品类	重量（万吨）	重量同比	金额（亿美元）	金额同比
粮食制品以及其他产品	120.53	−32.92%	6.28	−32.12%
水产品	30.88	−33.12%	7.97	−52.62%
饮料及冷冻饮品	12.28	46.16%	1.45	22.54%
糖类	10.73	10.25%	0.74	27.34%
乳品	5.11	−5.11%	0.69	1.90%
坚果与籽类	4.65	8.78%	2.33	−2.37%
坚果及籽类制品	2.46	0.36%	2.21	8.28%
经烘焙的咖啡豆、可可豆及其制品	1.63	1.91%	1.00	5.98%
调味料	1.47	42.60%	0.10	−8.67%
蔬菜及其制品	0.93	28.32%	0.16	12.25%

12.7 主要国家（地区）或组织通报中国出口食品不合格情况

12.7.1 美国对中国预警

2019 年 11 月 1 日至 2024 年 10 月 31 日，美国通报的中国出口不合格食品共计 5218 批次。其中，蔬菜及其制品和焙烤食品占较大比重。美国通报的中国出口不合格食品品类批次数量见图 12-3。

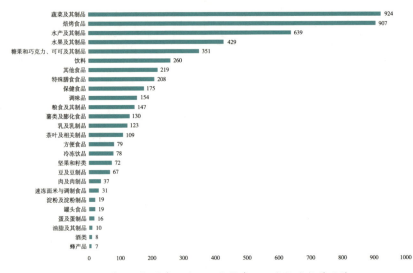

图 12-3　美国通报的中国出口不合格食品品类批次数量统计

　　美国通报的中国出口不合格食品主要不合格原因是产品标签标识不规范，详细不合格原因见图 12-4。(不合格批次少于 10 的归为其他)

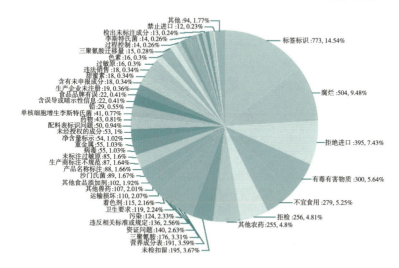

图 12-4　美国通报的中国出口食品不合格原因数量及占比

12.7.2 加拿大对中国预警

　　2019 年 11 月 1 日至 2024 年 10 月 31 日，加拿大通报的中国出口不合格食品共计 143 批次。其中，肉及肉制品占较大比重。加拿大通报的中国出口不合格食品品类批次数量见图 12-5。

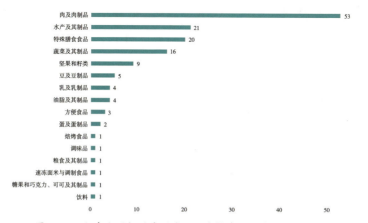

图 12-5　加拿大通报的中国出口不合格食品品类批次数量统计

　　加拿大通报的中国出口不合格食品主要不合格原因是单核细胞增生李斯特氏菌超标，详细不合格原因见图 12-6。

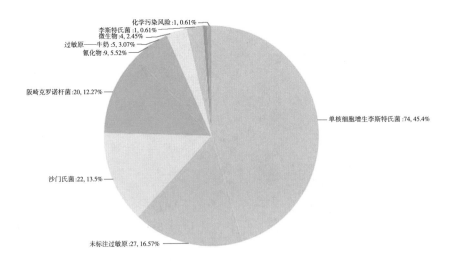

图 12-6　加拿大通报的中国出口食品不合格原因数量及占比

12.7.3 欧盟对中国预警

　　2019 年 11 月 1 日至 2024 年 10 月 31 日，欧盟通报的中国出口不合格食品共计 812 批次。其中，水产及其制品和茶叶及相关制品占较大比重。欧盟通报的中国出口不合格食品品类批次数量见图 12-7。

　　欧盟通报的中国出口不合格食品主要不合格原因是产品检出未经授权的成分、毒死蜱残留超标，详细不合格原因见图 12-8。（不合格批次少于 10 的归为其他）

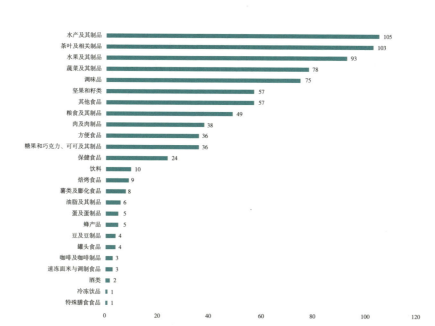

图 12-7　欧盟通报的中国出口不合格食品品类批次数量统计

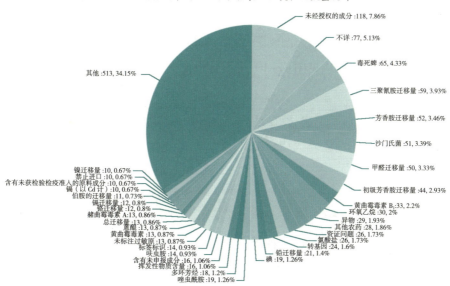

图 12-8　欧盟通报的中国出口食品不合格原因数量及占比

12.7.4 澳大利亚对中国预警

2019 年 11 月 1 日至 2024 年 10 月 31 日，澳大利亚通报的中国出口不合格食品共计 286 批次。其中，水果及其制品和水产及其制品占较大比重。澳大利亚通报的中国出口不合格食品品类批次数量见图 12-9。

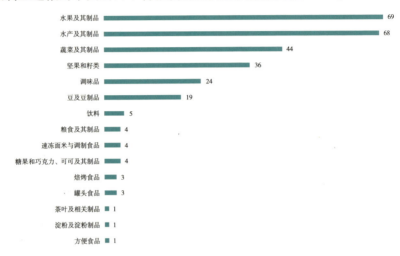

图 12-9　澳大利亚通报的中国出口不合格食品品类批次数量统计

澳大利亚通报的中国出口不合格食品主要不合格原因是黄曲霉毒素超标，详细不合格原因见图 12-10。（不合格批次少于 2 的归为其他）

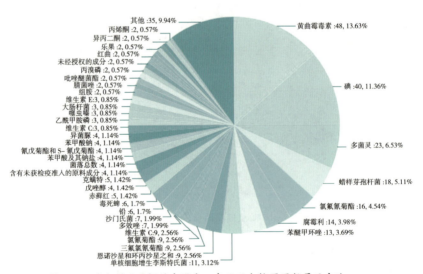

图 12-10 澳大利亚通报的中国出口食品不合格原因数量及占比

第十三章

Chapter 13

技术性贸易措施对中国进出口食品的影响及治理展望

13.1 2023 年食品技术性贸易措施通报情况

13.1.1 WTO 成员通报情况

1. 通报数量

2023 年，有 65 个 WTO 成员向 WTO 提交了 1994 件 SPS 通报，比上一年通报数量（2175 件）减少了 8.32%。SPS 通报数量排在前十一位的成员分别是：巴西（195 件），日本（164 件），加拿大（134 件），欧盟（125 件），泰国（105 件），坦桑尼亚（98 件），美国（98 件），乌干达（96 件），新西兰（75 件），智利（66 件），肯尼亚（66 件）。前十一位成员通报数量（1222 件）占通报总数的 61.28%（图 13-1 和表 13-1）。

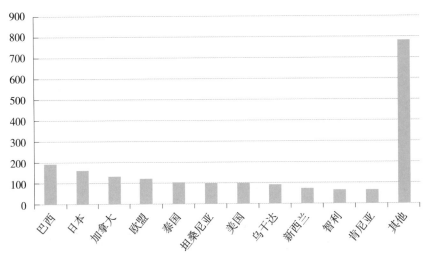

图 13-1 2023 年 WTO 各成员 SPS 通报情况

表 13-1 2023 年 WTO 各成员 SPS 通报详细情况

序号	成员	通报总数	占 2023 年 SPS 通报总数比例	常规通报		紧急通报		起始号码	截止号码
				件数	比例	件数	比例		
1	巴 西	195	9.78%	113	57.95%	0	—	2124	2235
2	日 本	164	8.22%	71	43.29%	15	9.15%	1165	1249
3	加拿大	134	6.72%	73	54.48%	0	—	1469	1541
4	欧 盟	125	6.27%	98	78.40%	2	1.60%	607	706
5	泰 国	105	5.27%	4	3.81%	95	90.48%	603	701
6	坦桑尼亚	98	4.91%	88	89.80%	0	—	230	317
7	美 国	98	4.91%	77	78.57%	0	—	3361	3437
8	乌干达	96	4.81%	70	72.92%	0	—	232	301
9	新西兰	75	3.76%	53	70.67%	0	—	707	759
10	智 利	66	3.31%	43	65.15%	1	1.52%	739	780
11	肯尼亚	66	3.31%	58	87.88%	0	—	192	249
12	布隆迪	55	2.76%	47	85.45%	0	—	36	82
13	卢旺达	55	2.76%	47	85.45%	0	—	29	75

续表

序号	成员	通报总数	占 2023 年SPS 通报总数比例	常规通报		紧急通报		起始号码	截止号码
				件数	比例	件数	比例		
14	中国台北	44	2.21%	21	47.73%	0	—	601	621
15	沙特阿拉伯	44	2.21%	2	4.55%	29	65.91%	490	521
16	哈萨克斯坦	41	2.06%	0	—	36	87.80%	120	155
17	乌克兰	39	1.96%	26	66.67%	0	—	194	216
18	秘鲁	37	1.86%	26	70.27%	1	2.70%	1001	1027
19	中国	35	1.76%	31	88.57%	1	2.86%	1263	1294
20	英国	34	1.71%	26	76.47%	1	2.94%	24	50
21	厄瓜多尔	34	1.71%	34	100%	0	—	289	322
22	墨西哥	33	1.65%	21	63.64%	0	—	417	437
23	韩国	33	1.65%	23	69.70%	0	—	768	790
24	澳大利亚	33	1.65%	24	72.73%	0	—	558	581
25	摩洛哥	25	1.25%	9	36%	3	12.00%	94	105
26	土耳其	23	1.15%	6	26.09%	2	8.70%	131	137
27	俄罗斯	22	1.10%	7	31.82%	14	63.64%	257	277
28	菲律宾	18	0.90%	1	5.56%	11	61.11%	517	528
29	乌拉圭	16	0.80%	16	100%	0	—	67	81
30	瑞士	15	0.75%	11	73.33%	0	—	89	99
31	印度	12	0.60%	12	100%	0	—	289	300
32	哥伦比亚	10	0.50%	8	80%	0	—	343	350
33	亚美尼亚	9	0.45%	9	100%	0	—	43	51
34	阿根廷	8	0.40%	6	75%	1	12.50%	261	267
35	孟加拉国	7	0.35%	7	100%	0	—	1	7
36	洪都拉斯	6	0.30%	3	50%	0	—	64	66
37	哥斯达黎加	6	0.30%	5	83.33%	0	—	252	256
38	阿尔巴尼亚	6	0.30%	4	66.67%	0	—	202	205
39	新加坡	5	0.25%	3	60%	0	—	82	84

续表

序号	成员	通报总数	占 2023 年 SPS 通报总数比例	常规通报		紧急通报		起始号码	截止号码
				件数	比例	件数	比例		
40	萨尔瓦多	5	0.25%	2	40%	1	20%	145	147
41	科威特	5	0.25%	0	—	3	60%	133	135
42	中国香港	4	0.20%	1	25%	1	25%	48	49
43	越 南	4	0.20%	4	100%	0	—	148	151
44	尼泊尔	4	0.20%	4	100%	0	—	39	42
45	尼加拉瓜	4	0.20%	3	75%	0	—	123	125
46	吉尔吉斯斯坦	4	0.20%	4	100%	0	—	27	30
47	印度尼西亚	3	0.15%	3	100%	0	—	145	147
48	南 非	3	0.15%	3	100%	0	—	79	81
49	马来西亚	3	0.15%	3	100%	0	—	55	57
50	冈比亚	3	0.15%	3	100%	0	—	4	6
51	巴拿马	3	0.15%	3	100%	0	—	73	75
52	巴拉圭	3	0.15%	3	100%	0	—	34	36
53	中国澳门	2	0.10%	1	50%	1	50%	26	27
54	约 旦	2	0.10%	2	100%	0	—	43	44
55	西班牙	2	0.10%	2	100%	0	—	10	11
56	瓦努阿图	2	0.10%	2	100%	0	—	1	2
57	法 国	2	0.10%	0	—	1	50%	19	19
58	埃 及	2	0.10%	0	—	0	—	—	—
59	危地马拉	1	0.05%	1	100%	0	—	75	75
60	摩尔多瓦	1	0.05%	0	—	1	100%	20	20
61	毛里求斯	1	0.05%	1	100%	0	—	19	19
62	格鲁吉亚	1	0.05%	1	100%	0	—	29	29
63	丹 麦	1	0.05%	0	—	0	—	—	—
64	玻利维亚	1	0.05%	1	100%	0	—	20	20
65	北马其顿	1	0.05%	1	100%	0	—	20	20

2. 通报类型

2023 年向 WTO 提交的 1994 件 SPS 通报中，常规通报 1231 件，约占通报总数的 61.74%；紧急通报 220 件，约占通报总数的 11.03%；补遗通报 509 件，约占通报总数的 25.53%；勘误通报 33 件，约占通报总数的 1.65%；等效性认可通报 1 件，约占通报总数的 0.05%（图 13-2）。

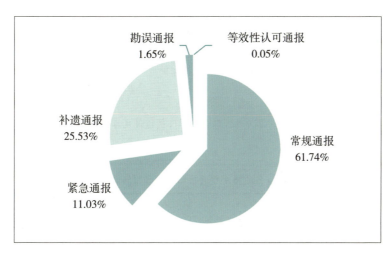

图 13-2　2023 年 WTO 各成员 SPS 通报类型比例

3. 通报领域

2023 年 WTO 各成员 SPS 通报中，就常规通报和紧急通报在 SPS 各领域的分布情况而言，涉及食品安全的通报数量最多，有 964 件；涉及动物健康的通报有 435 件；涉及植物保护的有 358 件；涉及保护人类免受动 / 植物有害生物危害的有 182 件；涉及保护国家免受有害生物的其他危害的有 123 件（图 13-3 和表 13-2）。

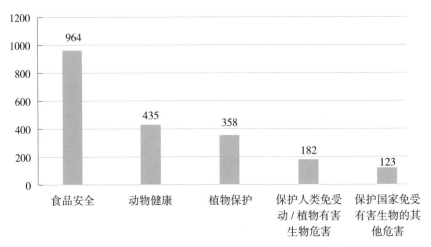

图 13-3　2023 年 WTO 各成员 SPS 通报涉及各领域的数量

表 13-2　2023 年 WTO 各成员常规通报和紧急通报涉及各领域的数量和比例

序号	通报成员	食品安全		动物健康		植物保护		保护人类免受动/植物有害生物危害		保护国家免受有害生物的其他危害	
		件数	比例	件数	比例	件数	比例	件数	比例	件数	比例
1	阿根廷	0	—	0	—	6	85.71%	0	—	1	14.29%
2	阿尔巴尼亚	0	—	4	100%	0	—	0	—	0	—
3	澳大利亚	7	29.17%	12	50%	5	20.83%	1	4.17%	3	12.5%
4	巴西	63	55.75%	11	9.73%	37	32.74%	7	6.19%	33	29.20%
5	巴拿马	3	100%	0	—	0	—	3	100%	0	—
6	巴拉圭	3	100%	0	—	0	—	0	—	0	—
7	北马其顿	1	100%	0	—	0	—	0	—	0	—
8	玻利维亚	1	100%	0	—	0	—	0	—	0	—
9	布隆迪	46	97.87%	21	44.68%	16	34.04%	12	25.53%	1	2.13%
10	俄罗斯	5	23.81%	9	42.86%	9	42.86%	4	19.05%	6	28.57%
11	厄瓜多尔	1	2.94%	—	—	33	97.06%	0	—	0	—
12	冈比亚	3	100%	0	—	0	—	0	—	0	—

续表

序号	通报成员	食品安全		动物健康		植物保护		保护人类免受动/植物有害生物危害		保护国家免受有害生物的其他危害	
		件数	比例	件数	比例	件数	比例	件数	比例	件数	比例
13	法 国	1	100%	0	—	0	—	0	—	0	—
14	菲律宾	2	16.67%	12	100%	1	8.33%	1	8.33%	1	8.33%
15	哥伦比亚	5	62.5%	2	25%	5	62.5%	5	62.5%	4	50%
16	哥斯达黎加	1	20%	0	20%	4	80%	0	—	4	80%
17	格鲁吉亚	1	100%	0	—	0	—	0	—	0	—
18	哈萨克斯坦	36	100%	36	100%	0	—	36	100%	0	—
19	韩 国	21	91.30%	1	13.04%	1	—	0	—	0	—
20	洪都拉斯	2	66.67%	0	—	1	33.33%	0	—	0	—
21	卢旺达	46	97.87%	21	44.68%	16	34.04%	12	25.53%	1	2.13%
22	加拿大	68	93.15%	1	1.37%	4	5.48%	1	1.37%	3	4.11%
23	吉尔吉斯斯坦	0	–	3	75%	1	25%	0	—	0	—
24	科威特	3	100%	3	100%	0	—	3	100%	—	—
25	肯尼亚	57	98.28%	21	36.21%	16	27.59%	12	20.69%	1	1.72%
26	马来西亚	3	100%	0	—	0	—	0	—	0	—
27	毛里求斯	1	100%	0	—	0	—	0	—	0	—
28	孟加拉国	7	100%	0	—	0	—	0	—	0	—
29	美 国	75	97.40%	1	1.30%	1	1.30%	0	—	0	—
30	秘 鲁	2	7.40%	10	37.04%	16	59.26%	1	3.70%	0	—
31	摩尔多瓦	1	100%	0	—	0	—	0	—	0	—
32	摩洛哥	9	75%	6	50%	2	16.67%	2	16.67%	3	25%
33	墨西哥	18	85.71%	4	19.05%	20	95.24%	19	90.47%	12	57.14%
34	南 非	2	66.67%	0	—	1	33.33%	0	—	0	—
35	尼加拉瓜	2	66.67%	0	—	0	—		100%	1	33.33%
36	欧 盟	91	91%	23	23%	13	13%	8	8%	11	11%
37	尼泊尔	3	75%	0	—	1	25%	1	25%	0	—
38	日 本	68	79.07%	15	17.44%	6	6.98%	0	—	1	1.17%
39	瑞 士	7	63.64%	2	18.18%	3	27.27%	0	—	1	9.09%

序号	通报成员	食品安全		动物健康		植物保护		保护人类免受动/植物有害生物危害		保护国家免受有害生物的其他危害	
		件数	比例	件数	比例	件数	比例	件数	比例	件数	比例
40	萨尔瓦多	1	50%	0	—	1	50%	1	50%	0	—
41	沙特阿拉伯	15	48.39%	24	77.42%	0	—	0	—	0	—
42	中国台北	16	76.19%	5	23.81%	1	4.76%	2	9.52%	2	9.52%
43	泰国	3	3.03%	95	95.96%	1	1.01%	0	—	0	—
44	坦桑尼亚	87	90.63%	21	24.14%	16	16.67%	12	12.5%	1	1.04%
45	土耳其	4	50%	3	37.5%	1	12.5%	3	37.5%	3	37.5%
46	瓦努阿图	2	100%	1	50%	0	—	0	—	0	—
47	危地马拉	1	100%	0	—	0	—	0	—	0	—
48	乌干达	68	97.14%	23	32.86%	17	24.29%	13	18.57%	1	1.43%
49	乌拉圭	1	6.25%	1	6.25%	14	87.5%	0	—	0	—
50	乌克兰	20	76.92%	7	26.92%	3	11.54%	7	26.92%	1	3.85%
51	西班牙	1	50%	1	50%	1	50%	0	—	0	—
52	新加坡	2	66.67%	1	12.5%	0	—	0	—	0	—
53	新西兰	7	13.21%	5	9.43%	40	75.47%	3	5.66%	7	13.21%
54	亚美尼亚	2	22.22%	6	66.67%	1	11.11%	0	—	0	—
55	印度	4	33.33%	0	—	5	41.67%	8	66.67%	8	66.67%
56	印度尼西亚	3	100%	3	100%	2	66.67%	2	66.67%	1	33.33%
57	越南	2	50%	1	25%	2	50%	0	—	0	—
58	约旦	1	50%	0	—	1	50%	0	—	0	—
59	英国	24	88.89%	4	14.81%	5	18.52%	2	7.41%	4	14.81%
60	智利	1	2.27%	16	36.36%	27	61.36%	1	2.27%	6	13.64%
61	中国	30	93.75%	0	—	2	6.25%	0	—	2	6.25%
62	中国香港	2	100%	0	—	0	—	0	—	0	—
63	中国澳门	2	100%	0	—	0	—	0	—	0	—

注：此表为复选，故各类件数为累计数量。

比例为各"目标与理由"占各成员常规通报和紧急通报总数的比例。

4. 通报热点

2023 年 WTO 各成员 SPS 通报中，通过对常规通报（包括修订）中"涉及产品"和"内容摘要"栏目分析发现，2023 年 WTO 各成员的通报措施较多的类别如下：

（1）在涉及食品安全领域的通报中，通报数量较多的措施是农药登记、农兽药残留限量，而且发达国家（地区）或组织成员发布较多，主要有日本、美国、加拿大、澳大利亚、欧盟、英国等；其次是有关批准食品添加剂及其使用标准，发布较多的成员有加拿大、欧盟、日本、美国、韩国、中国等；再次是食品产品标准，发展中国家（地区）或组织成员发布较多，主要有坦桑尼亚、肯尼亚、乌干达等。

（2）在涉及动物健康领域的通报中，通报数量较多的措施是批准 / 禁用饲料和饲料添加剂，主要成员有欧盟、英国、日本、智利、泰国等；其次是活动物及动物产品进口要求、动物疫病防控措施等，发布较多的成员有澳大利亚、巴西、哥伦比亚、智利、韩国、新加坡等。

（3）在涉及植物保护领域的通报中，通报数量较多的措施是植物繁殖材料、植物产品等的进口要求，植物疫病及有害生物防控，以及植物卫生证书要求等。发布较多的成员有新西兰、秘鲁、厄瓜多尔、巴西、哥伦比亚、智利、墨西哥、加拿大、印度尼西亚、俄罗斯等。

5. 通报措施与国际标准的关系

为了 WTO 各成员更好地履行透明度义务，自 2008 年 12 月 1 日起，SPS 委员会鼓励各成员除了必须通报与国际标准不同的措施外，也尽量通报其新制定、修订的与国际标准一致的措施。从 2023 年常规通报和紧急通报与国际标准的关系看，通报措施有相关国际标准的有 757 件，无相关国际标准的有 694 件。在有相关国际标准的通报中，表示其通报措施与国际标准一致的有 637 件，与国际标准不一致的有 120 件（图 13-4）。

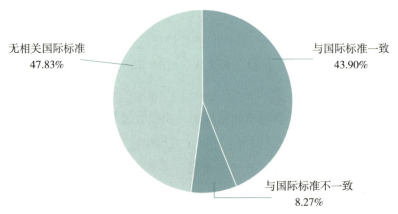

图 13-4 2023 年通报措施与国际标准的关系

6. 通报评议期

2023 年，在 WTO 各成员所发布的常规通报（包括修订）中，有 837 件留出了至少 60 天的评议期，占常规通报总量的 67.99%；有 232 件通报的评议期表述为"不适用"，占常规通报总量的 18.85%；有 162 件通报的评议期不足 60 天，占常规通报总量的 13.16%（图 13-5）。俄罗斯、东非共同体部分国家、墨西哥、摩洛哥、泰国、印度、中国、马来西亚、越南等成员提供 60 天评议期的通报达到了 100%。WTO 各成员评议期执行情况详见表 13-3。

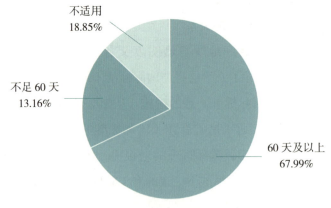

图 13-5 2023 年常规通报评议期情况

表 13-3 2023 年 WTO 各成员常规通报评议期执行情况

序号	成员	≤0 天		1~15 天		16~30 天		31~45 天		46~59 天		≥60 天		不适用	
		件数	比例	件数	比例	件数	比例	件数	比例	件数	比例	件数	比例	件数	比例
1	阿根廷	0	—	0	—	0	—	0	—	0	—	0	—	6	100%
2	阿尔巴尼亚	0	—	0	—	0	—	0	—	0	—	0	—	4	100%
3	澳大利亚	0	—	1	4.17%	1	4.17%	1	4.17%	2	8.33%	12	50%	7	29.16%
4	巴西	0	—	2	1.77%	1	0.88%	14	12.39%	30	26.55%	36	31.86%	30	26.55%
5	巴拿马	0	—	0	—	0	—	0	—	0	—	3	100%	0	—
6	巴拉圭	0	—	0	—	3	100%	0	—	0	—	0	—	0	—
7	北马其顿	1	100%	0	—	0	—	0	—	0	—	0	—	0	—
8	玻利维亚	0	—	0	—	0	—	0	—	0	—	0	—	1	100%
9	布隆迪	0	—	0	—	0	—	0	—	0	—	47	100%	0	—
10	俄罗斯	0	—	0	—	0	—	0	—	0	—	7	100%	0	—
11	厄瓜多尔	3	8.82%	1	2.94%	1	2.94%	2	5.89%	0	—	24	70.59%	3	8.82%
12	哥伦比亚	0	—	0	—	0	—	0	—	0	—	8	100%	0	—
13	哥斯达黎加	0	—	0	—	0	—	0	—	0	—	2	40%	3	60%
14	菲律宾	0	—	0	—	0	—	0	—	0	—	0	—	1	100%
15	韩国	0	—	0	—	0	—	0	—	0	—	23	100%	0	—
16	洪都拉斯	0	—	0	—	0	—	0	—	0	—	3	100%	0	—
17	格鲁吉亚	0	—	0	—	1	100%	0	—	0	—	0	—	0	—
18	冈比亚	0	—	0	—	0	—	0	—	0	—	3	100%	0	—
19	卢旺达	0	—	0	—	0	—	0	—	0	—	47	100%	0	—

续表

序号	成员	≤0 天		1~15 天		16~30 天		31~45 天		46~59 天		≥60 天		不适用	
		件数	比例	件数	比例	件数	比例	件数	比例	件数	比例	件数	比例	件数	比例
20	加拿大	0	—	0	—	0	—	1	1.37%	8	10.96%	64	87.67%	0	—
21	吉尔吉斯斯坦	0	—	0	—	0	—	0	—	0	—	4	100%	0	—
22	肯尼亚	0	—	0	—	0	—	0	—	0	—	58	100%	0	—
23	马来西亚	0	—	0	—	0	—	0	—	0	—	3	100%	0	—
24	毛里求斯	0	—	0	—	0	—	0	—	0	—	1	100%	0	—
25	孟加拉国	0	—	0	—	0	—	0	—	0	—	7	100%	0	—
26	美国	1	1.30%	1	1.30%	19	24.67%	1	1.30%	8	10.39%	3	3.90%	44	57.14%
27	秘鲁	0	—	1	3.85%	1	3.85%	0	—	0	—	16	61.53%	8	30.77%
28	摩洛哥	0	—	0	—	0	—	0	—	0	—	9	100%	0	—
29	墨西哥	0	—	0	—	0	—	0	—	0	—	21	100%	0	—
30	南非	0	—	0	—	0	—	0	—	0	—	2	66.67%	1	33.33%
31	尼加拉瓜	0	—	0	—	0	—	0	—	0	—	1	33.33%	2	66.67%
32	欧盟	0	—	0	—	0	—	0	—	0	—	46	46.94%	52	53.06%
33	尼泊尔	0	—	0	—	0	—	0	—	0	—	3	75%	1	25%
34	日本	0	—	0	—	0	—	0	—	0	—	43	60.56%	28	39.44%
35	瑞士	0	—	0	—	0	—	1	9.09%	0	—	10	90.91%	0	—
36	萨尔瓦多	0	—	0	—	0	—	0	—	0	—	2	100%	0	—
37	沙特阿拉伯	0	—	0	—	0	—	0	—	0	—	2	100%	0	—
38	中国台北	0	—	0	—	1	4.76%	1	4.76%	1	4.76%	16	76.19%	2	9.52%
39	泰国	0	—	0	—	0	—	0	—	0	—	4	100%	0	—

续表

序号	成员	≤0天		1~15天		16~30天		31~45天		46~59天		≥60天		不适用	
		件数	比例	件数	比例	件数	比例	件数	比例	件数	比例	件数	比例	件数	比例
40	坦桑尼亚	0	—	0	—	0	—	0	—	0	—	88	100%	0	—
41	土耳其	0	—	1	16.67%	0	—	0	—	0	—	5	83.33%	0	—
42	瓦努阿图	0	—	0	—	0	—	0	—	0	—	1	50%	1	50%
43	危地马拉	0	—	0	—	0	—	0	—	0	—	1	100%	0	—
44	乌干达	0	—	0	—	0	—	0	—	0	—	70	100%	0	—
45	乌拉圭	0	—	0	—	0	—	0	—	0	—	13	81.25%	3	18.75%
46	乌克兰	0	—	0	—	0	—	0	—	0	—	25	96.15%	1	3.85%
47	西班牙	0	—	0	—	0	—	0	—	0	—	2	100%	0	—
48	新加坡	0	—	0	—	0	—	0	—	0	—	3	100%	0	—
49	新西兰	1	1.89%	8	15.09%	17	32.07%	14	26.42%	1	1.89%	11	20.75%	1	1.89%
50	亚美尼亚	0	—	1	11.11%	2	22.22%	1	11.11%	2	22.22%	3	33.34%	0	—
51	印度	0	—	0	—	0	—	0	—	0	—	12	100%	0	—
52	印度尼西亚	0	—	0	—	0	—	0	—	0	—	0	—	3	100%
53	越南	0	—	0	—	0	—	0	—	0	—	4	100%	0	—
54	约旦	0	—	0	—	0	—	0	—	0	—	2	100%	0	—
55	英国	0	—	0	—	0	—	2	7.69%	0	—	9	34.62%	15	57.69%
56	智利	0	—	0	—	3	6.98%	0	—	0	—	26	60.46%	14	32.56%
57	中国	0	—	0	—	0	—	0	—	0	—	31	100%	0	—
58	中国香港	0	—	0	—	0	—	0	—	0	—	1	100%	0	—
59	中国澳门	0	—	0	—	0	—	0	—	0	—	0	—	1	100%

7. 通报适应期与考虑评议期

根据《SPS 协定》附录 B 第 2 款的规定"除紧急情况外，各成员应在 SPS 法规的公布和生效之间留出合理时间间隔，使出口成员特别是发展中国家成员的生产者有时间使其产品和生产方法适应进口成员的要求"。多哈部长级会议决议第 3 条第 2 段对此作了进一步解释，"《SPS 协定》附录 B 第 2 款规定的条件下，'合理时间间隔'这一措辞应理解为通常不少于 6 个月的一段时间"。

统计表明，2023 年 WTO 各成员发布的常规通报中，有 212 件通报给出了 6 个月及以上的时间间隔作为适应期，约占常规通报的 17.22%；给出适应期但不足 6 个月的通报为 123 件，约占 9.99%；填写的公布、批准或生效日期不具体，或表述为"待定""公布后尽快""一定宽限期后生效""不适用"等，从而无法确定适应期情况的通报为 597 件，约占 48.50%；未提供适应期（拟公布日期与拟生效日期为同一天或表述为"公布日""官方公报公布时""公布后立即生效"）的通报有 299 件，约占常规通报的 24.29%。

《SPS 协定》附录 B 规定，应对其他成员的评议意见予以考虑。统计表明，2023 年 WTO 各成员发布的常规通报中，有 345 件通报在评议截止期与拟批准日期之间留出了至少 1 天的时间，约占常规通报的 28.03%；有 276 件通报的批准日期早于评议截止期，约占常规通报的 22.42%；有 610 件通报的拟批准日期不具体或表述为"待定""官方公报公布时"以及评议期表述为"不适用"等，从而无法确定考虑评议的时间，约占常规通报的 49.55%。详见表 13-4。

表13-4　2023年WTO各成员常规通报适应期执行情况和考虑评议期情况

序号	成员	适应期执行情况								考虑评议期情况					
		≥6个月		<6个月		无法确定[1]		0天		>0天[2]		≤0天		无法确定	
		件数	比例	件数	比例	件数	比例	件数	比例	件数	比例	件数	比例	件数	比例
1	阿根廷	0	—	0	—	0	—	6	100%	0	—	6	100%	0	—
2	阿尔巴尼亚	0	—	0	—	0	—	4	100%	0	—	4	100%	0	—
3	澳大利亚	2	8.33%	0	—	14	58.33%	8	33.34%	6	25%	9	37.5%	9	37.5%
4	巴西	5	4.43%	3	2.65%	77	68.14%	28	24.78%	60	53.10%	32	28.32%	21	18.58%
5	巴拿马	0	—	0	—	3	100%	0	—	0	—	0	—	3	100%
6	巴拉圭	0	—	0	—	3	100%	0	—	0	—	0	—	3	100%
7	北马其顿	0	—	0	—	1	100%	0	—	0	—	0	—	1	100%
8	玻利维亚	0	—	0	—	0	—	1	100%	0	—	1	100%	0	—
9	布隆迪	19	40.43%	0	—	28	59.57%	0	—	5	10.64%	1	2.13%	41	87.23%
10	俄罗斯	0	—	2	28.57%	4	57.14%	1	14.29%	0	—	3	42.86%	4	57.14%
11	厄瓜多尔	3	8.82%	1	2.94%	8	23.53%	22	64.71%	2	5.88%	24	70.59%	8	23.53%
12	哥伦比亚	0	—	0	—	1	12.5%	7	87.5%	2	25%	3	37.5%	3	37.5%
13	哥斯达黎加	2	40%	0	—	0	—	3	60%	0	—	3	60%	2	40%
14	菲律宾	0	—	0	—	0	—	1	100%	0	—	1	100%	0	—
15	韩国	3	13.04%	0	—	18	78.26%	2	8.70%	1	4.35%	1	4.35%	21	91.30%
16	洪都拉斯	0	—	0	—	3	100%	0	—	0	—	0	—	3	100%

续表

序号	成员	适应期执行情况						考虑评议期情况							
		≥6个月		<6个月		无法确定[1]		0天		>0天[2]		≤0天		无法确定	
		件数	比例	件数	比例	件数	比例	件数	比例	件数	比例	件数	比例	件数	比例
17	格鲁吉亚	0	—	1	100%	0	—	0	—	0	—	1	100%	0	—
18	冈比亚	3	100%	0	—	0	—	0	—	3	100%	0	—	0	—
19	卢旺达	19	40.43%	0	—	28	59.57%	0	—	5	10.64%	1	2.13%	41	87.23%
20	加拿大	0	—	0	—	7	9.59%	66	90.41%	46	63.01%	26	35.62%	1	1.37%
21	吉尔吉斯斯坦	0	—	0	—	4	100%	0	—	0	—	0	—	4	100%
22	肯尼亚	19	100%	0	—	39	100%	0	—	14	24.14%	1	1.72%	43	74.14%
23	马来西亚	3	100%	0	—	0	—	0	—	0	—	0	—	3	100%
24	毛里求斯	1	100%	0	—	0	—	0	—	1	100%	0	—	0	—
25	孟加拉国	7	100%	0	—	0	—	0	—	0	—	0	—	7	100%
26	美国	1	1.30%	0	—	32	41.56%	44	57.14%	0	—	42	54.55%	35	45.45%
27	秘鲁	1	3.85%	1	3.85%	15	57.69%	9	34.61%	0	—	8	30.77%	18	69.23%
28	摩洛哥	0	—	0	—	9	100%	0	—	0	—	0	—	9	100%
29	墨西哥	0	—	0	—	21	100%	0	—	0	—	0	—	21	100%
30	南非	0	—	0	—	2	66.67%	1	33.33%	2	66.67%	1	33.33%	0	—
31	尼加拉瓜	0	—	0	—	1	33.33%	2	66.67%	0	—	2	66.67%	1	33.33%
32	欧盟	24	24.49%	72	73.47%	0	—	2	2.04%	51	52.04%	44	44.90%	3	3.06%
33	尼泊尔	0	—	0	—	3	75%	1	25%	0	—	1	25%	3	75%

续表

序号	成员	适应期执行情况						考虑评议期情况							
		≥6个月		<6个月		无法确定[1]		0天		>0天[2]		≤0天		无法确定	
		件数	比例	件数	比例	件数	比例	件数	比例	件数	比例	件数	比例	件数	比例
34	日本	2	2.82%	5	7.04%	62	87.32%	2	2.82%	40	56.34%	0	—	31	43.66%
35	瑞士	1	9.09%	10	90.91%	0	—	0	—	8	72.73%	3	27.27%	0	—
36	萨尔瓦多	0	—	0	—	2	100%	0	—	0	—	0	—	2	100%
37	沙特阿拉伯	0	—	0	—	2	100%	0	—	0	—	0	—	2	100%
38	中国台北	0	—	0	—	20	95.24%	1	4.76%	0	—	2	9.52%	19	90.48%
39	泰国	1	25%	2	50%	0	—	1	25%	0	—	1	25%	3	75%
40	坦桑尼亚	49	55.68%	0	—	39	44.32%	0	—	5	5.68%	1	1.14%	82	93.18%
41	土耳其	2	33.33%	1	16.67%	1	16.67%	2	33.33%	6	100%	0	—	0	—
42	瓦努阿图	0	—	0	—	2	100%	0	—	0	—	0	—	2	100%
43	危地马拉	0	—	0	—	1	100%	0	—	0	—	0	—	1	100%
44	乌干达	19	27.14%	0	—	51	72.86%	0	—	6	8.57%	4	5.71%	60	85.72%
45	乌拉圭	0	—	0	—	15	93.75%	1	6.25%	9	56.25%	0	—	7	43.75%
46	乌克兰	10	38.46%	0	—	2	7.69%	14	53.85%	0	—	3	11.54%	23	88.46%
47	西班牙	0	—	2	100%	0	—	0	—	2	100%	0	—	0	—
48	新加坡	0	—	0	—	2	66.67%	1	33.33%	0	—	0	—	3	100%
49	新西兰	4	7.55%	1	1.88%	20	37.74%	28	52.83%	35	66.04%	9	16.98%	9	16.98%
50	亚美尼亚	0	—	0	—	9	100%	0	—	0	—	0	—	9	100%

续表

序号	成员	适应期执行情况								考虑评议期情况					
		≥6个月		<6个月		无法确定[1]		0天		>0天[2]		≤0天		无法确定	
		件数	比例	件数	比例	件数	比例	件数	比例	件数	比例	件数	比例	件数	比例
51	印度	0	—	0	—	0	—	12	100%	0	—	0	—	12	100%
52	印度尼西亚	0	—	0	—	0	—	3	100%	0	—	3	100%	0	—
53	越南	2	50%	2	50%	0	—	0	—	2	50%	2	50%	0	—
54	约旦	0	—	1	50%	0	—	1	50%	2	100%	0	—	0	—
55	英国	8	30.77%	5	19.23%	0	—	13	50%	8	30.77%	18	69.23%	0	—
56	智利	2	4.65%	13	30.23%	17	39.54%	11	25.58%	24	55.82%	13	30.23%	6	13.95%
57	中国	0	—	1	3.23%	30	96.77%	0	—	0	—	1	3.23%	30	96.77%
58	中国香港	0	—	0	—	1	100%	0	—	0	—	0	—	1	100%
59	中国澳门	0	—	0	—	0	—	1	100%	0	—	1	—	0	—

[1] "无法确定"中包含适应期大于0天，但是因未填写日期而无法计算具体天数的通报数量，比如"公布后尽快批准""经一段宽限期后，这些标准将基本生效"的表述。通报表格中"拟批准日期"填写了具体的日期，而"拟生效日期"只填写到月，如果"拟生效日期"与"拟批准日期"中的月份相同，则按照无法确定统计，如果"拟生效日期"中的月份比"拟批准日期"中的月份晚，则相应地按照"≥6个月"或"<6个月"统计；通报表格中"拟批准日期"为同一天或批准后立即生效按0天统计。"无法确定"中包括填写"待定""不适用"或表述不明确的项目。

[2] ">0天"的通报数量包括大于零天但具体天数不明确的通报。≤0天指先批准生效后再向WTO通报的通报。≤0天的通报数量也包括填写"拟公布日期"与"拟生效日期"为同一天或批准生效后再向WTO通报的通报，或"拟生效日期"为同一天或批准先生效后再向WTO通报的通报。包括填写"待定""不适用"或未填写内容的项目。

8. 紧急措施通报

2023 年，有 20 个成员向 WTO 通报了 220 件紧急措施，较上年（396 件）减少了 44.44%。发布紧急措施较多的成员有泰国、哈萨克斯坦、沙特阿拉伯、日本、俄罗斯、菲律宾等。紧急措施大都是针对特定地区或国家而制定的，其中针对防止禽流感、非洲猪瘟、口蹄疫、蓝舌病等动物疫病的紧急措施占比高达 91.82%；针对草地贪夜蛾等有害生物和梨火疫病、番茄褐色皱果病毒等植物疫病采取的紧急措施占 5.91%；有关食品安全的紧急措施仅占 2.27%，主要目的是防止日本核污染水排海对食品造成的放射性污染。

13.1.2 技术性贸易措施影响分析

2024 年，海关总署在全国范围内组织了 2023 年国外技术性贸易措施对中国企业出口影响统计调查。调查采用了双层复合不等比例抽样法，重点关注和分析了全国 5700 家出口企业填答的调查问卷。经过对调查结果的统计分析，2023 年中国有 24.91% 的出口企业不同程度地受到国外技术性贸易措施影响，较 2022 年上升了 6.89 个百分点；国外技术性贸易措施对中国出口企业造成的直接损失总额 3341.96 亿元，较 2022 年增加了 329.71 亿元，同比增长了 10.95%；中国出口企业为应对国外技术性贸易措施新增加的成本为 1429.71 亿元，较 2022 年增加了 87.14 亿元，同比增长了 6.49%。

1. 企业直接损失分析

进口方往往以中国企业出口产品不能满足其特定的技术要求为由取消订单，或对货物进行扣留、销毁、退回、口岸处理、改变用途、降级等，使中国出口企业遭受经济损失。丧失订单是 2023 年中国出口企业遭受损失的最主要形式。总体来看，导致中国出口企业遭受损失的形式中，丧失订单占比达 45.81%；因退回货物、降级处理、口岸处理而导致中国出口企业受损的形式占比分别为 11.52%、8.94% 和 8.57%。

2023 年中国出口企业因国外技术性贸易措施而遭受的直接损失总额为 3341.96 亿元，较 2022 年增加 329.71 亿元。其中，农食产品类出口企业的直接损失额为 292.98 亿元，占比 8.77%。不过农食产品类出口企业直接损失额较 2022 年减少了 120.20 亿元，下降了 29.09%。其中，美国和欧盟的技术性贸易措施造成的直接损失额高于其他出口市场，达到 89.34 亿元和 131.44 亿元，两者技术性贸易措施对中国农食产品类出口企业造成的直接损失占到 75.36%。东盟技术性贸易措施对中国农食产品类出口企业造成的直接损失额达到 23.00 亿元，占比 7.85%。美国技术性贸易措施对中国农食产品类出口企业造成的直接损失额比 2022 年有较大幅度的下降，达到 47.81%，下降了 81.84 亿元。澳新技术性贸易措施对中国农食产品类出口企业造成的直接损失额有所增加，增加了 4.17 亿元，增加幅度达到 29.85%。日本、韩国、东盟和其他市场技术性贸易措施对中国农食产品类出口企业造成的直接损失额均有不同程度的降低。

2023 年，中国出口企业因国外技术性贸易措施遭受的直接损失率为 1.42%。其中，农食产品类出口企业直接损失率最高，达到 4.30%，相较于 2022 年有所下降。

2. 企业应对成本分析

为满足进口国家或地区对产品的新要求，中国出口企业需要对产品进行测试、检验、认证、注册，或改进产品生产技术、更换产品包装及标签，以及对产品进行其他处理，或办理其他手续，从而导致出口成本增加、利润下降。

为满足国外技术性贸易措施的要求，2023 年中国出口企业所发生的新增成本总额为 1429.71 亿元，较上年增长 87.14 亿元，增长幅度为 6.49%。农食产品类出口企业新增成本 77.85 亿元，较 2022 年增加了 2.39 亿元，占全国新增成本总额的 5.45%。总体来看，中国出口企业出口美国和欧盟因技术性贸易措施所导致的新增成本超过 1000 亿元，达到 1154.72 亿元，出口美国和欧盟新增成本占全国新增成本总额的 80.77%。其中，农食产品类出口企业在欧盟市场遭遇的新增成本最高。

3. 受影响企业范围分析

2023 年，受国外技术性贸易措施影响的农食产品类出口企业数量占此类企业总数的 31.89%，较 2022 年上升了 6.93 个百分点。从全国数据来看，有 11 个地区该行业出口企业的受影响比例超过全国行业平均水平，其中，甘肃该行业出口企业受影响比例达到 46.15%，陕西、山东、山西和云南四地该行业出口企业受影响比例也分别达到了 45.16%、43.65%、42.86% 和 41.86%。

农食产品类出口企业中，在欧盟市场和美国市场受到技术性贸易措施影响的比例较高，占比分别达到 7.84% 和 6.27%。

4. 受农兽药残留限量要求等措施的影响最广

农食产品类企业遭遇较多的技术性贸易措施主要集中在食品中农兽药残留限量要求、食品微生物指标要求、食品中重金属等有害物质的限量要求、种植养殖基地 / 加工厂 / 仓库注册要求、植物病虫害杂草方面的要求、食品标签要求、食品添加剂要求、动物疫病方面的要求、食品接触材料的要求等。

调查数据显示，食品中农兽药残留限量要求类措施导致农食产品类企业遭受影响的占比为 15.29%；食品微生物指标要求、养殖基地 / 加工厂 / 仓库注册要求导致农食产品类企业遭受影响的占比分别为 11.41% 和 11.06%；木质包装的要求、食品化妆品中过敏原的要求导致农食产品类企业遭受影响的占比最低，均为 3.76%。

13.2 技术性贸易措施对中国进出口食品贸易的影响

影响中国出口农产品最多的技术性贸易措施类型集中在食品中农兽药残留限量要求、微生物指标要求、重金属等有害物质限量要求、食品标签要求，以及加工厂和仓库注册要求五个方面。中国相关部门在积极主动应对国外技术性贸易措施的情况下，正视技术性贸易措施在保护安全、健康，促进节能、环保和提高技术进步方面的积极意义，在构建和完善中国技术性贸易措施体系的基础上，合理运用中国的技术性贸易措施，限制不符合中国法律法规和技术标准要求的国外产品进入，不断增强中国在国际市场上的主导权，切实维护国家利益。

13.2.1 与《SPS 协定》有关的技术性贸易措施

《SPS 协定》中所论及的措施包括与卫生和动植物检疫有关的所有法律、法令、规定、要求和程序，特别包括：最终产品标准；加工和生产方法；检测、检验、出证和批准程序；检疫处理，包括与动物或植物运输有关，或与运输途中为维持动植物生存所需物质有关的要求在内的检疫处理；有关统计方法、抽样程序和风险评估方法的规定；以及与食品安全直接相关的包装和标签要求。由此可见，卫生和动植物检疫措施实际上是围绕保护人身健康或安全、保护动物或植物生命或健康、保护环境这三大主题而展开的。由于对所采取措施的方式和程度缺乏必要的制约，以此为由所设置的技术性贸易措施真是花样百出，因此，利用 WTO 的协定巧妙设置绿色贸易壁垒及技术性贸易措施便成了各国保护本国对外贸易和国内产业最直接、最有效的武器。

13.2.2 与《TBT 协定》有关的技术性贸易措施

所谓技术性贸易措施，是指一国出于维护国家基本安全、保障人类和动植物的健康和安全、保护环境、保证出口产品质量、防止欺诈行为等原因而采取的技术法规、标准、合格评定程序等措施。判断技术性贸易措施是否对贸易构成壁垒，关键在于判断措施的科学性和合理性。技术性贸易措施作为 WTO 各成员在国际贸易中市场准入的门槛，其性质有两重性。合理的技术性贸易措施对贸易也是有积极作用的，比如保证合格产品的市场准入机制，确保不同国家合格产品之间的公平竞争，充分维护消费者的权益等。不合理的技术性贸易措施则以维护国家安全、防止欺诈、保护人类健康、保护动植物生命健康、保护环境等合理目标为借口，背离《TBT 协定》的最小贸易限制原则，对贸易造成限制作用。《TBT 协定》只是扮演着一个

"道德准则"的角色，新的和比以往更苛刻的技术法规、标准、合格评定程序仍会源源不断地产生，尽管中国出口食品的各项指标均可达到安全卫生要求，但在国外利用TBT设置的纷繁复杂的技术标准和程序面前，中国出口食品仍会遇到不应有的技术性贸易措施障碍。

13.2.3 技术性贸易措施产生的消极影响

1.农产品的出口减少，中国外汇收入减少

农产品出口数量持续减少，导致中国的外汇收入也在减少，甚至可能处于贸易逆差状态，使中国的外汇储备减少，影响中国国际贸易的发展。如果中国农产品成为外国TBT所针对的对象，将会降低进口国对中国农产品的信任度。一旦成为被限制的对象，其他进口国也会对中国农产品进行严格的检验检测，国际贸易的难度加大，不利于中国经济的发展。

2.中国农产品的优势丧失，企业成本增加

由于中国人口众多，劳动力充沛，农产品在价格上拥有很大的优势。随着经济的不断发展，中国在国际上的地位也在逐渐稳固，许多国家会采取各种手段限制中国农产品的出口，中国的人口福利不断降低，农产品的优势逐步丧失。许多国家的法律制定得越来越严格，中国出口企业不得不投入大量的资金来应对国外采取的保护措施，不得不加快技术升级，在产品抽检等多个方面都需要花费大量的成本，以上种种都加大了企业的生产成本。

3.加剧贸易关系的恶化

由于每个国家采取的贸易保护措施的标准不一，贸易双方可能对各自的政策、法律法规解读不细致，从而造成贸易摩擦。中国企业出口的农产品往往会受到进口国海关检验检疫局严格苛刻的检查，各种复杂的程序经常会使出口的农产品难以如期到达进口企业的手中，使贸易伙伴丧失信心乃至信任，加大了贸易纠纷。同时，有些国家会采取反倾销等一系列措施来对抗进口国家的贸易保护，这都会造成国家之间的发展不友好，加大贸易摩擦，不利于建立公平友好的贸易关系。

13.3 中国食品进出口监管治理展望

13.3.1 利用技术性贸易措施应对产生的推进作用

1. 促进生产标准化，加快产业转型升级

现在许多地方成立农业生产合作社，将农户生产集中起来，统一品种，统一生产，采取技术支持帮助，使农户在生产过程中掌握更加规范专业的技术。山东省安丘市市场监督管理局创新"公司＋基地＋农户"的模式，实行统一生产资料供应、统一技术指导、统一组织生产、统一质量检测、统一收购销售的"五统一"管理模式，使农产品在各个生产环节都符合法律规定，使安丘的产品成功打入国际市场。

2. 建立完善的监测体系

目前中国关于农产品出口检测与监测体系仍存在不足，需要从法律法规、技术手段、组织架构等多维度协同推进，通过标准化、信息化、社会化手段构建"从农田到餐桌"的全方位保障网。

3. 构建更为完善的技术性贸易措施法律体系

完善技术性贸易措施法律体系需要以国际规则为框架，结合国内产业需求，构建多层次、动态调整的规范框架。

13.3.2 做好技术性贸易措施应对工作

在当前形势下，为精准服务外向型农业企业，助力企业"破壁出海"，深度融入国内国际双循环，助推外贸保稳提质，政府部门应发挥中国技术性贸易措施部际联席会议作用，加强部委之间的协调沟通，完善中国技术性贸易措施体系，形成共同应对国外技术性贸易措施合力；应以 WTO/TBT–SPS 咨询通报点为依托，密切跟踪国外技术性贸易措施变化的新动向，通过组织评议、发布预警信息、举办培训，为企业提供全面、权威、及时的信息咨询服务；应提升企业积极应对国外技术性贸易措施的意识和能力，加强国外技术性贸易措施公共检测平台建设，积极开展检测实验室国际互认，为企业提供科学、准确、权威、及时的公共检测服务，建立政府服务、企业自主、科研支撑的系统应对技术性贸易措施机制。

做好技术性贸易措施应对工作对于维护中国出口农食产品产业权益、增强国际竞争力具有重要的现实意义。因此，进一步积极妥善地开展技术性贸易措施应对与研究工作势在必行。

一要积极完善风险信息预警机制。建议加强出口农食产品的风险预警机制建设，充分利用大数据、互联网、数据挖掘等多种先进技术搭建和完善信息网络，全方位搜集整理国外动植物及其产品的贸易壁垒资料，及时发布预警信息。此外，引导农食产品出口企业重视技术性贸易措施，及时关注并向主管部门反馈相关影响，遵从进口国的相关规定。

二要不断强化食品安全质量。农食产品出口企业应切实加强种植、养殖及生产加工各环节的质量安全控制，完善全链条生产过程管理，特别是要加强产品出口的源头质量管理和溯源机制，规范化学农药等农化产品的使用，确保农产品符合进口国相关要求。企业、相关部门、行业协会应加强技术层面交流，多方要通力合作，科学完善作业标准和技术规范，进一步宣贯国外农食产品法规标准要求，加快产品标准化体系建设。

三要优化出口结构，加强品牌建设。建议协调各级政府及主管部门给予出口农食产品产业支持，重点培育特色农食产品，推动新品类、新产品转型升级，开辟新业态，开拓新市场，减少对传统产品出口的依赖，创造新的贸易增长点。同时要结合自身优势，加大宣传力度，打造农食国际品牌，提高国际竞争力。

四要加大技术性贸易措施应对的投入。加大对政策研究和应对工作的资金投入，积极引入外部机构、外部专家强化技术性贸易措施应对实力，加大对受影响出口企业政策帮扶与资金补贴，重视人才培育和技术性贸易措施评议基地建设。

参考文献

[1] 孟娜, 程卓, 胡浩. 重典治乱力保"舌尖上的安全"[J]. 农村·农业·农民 A, 2014(7):14–15.

[2] 李武. 食品安全监管长效机制建设的研究 [D]. 湖南：中南大学, 2010. DOI:10.7666/d.y1914334.

[3] 张震. 浅谈 GB2760—2007《食品添加剂使用卫生标准》[J]. 食品研究与开发, 2009,30(3):188–190. DOI:10.3969/j.issn.1005–6521.2009.03.057.

[4] 冯春晓. 我国对外直接投资对出口规模和出口商品结构影响的研究 [D]. 湖北：华中科技大学, 2010. DOI:10.7666/d.d139261.

[5] 寒柳. 浙江省应对技术贸易措施机制研究 [D]. 上海：复旦大学, 2008. DOI:10.7666/d.y1971663.

[6] 林如泉. 水果出口跨越技术性贸易壁垒的对策研究 [D]. 湖北：华中农业大学, 2007. DOI:10.7666/d.y1198478.

[7] 赵保辉. 入世后中国银行业发展战略研究 [D]. 北京：北京交通大学, 2002.

[8] 倪海琳. 试析中国加入 WTO 对海关制度的影响 [D]. 上海：复旦大学, 2000. DOI:10.7666/d.y362436.

[9] 邵文晴. 技术性贸易壁垒对浙江省动物源食品出口影响的实证分析 [D]. 北京：对外经济贸易大学, 2014.

[10] 王健. RCEP 中服务贸易条款的解读及蕴含的商机 [J]. 广西社会科学, 2022(1):74–81. DOI:10.3969/j.issn.1004–6917.2022.01.009.

[11] 陈昊澜. RCEP 框架下降低技术性贸易壁垒的机制分析 [J]. 现代商业 ,2022(6):25-28.

[12] 向慧. 我国食品安全监管法律问题研究 [D]. 湖北 : 中南民族大学 ,2015. DOI:10.7666/d.d804272.

[13] 朱宝宁. 我国外经贸机构改革对外贸发展的影响分析 [D]. 上海 : 华东师范大学 ,2010. DOI:10.7666/d.y1846424.

[14] 张锡全 , 刘环 , 焦阳 , 等 . 美国进口食品进境口岸查验制度简介 [J]. 中国标准化 ,2012(6):34-37. DOI:10.3969/j.issn.1002-5944.2012.06.011.

[15] 张月义 , 韩之俊 , 季任天 . 欧美食品安全监管体系研究 [J]. 现代农业科技 ,2007(22):227-229. DOI:10.3969/j.issn.1007-5739.2007.22.155.

[16] 于维军 , 李正高 . 加强食品安全国际合作应对全球化的挑战——美国 FDA 在中国设立办事处带给我们的启示 [J]. 中国禽业导刊 ,2009,26(2):15-17.

[17] 刘若微 . 浙货如何应对美国 FDA 扣留 [J]. 统计科学与实践 ,2010(5):43-45. DOI:10.3969/j.issn.1674-8905.2010.05.016.

[18] 张吉松 . 绿色贸易壁垒对我国农产品贸易的影响及其对策研究 [D]. 山东 : 青岛大学 ,2009. DOI:10.7666/d.y1469216.

[19] 郑靖 . 食品安全监管大部制改革与现行法律冲突问题研究 [D]. 广西 : 广西大学 ,2015. DOI:10.7666/d.y2888944.

[20] 王月永 , 邵愚 . 欧盟动物福利政策对农产品出口的影响及对策 [J]. 国际经济合作 ,2007(9):77-80. DOI:10.3969/j.issn.1002-1515.2007.09.016.

[21] 段燕 . 技术性贸易壁垒对江苏省出口贸易的影响及对策 [D]. 江苏 : 江苏大学 ,2007. DOI:10.7666/d.y1255099.

[22] 殷大朋 , 王瑞 . 农产品质量追溯技术和体系建设进展研究 [J]. 绿色科技 ,2012(11):198-200. DOI:10.3969/j.issn.1674-9944.2012.11.091.

[23] 仇华磊 , 张锡全 , 张伟 , 等 . 欧盟食品残留物质监控体系的概述及启

示 [J]. 中国标准化 ,2012(6):51–54. DOI:10.3969/j.issn.1002–5944.2012.06.014.

[24] 屈雪寅 , 王加启 , 郑楠 , 等 . 牛奶质量安全主要风险因子分析 V：激素类药物残留 [J]. 中国畜牧兽医 ,2012,39(5):7–13. DOI:10.3969/j.issn.1671–7236.2012.05.002.

[25] 罗朝科 . 欧盟进出口动物检疫及启示 [J]. 畜牧与兽医 ,2006,38(3):33–35. DOI:10.3969/j.issn.0529–5130.2006.03.012.

[26] 刘津平 . 浅谈对欧盟食品安全法律概括性认知 [J]. 时代经贸 , 2010(11):86–88.

[27] 郑小霞 . 食品安全监管法制研究 [D]. 四川 : 西南科技大学 ,2010. DOI:10.7666/d.y1820318.

[28] 刘文君 . 欧美食品安全监管基本原则解读 [J]. 中国包装 ,2011, 31(7):17–21. DOI:10.3969/j.issn.1003–062X.2011.07.005.

[29] 张志宽 . 浅析欧美食品安全监管的基本原则 [J]. 中国工商管理研究 ,2005(6):7–10. DOI:10.3969/j.issn.1004–7645.2005.06.003.

[30] 鲁邹尧 , 施晓予 . 浅析日本食品安全监管制度对我国的启示 [J]. 食品安全导刊 ,2019(34):26–27.

[31] 王国华 . 日本食品可追溯性体系的建设与经验借鉴 [J]. 绿色科技 ,2009(11):72–74. DOI:10.3969/j.issn.1674–9944.2009.11.032.

[32] 张春江 . 日本最新食品添加剂种类和使用标准分析 [J]. 农业工程技术·农产品加工业 ,2011(11):28–29. DOI:10.3969/j.issn.1673–5404.2011.11.016.

[33] 汤晓艳 , 郑锌 , 王敏 , 等 . 畜禽产品兽药残留限量标准现状与发展方向 [J]. 食品科学技术学报 ,2017,35(4):8–12. DOI:10.3969/j.issn.2095–6002. 2017.04.002.

[34] 边红彪 . 中日食品安全监管机制的对比研究 [J]. WTO 经济导刊 ,2012(9):86–89. DOI:10.3969/j.issn.1672–1160.2012.09.022.

[35] 王武 . 我国食品安全监管体制的现状分析与改进措施 [D]. 上海：同

济大学 ,2008. DOI:10.7666/d.y1399556.

[36] 肖平辉 . 澳大利亚食品安全管理历史演进 [J]. 太平洋学报 ,2007(4): 57–70. DOI:10.3969/j.issn.1004–8049.2007.04.008.

[37] 杨明亮 . 中外食品安全监管体制及其比较 [J]. 中国食品卫生杂志 ,2008,20(1):1–5. DOI:10.3969/j.issn.1004–8456.2008.01.001.

[38] 聂善明 , 崔野韩 , 吴光红 , 等 . 澳大利亚农产品质量安全管理技术体系 [J]. 中国渔业质量与标准 ,2012,2(2):6–12.

[39] 康贞花 , 王淑敏 . 中韩食品安全行政检查制度比较研究 [J]. 延边大学学报（社会科学版）,2013,46(2):23–28,41.

[40] 郭华麟 , 韩国全 , 蒋玉涵 , 等 . 加拿大食品安全监管体系与启示 [J]. 检验检疫学刊 ,2018,28(4):51–55.

[41] 赵景阳 . 国外食品安全监管方式及对我国的借鉴 [J]. 中国乳业 , 2009(12):72–74. DOI:10.3969/j.issn.1671–4393.2009.12.024.

[42] 白雪峰 . 中国与加拿大动物卫生法律体系比较研究 [D]. 内蒙古 : 内蒙古农业大学 ,2008. DOI:10.7666/d.y1307535.

[43] 荆富功 . 尊村灌区推行农民用水户协会的实践探析 [J]. 科技情报开发与经济 ,2007,17(22):130–131,134. DOI:10.3969/j.issn.1005–6033.2007.22.077.

[44] 唐晓红 . 基于农药残留危害分析的农村食品安全建设 [J]. 广东化工 , 2013,40(10):66–67. DOI:10.3969/j.issn.1007–1865.2013.10.034.

[45] 夏念 , 姚祖义 . 浅析项目产品市场竞争与策略 [J]. 商品与质量·学术观察 ,2011(4):215–216.

[46] 王向国 . 浅谈食品安全标准的内容 [J]. 广西轻工业 ,2010,26(9):21–22. DOI:10.3969/j.issn.1003–2673.2010.09.011.

[47] 唐晓红 . 农药残留检测方法与对策研究 [J]. 河南教育学院学报（自然科学版）,2013,22(3):26–29. DOI:10.3969/j.issn.1007–0834.2013.03.009.

[48] 邹继红 . 蔬菜水果中残留农药的测定及清洗液的制备 [D]. 辽宁 : 沈

阳药科大学 ,2006.

[49] 吴越 . 中、欧水产食品安全法规与标准的研究 [D]. 上海：上海海洋大学 ,2007.

[50] 余苹中 , 宋稳成 , 贾春虹 , 等 . 国内外食品中农药残留安全监管研究 [J]. 中国农学通报 ,2012,28(33):262-265. DOI:10.3969/j.issn.1000-6850.2012.33.050.

[51] 于胜良 . 气相色谱—串联质谱法检测食品中多种农药残留应用研究 [D]. 山东 : 中国海洋大学 ,2007. DOI:10.7666/d.y1070849.

[52] 王恒 . 肯定列表制度对我国输日农产品贸易的影响 [D]. 山东 : 中国海洋大学 ,2009. DOI:10.7666/d.y1502136.

[53] 徐蓓 . 食品中新霉素兽药残留酶联免疫检测方法研究 [D]. 天津 : 天津科技大学 ,2007. DOI:10.7666/d.y1797371.

[54] 霍哲珺 , 施琴 . 我国与 CAC 兽药残留标准对比 [J]. 商业经济 ,2016(11):109-110,133. DOI:10.3969/j.issn.1009-6043.2016.11.044.

[55] 李铭 , 黄蔚 . 日本"肯定列表制度"对我国农产品出口的影响 [J]. 亚太经济 ,2008(5):39-42,56. DOI:10.3969/j.issn.1000-6052.2008.05.008.

[56] 胡亚丽 , 周春霞 , 洪鹏志 . 湛江水产品加工行业发展现状与趋势 [J]. 广东农业科学 ,2014,41(20):107-113. DOI:10.3969/j.issn.1004-874X.2014.20.024.

[57] 戴晶 .《澳大利亚新西兰食品标准法典》对我国食品安全立法的启示 [J]. 河南省政法管理干部学院学报 ,2006,21(3):38-39. DOI:10.3969/j.issn.2095-3275.2006.03.011.

[58] 张慧媛 , 唐晓纯 . 欧盟 RASFF 系统对重金属的风险预警及对我国的启示 [J]. 粮食与饲料工业 ,2011(9):16-19. DOI:10.3969/j.issn.1003-6202.2011.09.005.

[59] 霍苗苗 . 沿海地区居民摄入水产品中重金属安全风险评估 [D]. 天津 : 天津科技大学 ,2016.

[60]庄逸林,周木龙,李锋.食品过敏原的HACCP控制[J].检验检疫科学,2007,17(5):76-78. DOI:10.3969/j.issn.1674-5354.2007.05.025.

[61]郑海松,余晓峰,姚剑.浅谈食品安全中的过敏问题[J].农产品加工（创新版）,2011(4):58-62. DOI:10.3969/j.issn.1671-9646(C).2011.04.002.

[62]骆鹏杰,张俭波,贾海先,等.日本和韩国食品添加剂管理与法规标准的概述[J].中国食品添加剂,2014(7):88-93. DOI:10.3969/j.issn.1006-2513.2014.07.007.

[63]柴秋儿.国外食品添加剂的管理法规及安全标准现状[J].中外食品,2006(3):67-69.

[64]孔凡真.食品添加剂的使用要求与管理[J].肉类工业,2004(2):31-34. DOI:10.3969/j.issn.1008-5467.2004.02.014.

[65]中华人民共和国卫生部.食品添加剂监管及相关知识[J].中国食品添加剂,2011(3):239-240. DOI:10.3969/j.issn.1006-2513.2011.03.044.

[66]魏益民,毕金峰.欧盟的食物政策与管理模式[J].中国食物与营养,2006(12):9-12. DOI:10.3969/j.issn.1006-9577.2006.12.002.

[67]刘春霞,安洁,孙良泉.农产品国际市场准入技术措施研究[J].标准科学,2011(10):81-84. DOI:10.3969/j.issn.1674-5698.2011.10.018.

[68]涂欣.食品安全标准体系的立法研究[D].山东:山东大学,2008. DOI:10.7666/d.y1351407.

[69]刘欣.技术性贸易壁垒对中国农产品出口影响的实证分析与对策研究[D].辽宁:沈阳工业大学,2007. DOI:10.7666/d.y1126277.

[70]李冬昕.欧盟"两指令"对江苏信息产业的影响分析[D].江苏:河海大学,2007. DOI:10.7666/d.y1030999.

[71]杨洪媛.农产品技术性贸易措施实施状况及应对研究[D].北京:中国农业科学院,2008. DOI:10.7666/d.y1422047.

[72]汪江连,苗奇龙.论CAC及其法典编纂对完善我国食品安全标准

体系的借鉴 [J]. 北京工商大学学报（社会科学版）,2010,25(2):84-88. DOI:10.
3969/j.issn.1009-6116.2010.02.016.

[73] 黄国良 . 我国出入境检验检疫部门应对技术贸易壁垒的对策研
究——以中山市为例 [D]. 广东 : 中山大学 ,2009.